电动汽车驱动系统
及其智能控制技术研究

黄国凯◎著

电子科技大学出版社
University of Electronic Science and Technology of China Press
·成都·

图书在版编目（CIP）数据

电动汽车驱动系统及其智能控制技术研究 / 黄国凯
著. — 成都：电子科技大学出版社，2023.11
ISBN 978-7-5770-0648-2

Ⅰ.①电… Ⅱ.①黄… Ⅲ.①电动汽车–驱动机构
Ⅳ.①U469.720.3

中国国家版本馆CIP数据核字(2023)第204848号

电动汽车驱动系统及其智能控制技术研究
DIANDONG QICHE QUDONG XITONG JI QI ZHINENG KONGZHI JISHU YANJIU

黄国凯　著

策划编辑　　李述娜　杜　倩
责任编辑　　李雨纾
责任校对　　李述娜
责任印制　　梁　硕

出版发行　　电子科技大学出版社
　　　　　　成都市一环路东一段159号电子信息产业大厦九楼　邮编　610051
主　　页　　www.uestcp.com.cn
服务电话　　028-83203399
邮购电话　　028-83201495

印　　刷　　石家庄汇展印刷有限公司
成品尺寸　　170mm×240mm
印　　张　　17
字　　数　　230千字
版　　次　　2023年11月第1版
印　　次　　2023年11月第1次印刷
书　　号　　ISBN 978-7-5770-0648-2
定　　价　　89.00元

前　言

　　本书的撰写，是基于对电动汽车行业的深入理解与研究，以及对该行业未来发展趋势的坚定信念。未来的汽车将向电动化、智能化和网联化等多项先进技术相融合的方向发展，主要体现为环保节能电动汽车的成熟。电动汽车不仅可以减少碳排放，提高能源效率，而且还可以有效降低使用成本。然而，未来的汽车仅仅是电动化还不够，还将配备智能网联技术，包括车路协同系统和高级辅助驾驶系统。其中，车路协同系统可以使汽车与道路基础设施、其他车辆、行人实现实时通信，提高道路的整体运行效率，降低交通事故发生的概率；高级辅助驾驶系统则可以帮助驾驶员更好地掌控车辆，提升驾驶的安全性和便利性。同时，车联网技术的发展将使汽车成为信息交流的节点，使人们的出行更加舒适、便捷，提升出行体验。当然，车联网最终的目标是实现无人驾驶，即通过 AI 等技术，让汽车完全自主驾驶。

　　我们正处于一个科技快速发展、能源转型深入推进的时代，电动汽车不仅代表着未来的交通工具，更是人类对绿色出行和可持续发展的一种追求。

　　首先，本书论述了电动汽车的发展背景、意义、分类、基本结构组成以及发展趋势。其次，本书对电动汽车驱动系统进行了分析和探讨，包括驱动系统的概述、组成、性能，以及电动汽车驱动电机的多种类型和工作原理。再次，本书对电动汽车的动力电池及智能控制技术，以及车载传感器、变流器、驱动系统的智能控制技术等方面做了详尽的介绍和探讨。最后，本书对电动汽车的智能仿真技术做了介绍，并分享了实际案例。

本书是一本全面、系统、易懂的电动汽车技术入门书籍。无论是电动汽车行业的专业人士，还是对新能源汽车感兴趣的普通读者，又或者是寻求新的投资机会的商业人士，都可以借助本书更好地理解和掌握电动汽车驱动系统及智能控制技术。

黄国凯

2023 年 7 月

目　　录

第1章 绪 论

汉车给人们的工作和生活带来了较大便利，已逐渐成为现代生活中不可或缺的交通方式。汽车产业对全球经济具有强大的推动力，也在一定程度上改变了世界经济格局，成为衡量国家科技、社会进步与经济发展的重要指标。然而，随着全球汽车拥有量的迅速攀升，能源和环境污染等问题日益突出，对人类社会的生存与发展构成了严重威胁。作为一种新型节能环保的理想交通工具，电动汽车受到各国政府、学术界、产业界的广泛关注，并取得了快速发展。如今，全球各大汽车制造商纷纷推出各种类型的电动汽车，部分电动汽车在市场上取代了传统汽车，为人们提供了高品质的生活与服务体验。但是，电动汽车的研究开发与改进仍然面临着众多严峻的挑战。首先本章将探讨电动汽车发展的背景与意义；其次，将按照动力来源差异，对电动汽车进行分类介绍；再次，将对电动汽车的基本结构组成进行分析；最后，将对电动汽车的发展趋势进行探讨。

1.1 电动汽车发展的背景与意义

1.1.1 电动汽车发展的背景

电动汽车（electric vehicle, EV）概念的提出可以追溯到19世纪，但因为电池技术的局限性和内燃机的普及，它们在较长一段时间内未能成为主流。到了 21 世纪初，随着全球气候变化问题愈加严重和化石燃料日趋紧缺，电动汽车开始获得了越来越多的关注。尤其是在 2010 年之后，电池技术迎来了突破性进展，特别是锂离子电池的成本下降和性能提升，让电动汽车变得更加实用和经济。

政府的政策支持，包括补贴和排放限制，也为电动汽车的普及创造了有利条件。在这种情况下，汽车制造商开始重点投资电动汽车研发，并推出了各种款型的电动汽车，包括城市通勤车、高性能车等。另外，充电基础设施在全球范围内的迅速扩展，进一步降低了使用电动汽车的门槛。

1. 能源危机

传统汽车主要以石油制成品作为能源。石油是一种不可再生资源，尽管现有储量丰富，但仍无法满足不断上升的能源需求。根据英国石油公司（BP）发布的《世界能源统计年鉴 2019》数据，截至 2018 年年底，全球石油储量约为 1.73 万亿桶。依据 2018 年的储量与产量比值，全球石油可在现有生产水平下持续供应 50 年。随着全球汽车拥有量不断上升，燃油消耗逐年增加，导致石油供应趋于紧张。自 2020 年以来，石油产量大幅减少，但全球对石油的需求仍然保持较高水平，石油市场供需缺口持续扩大，呈现供应紧张的状况。

中国将在未来二十年内成为全球最大的石油消费国，但面临严重的供应压力。石油消耗量巨大，国内产量远远不能满足需求。随着汽车消费增加，中国的石油需求还将持续上升。

因此，在我国汽车拥有量不断增加的情况下，推动交通能源转型已成为当务之急。发展新能源汽车作为推进国内交通能源转型战略和生态文明建设的重要措施，对社会发展和环境保护具有积极意义。

2. 环境压力

汽车在行驶过程中，会排放大量的有害气体如 CO、NO_x、HC、SO_2 以及温室气体 CO_2 等。这些气体不仅会导致城市空气污染，还会导致大气臭氧层被破坏、气候变暖和酸雨等环境问题。随着城市机动车数量的迅速增加，排放污染已经成为城市主要的空气污染来源。据悉，全球大气污染源中有 42% 来自交通车辆，部分城市的机动车排放对大气污染指标的贡献率超过 70%。因此，机动车排放污染已对城市空气质量构成严重威胁。

化石能源消耗所产生的温室气体是导致全球气候变暖的主要原因，人类活动使温室气体和硫化物气溶胶浓度快速上升。据科学家预测，未来 100 年全球平均地表温度将升高 1.4 ~ 5.8 ℃，到 2050 年，我国的平均气温将上升 2.2 ℃。交通领域是主要的温室气体排放对象。根据国际能源署（IEA）的数据显示，从 1990 年到 2023 年，汽车的 CO_2 排放量不断上升，对地球环境产生了巨大影响。

汽车尾气中的二氧化碳（CO_2）排放是全球气候变暖的重要因素之一。二氧化碳是一种温室气体，能够吸收地球表面反射的红外辐射，阻止热量散发到太空中，从而导致全球温度上升，引发一系列环境和社会问题。首先，气候变暖加速了极地冰盖的融化，导致了海平面上升，威胁了沿海地区的生态安全和人类居住环境。其次，全球温度的升高还会导致极端气候事件的频率和强度增加，如热浪、干旱、洪水和飓风等，这些极端气候对农业生产、水资源管理以及人类健康都构成了严重威胁。最后，气候变化还会影响生物多样性，许多物种因为生存环境的变化而面临灭绝的风险。综上所述，汽车尾气中的二氧化碳排放会加剧的气候变化效应，间接影响人类的生活质量和地球的生态平衡。因此，转向更加清洁和可持续的交通方式，减少汽车尾气中二氧化碳的排放，是缓解全球气候变暖问题的重要措施之一。通过提高能源效率、发展电动汽车和鼓励使用公共交通等手段，可以显著降低二氧化碳的排放量，从而减缓气候变暖的进程，保护地球环境。

在能源紧张和环境污染的全球背景下，节能减排成为汽车技术创新的趋势。尽管世界各国已采取立法、税收政策、尾气净化技术、发动机性能提升和轻量化技术等措施推动节能减排，但短期内成效有限，形势依然严峻。虽然通过对传统燃油汽车进行技术改造，以及提高发动机性能、降低排放污染以及发展轻量化技术等可以在一定程度上缓解能源危机和环境恶化问题。然而，从长远来看，实现新能源汽车的广泛应用才是关键。只有在国家、企业和社会各方共同努力下，才能真正实现交通能源转型，推动经济发展与环境保护的共赢。

考虑到石油资源有限、环境污染等问题，为保障经济持续健康发展，我国必须尽快实现交通能源转型。研发和推广能源利用率高、污染排放低的新能源汽车，是实现经济发展与环境保护双赢的重要途径。

3. 技术进步

随着科技的进步和创新，电动汽车的技术得到了不断改进和完善，电池技术、电机技术和充电技术等方面都有了重大突破。

技术进步在电动汽车的发展中起到了至关重要的作用。随着科技的不断进步，电动汽车的性能和功能不断提高，从而吸引了更多的消费者，促进了电动汽车的普及和发展。

以下是技术进步对电动汽车发展影响的几个主要方面。

（1）电池技术：电池是电动汽车最重要的部件之一。随着锂离子电池等技术的不断发展，电动汽车的续航里程得到了显著提高，同时快速充电技术的发展让电动汽车更加便利和实用。

（2）车辆设计：随着3D打印等技术的出现，电动汽车的设计变得更加灵活。另外，传感器和自动驾驶技术的发展为电动汽车的安全性和便利性提供了支持。

（3）能源管理系统：电动汽车需要高效的能源管理系统来确保能源的合理利用和续航里程的最大化。随着人工智能和大数据分析等技术的发展，能源管理系统变得更加高效和智能化。

4. 政策推动

目前，各国政府出台了一系列政策来支持和推广电动汽车，如减税、购置补贴、免费充电等，对电动汽车的发展有着至关重要的作用。政策支持可以直接影响电动汽车的销售、使用和电动汽车产业的发展速度。

以下是我国政策支持对电动汽车发展影响的几个主要方面。

（1）减免购车税和车辆购置补贴：政府通过减免购车税和给予购置补贴等方式来降低电动汽车的购买成本，鼓励消费者购买电动汽车。

（2）建设充电基础设施：政府通过投资建设充电基础设施来解决电动汽车充电不便的问题，促进电动汽车的普及和发展。

（3）推广使用政策：政府通过推广电动汽车使用的政策来鼓励企业和个人使用电动汽车，如划定某些区域来限制传统燃油汽车的进入、为电动汽车提供专用停车位等。

（4）环保政策：政府通过环保政策来鼓励使用低排放的电动汽车，如提高传统燃油汽车排放标准、禁止某些高排放车辆进入市区等。

5. 市场需求

随着人们环保意识的不断提高和新能源汽车技术的不断进步，电动汽车的市场需求逐渐增长，已成为汽车市场发展的重要方向。

市场需求是电动汽车发展的关键因素之一。随着环保和能源节约意识的不断提高，消费者对电动汽车的需求也越来越大。因此，市场需求对电动汽车的发展有着至关重要的作用。

以下是市场需求对电动汽车发展影响的几个主要方面。

（1）产品研发和创新：消费者对电动汽车的需求推动了电动汽车厂

商对产品的创新和研发，使得电动汽车的性能显著提高。

（2）生产和销售：消费者对电动汽车的需求提高了生产和销售的动力，各大厂商纷纷投入了大量的资金和人力，扩大了电动汽车的生产和销售规模。

（3）充电基础设施：消费者对电动汽车充电便利性的需求促使政府和企业加大了对充电基础设施的投资，一定程度上解决了消费者充电不便的问题。

1.1.2 电动汽车发展的意义

电动汽车的发展有着重要的意义，包括但不限于以下几个方面。

1. 节能和可持续性

电动汽车在能源利用方面更加高效，有助于减少对有限化石能源的依赖，促进能源的可持续发展。

电动汽车使用电池而不是燃料来驱动车辆，因此可以显著降低对石油的依赖程度。这有助于减少对环境的负面影响，如气候变化和空气污染。

电动汽车比传统燃油车辆有更高的能源转换效率，这意味着更加节能。传统燃油车辆的能源转换效率只有 30% 左右，而电动汽车的能源转换效率可以达到 70%。这意味着在相同的能源输入下，电动汽车可以行驶更远的距离。

电动汽车可以通过间接使用太阳能、风能等可再生能源进行充电。将电动汽车与可再生能源相结合，可以进一步减少对有限资源的依赖，并促进可持续发展。

电动汽车可以帮助实现能源节约和可持续发展的目标，因此在交通运输领域中将发挥越来越重要的作用。

2. 经济和产业

电动汽车的发展将推动电池、电机、电控等相关产业的发展，有助于形成新的产业链，促进经济发展和就业率增长。

电动汽车的发展对经济和产业具有重要意义，主要包括以下几个方面。

（1）减少对石油的依赖：发展电动汽车可以减少对石油的依赖，这对于那些依赖石油进口的国家和地区来说尤为重要。这可以提高国家能源安全，降低外部能源供应的风险，促进国家经济稳定和发展。

（2）推动清洁能源的发展：电动汽车使用电力作为能源，因此可以促进清洁能源的发展，如太阳能、风能等。

（3）促进产业升级和创新：电动汽车的发展涉及多个领域，包括电池技术、电机技术、电控技术等，这将促进产业升级和创新。这些技术的研发和应用可以带动相关行业的发展，推动国家经济的转型和升级。

（4）提高就业率和经济效益：电动汽车的生产和销售需要大量的人力、物力和财力投入，这将带动相关产业的发展，提高就业率。同时，电动汽车的推广和普及可以降低能源成本和运营成本，提高经济效益。

（5）增强国家竞争力：电动汽车的发展已成为全球性的趋势和热点，各国纷纷加大对电动汽车产业的投入和支持。我国积极发展电动汽车产业，将带动相关产业的发展和创新，有助于增强国家竞争力、提高国际地位和影响力。

3. 城市交通和出行

电动汽车的静音和零排放的特性，有助于改善城市交通环境和提升居民出行品质。

电动汽车在城市交通和出行中有很多意义，主要包括以下几个方面。

（1）减少空气污染：电动汽车不会产生尾气排放，因此能够减少城市中的空气污染、改善空气质量、保护环境和人民的健康。

（2）降低噪声污染：电动汽车没有燃油发动机，因此其噪声水平远远低于传统汽车，有助于减少噪声污染，提高居民的生活质量。

（3）节约能源：电动汽车使用电能作为动力来源，与传统燃油车相比，其能源利用效率更高。

（4）促进可持续发展：电动汽车使用清洁能源，与传统汽车相比具有更低的碳排放，因此有助于促进城市的可持续发展。

电动汽车对城市交通和出行具有重要的意义，它们能够改善城市环境，提高人们的生活质量，有助于促进城市的可持续发展。

4. 创新和科技

电动汽车是一个涉及多个领域的综合性产物，需要电子、机械、材料、能源等多个领域的技术创新和应用，推动了技术的跨界融合和创新。

（1）推动绿色技术的发展：电动汽车采用电池储能技术，减少了对传统化石能源的依赖，有助于推动新能源和绿色技术的发展。

（2）促进新材料的研究和开发：电动汽车需要使用高效的电池和电机，推动了新材料的研究和开发，如锂离子电池、超级电容器、碳纤维等。

（3）推动智能化发展：电动汽车需要借助智能化技术实现高效能量管理、导航、智能驾驶等功能，促进了智能化技术的发展。

（4）创造新的商业机会：电动汽车市场的发展，推动了相关产业链的发展，创造了新的商业机会和就业机会。

电动汽车的发展将会推动技术和产业的进步，推动社会的绿色转型和可持续发展。

1.2　电动汽车的分类

电动汽车可以按照动力来源、车身结构和车辆用途等多个方面进行分类，以下是其中的几种分类方法。

1.2.1　按照动力来源分类

1. 纯电动汽车

纯电动汽车（battery electric vehicle，BEV）只依靠电池驱动，不需要任何燃料，零排放。纯电动汽车是一种使用电池组储存电能的电动汽车，其电动机通过电力驱动轮轴，从而推动汽车行驶。与传统的燃油汽车相比，纯电动汽车不需要燃料发动机和传动系统，因此可以实现零排放和零污染，具有更低的运营成本和更好的环保性能。纯电动汽车可以通过插电进行充电，也可以通过车辆制动来回收部分电能，从而延长续航里程。然而，由于纯电动汽车的能量密度较低，目前还存在续航里程较短、充电时间较长等问题，因此需要进一步的技术创新。

2. 混合动力汽车

混合动力汽车（hybrid electric vehicle, HEV）是一种同时采用内燃机和电动机作为驱动力的汽车。内燃机可以使用汽油或其他燃料燃烧，产生动力；而电动机使用电池组储存电能，并通过电力驱动轮轴。HEV 的内燃机和电动机可以根据驾驶条件自动或手动切换使用，从而实现最佳的燃油效率和动力性能。此外，HEV 还采用了一些高效的能量回收系统，如制动能量回收系统和停车时自动关闭引擎等，可以最大限度地减少能量浪费。HEV 相对于传统的燃油汽车，具有较低的油耗和排放，以及更好的加速性能和驾驶体验。近年来，随着技术的进步和环保意识的提高，HEV 已经成为新能源汽车市场的主流产品之一。

插电式混合动力汽车（plug-in hybrid electric vehicle, PHEV），是一种使用电池组和内燃机共同驱动轮轴的混合动力汽车，同时可以通过外部电源进行充电。既可以通过充电来驱动电池，也可以通过内燃机驱动，电能和燃油可以共同提供动力。

与传统的混合动力汽车相比，PHEV具有更高的电动模式纯电驾驶里程和更低的油耗排放。在纯电驾驶模式下，PHEV只依赖电池组供电，可以实现零排放、零油耗的环保驾驶。当电池组能量不足时，PHEV可以自动切换到内燃机驱动模式，通过燃油发动机提供动力，同时内燃机可以帮助电池充电，从而延长纯电驾驶里程。插电式混合动力汽车兼具纯电动汽车和传统燃油汽车的优点，是目前比较受欢迎的新能源汽车之一。

1.2.2 按照车身结构分类

1. 小型电动轿车

小型电动轿车是一种使用电池供电、尺寸较小、适合城市短途出行的电动车辆，如大众汽车id3、比亚迪e1等。它们通常设计简单，使用的电池容量较小，行驶里程相对较短，一般不超过50 km。小型电动轿车也通常较为轻便，方便停放，速度通常较低，一般不超过30 km/h。

2. 中型电动轿车

中型电动轿车是指尺寸居中、采用电动驱动系统的轿车，如特斯拉的Model S、宝马的i3等。这类车辆的尺寸和配置通常比小型电动轿车的更加丰富和高档，具有更好的舒适性和驾驶体验。由于采用电动驱动系统，中型电动轿车也具有零排放、环保、静音等优点。它们通常装配有较大容量的电池组，行驶里程可以达到200 km。此外，一些中型电动轿车还具有较高的动力输出，可以提供更快的加速度和更高的行驶速度。

3. SUV电动汽车

SUV电动汽车是指采用电动驱动系统、外形符合SUV设计风格的车辆，如特斯拉的Model X、奥迪的e-tron等。SUV电动汽车通常具有较高的离地间隙、更好的越野性能和更宽敞的车身空间，能够满足消费者在越野、家庭出行、商务差旅等方面的需求。由于采用电动驱动系统，SUV电动汽车也具有零排放、环保、静音等优点。它们通常配备较大容量的电池组，行驶里程可以达到 300 km。此外，SUV 电动汽车还具有更好的安全性能和更高的驾驶视野，因此在市场上备受欢迎。总的来说，SUV 电动汽车是一种功能性强、适用范围广、性能出色的电动汽车类型。

1.2.3　按照车辆用途分类

1. 乘用电动汽车

乘用电动汽车是指专门为消费者提供乘坐和家庭出行服务的电动汽车，这类车辆通常拥有符合市场需求的外观设计和配置，能够满足消费者对于乘坐舒适性、安全性、便利性等方面的需求。乘用电动汽车可以分为小型、中型、大型等不同尺寸，也可以分为轿车、SUV 等不同类型。它们采用电动驱动系统，具有零排放、环保、静音等优点。乘用电动汽车通常配备较大容量的电池组，行驶里程可以达到 200 km，也有些车型的行驶里程可以达到 500 km。此外，一些乘用电动汽车还具有较高的动力输出和更好的驾驶体验，如更好的加速性能、更小的转弯半径等。总的来说，乘用电动汽车是一种针对消费者出行需求而设计的电动汽车，具有广泛的适用性，主要满足个人市场需求。

2. 商用电动汽车

商用电动汽车包括公交车、出租车、货车、物流车等，具有环保、低噪声等特点。商用电动汽车是指专门为商务用途而设计和生产的电动汽车。这类车辆通常拥有更大的车身空间和更好的载客能力，以满足商务差旅、商务接待、班车运输等方面的需求。商用电动汽车可以分为小型、中型、大型等不同尺寸，也可以分为面包车、客车等不同类型。商用电动车采用电动驱动系统，具有零排放、环保、静音等优点。商用电动汽车通常配备较大容量的电池组，行驶里程可以达到 300 km。此外，商用电动汽车还具有更好的乘坐舒适性、安全性和便利性，例如更多的座椅空间、更好的空调、更多的储物空间等。总的来说，商用电动汽车是一种专门针对商务用途而设计的电动汽车，具有更好的适用性，主要满足商务市场需求。

电动汽车的分类可以从多个角度进行划分，不同的分类方法可以体现不同的消费需求和应用场景。

1.3　电动汽车基本结构组成

1.3.1　电动汽车的组成结构

电动汽车的组成结构主要包括以下几个方面。

1. 电池组

电动汽车的电池组是其最重要的组成部分，用于存储和提供电能。电池组通常由多个电池单元组成，电池单元的数量和排列方式不同，会影响电动汽车的行驶里程、充电时间等性能指标。

2. 电机

电机是电动汽车的动力来源，是电动汽车的关键部件之一，用于将电能转化为机械能来驱动车辆行驶。电动汽车通常采用交流电机或直流电机，不同类型的电机会影响电动汽车的动力性能和能耗效率。

3. 控制器

控制器是电动汽车电池组和电机之间的连接器，负责控制电池组向电机供电和调节电机的输出功率。控制器还可以实现电动汽车的制动能量回收等功能。

下面分别从几个方面介绍一下电动汽车控制器。

（1）功能：电动汽车控制器的功能主要包括电能转换、电流控制、电机控制、数据处理和保护等功能，控制器可以监测电池和电机的状态，并根据驾驶员的需求实时控制电机的输出功率和扭矩。

（2）类型：电动汽车控制器主要分为交流控制器和直流控制器两种类型，直流控制器主要用于直流电动汽车电机的控制，而交流控制器主要用于交流电动汽车电机的控制。

（3）工作原理：电动汽车控制器的工作原理主要是将电池提供的直流电转换为电动汽车电机需要的交流电，并控制电流的大小和方向，从而控制电机的转速和扭矩。

（4）维护：电动汽车控制器需要定期维护，包括清洁控制器、检查连接器和绝缘材料等，控制器维护可以确保电动汽车的性能和可靠性，延长电动汽车的使用寿命。

（5）安全：电动汽车控制器需要具备过载保护、短路保护等安全功能，以防止电池过充、过放、过流等，确保电动汽车的行驶安全。

4. 充电设备

充电设备是电动汽车进行充电的配套设备，用于将电能从电源输送到电动汽车电池中，为电动汽车提供电能，包括充电桩、充电线、充电接口等部分。电动汽车的充电设备种类繁多，不同类型的充电速度和充电方式也不尽相同，可以根据需要选择合适的充电设备。

下面分别从几个方面进行介绍。

（1）类型：电动汽车充电设备主要分为家用充电桩、公共充电桩和快速充电桩三种类型，家用充电桩一般用于在家充电，公共充电桩用于在公共场所充电，快速充电桩则可以在短时间内为电动汽车充电，适用于在长途行驶中补充能源。

（2）工作原理：电动汽车充电设备主要是将交流电源转换为直流电，然后将直流电输送到电动汽车电池中，为电动汽车充电。家用充电桩通常采用单相交流电源，公共充电桩和快速充电桩则采用三相交流电源。

（3）充电速度：电动汽车充电设备的充电速度取决于充电设备的类型和电动汽车电池的容量。家用充电桩一般需要数小时才能充满电，公共充电桩和快速充电桩则可以在更短时间内为电动汽车充电。

5. 电子控制系统

电子控制系统包括车载电脑、仪表盘、音响等部分，用于控制和显示电动汽车的各种状态信息，如电量、速度、行驶距离等。

电子控制系统是控制电动汽车各个系统和组件的核心部件，由多个控制器、传感器、执行器等组成，可以对电池、电机、制动系统、转向系统、空调系统等进行控制和调节，从而实现电动汽车的动力、操控、舒适性等要求。下面从几个方面进一步介绍。

（1）功能：电动汽车电子控制系统的主要功能包括电池管理系统、电机控制系统、制动控制系统、转向控制系统、空调控制系统等，它们协同工作，实现电动汽车的动力、操控和舒适性等要求。

（2）组成：电动汽车电子控制系统包括控制器、传感器和执行器等组件，它们之间通过总线通信进行数据交换和协同工作；电动汽车电子控制系统的核心是电动汽车控制器，主要功能是控制电动汽车电机的工作和管理电池，从而实现电动汽车的动力和能量管理。

（3）控制原理：电动汽车电子控制系统的控制原理基于反馈控制和调节控制，通过传感器采集电动汽车各个系统和组件的状态信息，将信息传递给控制器进行分析和计算，然后通过执行器对电动汽车的各个系统和组件进行调节和控制，达到电动汽车的动力、操控和舒适性等要求。

（4）安全：电动汽车电子控制系统需要具备多种安全功能，包括漏电保护、过流保护、过温保护、过压保护等，以确保电动汽车的安全性和稳定性。同时，电动汽车电子控制系统需要进行软件和硬件的安全性评估，以防止黑客攻击和数据泄露等。

（5）维护：电动汽车电子控制系统需要定期维护和检修，其中包括清洁系统、更换传感器和执行器、检查控制器和总线连接等，以确保电动汽车电子控制系统的正常工作和安全性。

除此之外，电动汽车还包括车身、底盘、轮胎、制动系统、转向系统等基本部件，与传统汽车的构成类似，但采用了不同的技术和材料，以适应电动汽车的特殊需求。

1.3.2　电动汽车的驱动形式

与常规燃油汽车相比，电动汽车驱动系统的布局方式更灵活。根据不同的机械传动方法，电动汽车的驱动系统主要可以分为四种基本结构类型：传统机械驱动方式、电机 – 驱动桥组合式、电机 – 驱动桥整体式以及轮毂电机分布式。

1. 传统机械驱动方式

电动汽车的传统机械驱动方式指采用机械途径来驱动车辆行进。这种驱动方法基本保留了燃油汽车的结构，仅用电动机替代了内燃发动机，整体驱动系统的构造与燃油车相差不大。如图 1-1 所示，这种驱动方式的结构原理如下：根据电子控制器指示，功率转换器将动力电池输出的电能转化为适当电压 / 频率的电能，以驱动电机运转。电机输出的扭矩先通过离合器传递到变速器，再通过变速器实现减速增扭，然后经过传动轴传送至主减速器，接着在差速器的差速作用下，半轴将动力传送至驱动轮，驱动汽车行驶。

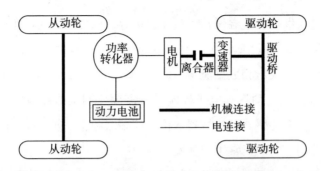

图 1-1　传统机械驱动方式配置的结构原理

传统机械驱动方式的运作原理与燃油汽车类似。离合器用于连接或断开驱动电机与车轮之间的动力传输；变速器是一种可以提供不同速比的齿轮结构，驾驶员根据驾驶需求，选择不同挡位，以实现减速增扭，从而在低速时获取大扭矩，在高速时获得小扭矩；驱动桥内的机械式差速器可以使电动汽车的左右车轮在转弯时以不同转速行驶。这种配置保留了传统汽车的变速器、传动轴、后桥和半轴等传动部件，减少了大量的设计工作，控制功能相对容易实现，适用于对现有燃油汽车进行改造。然而，因为从电机到驱动轮的传动链较长，会导致传动效率相对较低，无法充分利用电机的高效率优势。传统机械驱动方式的不足使得研发人员集中精力开发电机及其控制系统。

2. 电机 - 驱动桥组合式

基于传统机械驱动方式的结构，结合驱动电机的特性，可以简化电动汽车的驱动系统，从而得到电机 - 驱动桥组合式的配置，如图 1-2 所示。与传统机械驱动方式相比，这种配置使用一个固定速比的减速器来替代离合器和变速器，从而使传动系统更简洁高效，同时减小整车机械系统的重量和体积，有利于整车的设计和布局。此外，采用减速器还可以改善电动汽车行驶中电机工作点的分布，从而提高电机的工作效率。该驱动形式将主减速器和差速器安装在驱动电机端盖的输出轴上，将电机、固定速比减速器和差速器组合成一个驱动整体，通过固定速比的减速效果来增大驱动电机的输出扭矩。

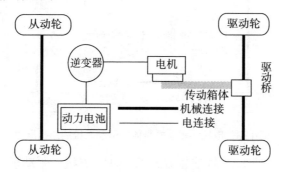

图1-2 电机–驱动桥组合式配置的结构原理

电动汽车的驱动电机具有较广泛的调速范围，且其输出特性曲线与车辆行驶所需的理想驱动特性曲线非常接近。采用电机–驱动桥组合的驱动布局方式可以充分发挥这一优势。此构型的传动系统使用固定速比减速器、差速器和半轴等较少的机械传动部件来传递电机的驱动扭矩，从而简化动力传输系统，有效地扩大了汽车动力电池的布置空间和乘客舱空间。此外，该构型具有良好的通用性和互换性，方便在传统汽车底盘上安装和使用，维修也更为便捷。需要注意的是，这种布局与传统机械驱动方式相比，对驱动电机的调速要求较高，需要在较小速度范围内提供较大的扭矩。

3. 电机–驱动桥整体式

与电机–驱动桥组合式相对照，电机–驱动桥整体式驱动系统进一步降低了动力传输系统中机械传动部件的数量，从而使传动效率得到更大的提升，也能节省更多空间，结构原理如图1-3所示。电机–驱动桥整体式驱动系统将电机、固定速比减速器和差速器整合成一个单元，通过两条半轴来驱动车轮。这种布局方式与发动机横置前驱（前轮驱动）的传统内燃机汽车相似。

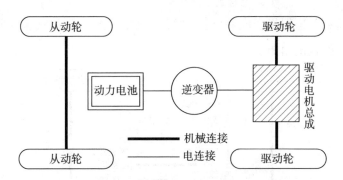

图 1-3   电机-驱动桥整体式驱动系统的结构原理

根据电机与驱动半轴连接方式的不同，电机-驱动桥整体式驱动系统的配置方式可分为两类，分别是同轴整体式和双联整体式，如图 1-4 和图 1-5 所示。

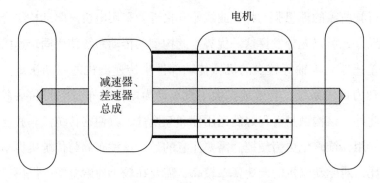

图 1-4   同轴整体式驱动系统

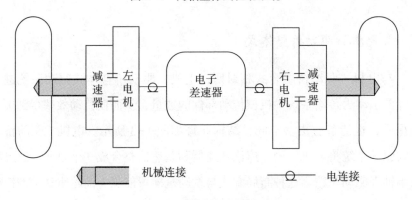

图 1-5   双联整体式驱动系统

如图 1-4 所示，同轴整体式驱动系统中的电机轴是一种特殊制造的空心轴，电机输出端的轴上配备有减速器和差速器。差速器带动半轴，一根半轴穿越电机空心轴来驱动另一侧的车轮。这种布局使用机械式差速器，所以汽车在转弯时与传统汽车相似，其控制相对简单。

图 1-5 展示了双联整体式驱动系统（又名双电机驱动系统）的基本构造。双联整体式驱动系统取消了机械差速器，而在左右两个电机之间安装了电子差速器，利用电子差速实现汽车换向。每个驱动电机的转速可以单独调节控制。然而，与同轴整体式驱动系统相比，不同条件下对两个驱动电机进行精确控制的可靠性仍需进一步提升。

电机 - 驱动桥整体式配置已不再是基于传统汽车驱动系统进行修改的配置，其结构与传统汽车有很大差异，形成了电动汽车特有的驱动系统布局方式。这种配置有利于实现电子集中控制，使电动汽车的网络化和自动化控制成为可能。

4. 轮毂电机分布式

基于电机 - 驱动桥整体式配置的基础，对机械驱动系统进行进一步简化，便可得到轮毂电机分布式配置。如图 1-6 所示，该驱动方式将驱动电机安装在电动汽车轮毂中，电机输出扭矩直接带动驱动轮转动，从而推动电动汽车行驶。这种布局取消了电机 - 驱动桥整体式驱动方式中的半轴，使结构更为简洁、紧凑，使整车重量更轻。

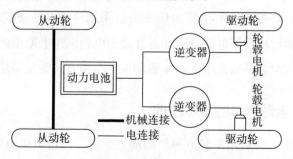

图 1-6 轮毂电机分布式配置的结构原理

与传统汽车相比，轮毂电机分布式电动汽车完全释放了传统汽车机械动力传输系统所占用的空间，为动力电池和行李箱等提供了充足的布局空间。此外，它还可以独立控制每个驱动电机，充分利用道路附着力，有利于提高车辆的转向灵活性和主动安全性，更便于引入电子控制技术。

采用轮毂电机分布式动力系统必须解决的问题是如何确保车辆行驶方向的稳定性。另外，动力系统的驱动电机及其减速装置必须能够布置在有限的车轮空间内，因此对驱动电机的体积有很严格的要求。

电动汽车的轮毂电机分布式配置是当下的一个研究热点，但这一构型并非近几年才出现的。实际上，早在1900年，保时捷公司就研制出了一款名为洛纳德的双座前驱电动汽车，其两个前轮装有轮毂电机。后来，由于内燃机汽车在续航里程和动力性能等方面明显优于电动汽车，因此内燃机汽车成了主流，电动汽车的发展速度大大降低，轮毂电机电动汽车的研发也随之停止了。

近年来，随着电动汽车的兴起，国内许多汽车制造商、高校和研究院对轮毂电机分布式电动汽车进行了大量研究。例如，香港中文大学开发了一款四轮驱动/四轮转向的多方向运动车，通过控制四个车轮的驱动和转向实现原地转向和横向移动。吉林大学仿真与控制国家重点实验室也开发了一款全线控四轮轮毂电机，可以独立驱动电动汽车。上海交通大学、哈尔滨工业大学、武汉理工大学等高校在轮毂电机和电驱动轮的研究和产品化方面也做了大量工作。

如今，日产的FEV和福特的Ecostar已采用轮毂电机分布式布局方式，通用公司也表示将在其电动汽车和混合动力电动汽车上使用此类布局。轮毂电机分布式配置是未来电动汽车驱动系统布局方式的发展趋势。

1.3.3 电动汽车的基本原理

电动汽车，即利用车载电源作为动力来源，通过电机驱动车轮运行，满足道路交通和安全法规等各项要求的交通工具。虽然电动汽车与传统内燃机汽车在总体结构上具有相似性，但在驱动系统和工作原理方面存在显著差异。

1. 电动汽车受力分析

我们以纯电动汽车为例，分析车辆在行驶过程中的受力情况，如图 1-7 所示。

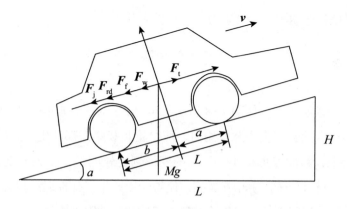

图 1-7 车辆受力分析

电动汽车在行驶过程中的运动特性，取决于其前进方向上的合力。行驶过程中所受到的力主要分为牵引力 F_t 和总阻力 F_r（包括加速阻力 F_j）两种。当电动汽车处于静止或匀速行驶状态时，其行驶方程可以表示为

$$F_t = F_r \tag{1-1}$$

当电动汽车加速行驶时，加速度可表示为

$$\frac{\mathrm{d}v}{\mathrm{d}t} = \frac{F_t - F_r}{\delta M} \tag{1-2}$$

式中：v 为电动汽车速度；δ 为车辆动力系统中表征旋转组件效应的质量系数；M 为车辆的总质量。该式表明电动汽车的速度和加速度取决于牵引力、阻力和车辆的质量。

牵引力 F_t 为

$$F_t = \frac{\eta_T i_g i_0 T_{tp}}{r_d} \qquad (1-3)$$

式中：η_T 为传动系统的机械效率；i_g 为变速器的传动比；i_0 为主减速器的传动比；T_{tp} 为电机输出转矩；r_d 为车轮的有效半径。

总阻力 F_r 主要包含车轮的滚动阻力 F_f、空气阻力 F_w、爬坡时的坡度阻力 F_{rd}（即重力在电动汽车行驶方向上的分力）和行驶过程中的加速阻力 F_j。由此，可得到电动汽车行驶阻力合力方程为

$$F_r = F_f + F_w + F_{rd} + F_j \qquad (1-4)$$

以下就各项阻力分别进行讲述。

（1）滚动阻力 F_f。如图 1-8 所示，电动汽车在行驶过程中，轮胎与地面接触的区域会产生相互作用力，使得轮胎和路面都产生一定的变形。一般情况下，路面变形很小，轮胎的变形则比较明显。受轮胎变形的影响，其内部材料分子产生相互摩擦，使得轮胎产生了弹性迟滞损失，导致地面对轮胎的作用力的分布往后偏移。车轮的滚动阻力为

$$F_f = P f_r \qquad (1-5)$$

式中：f_r 为滚动阻力系数；P 为作用于滚动车轮中心的铅垂方向的载荷。

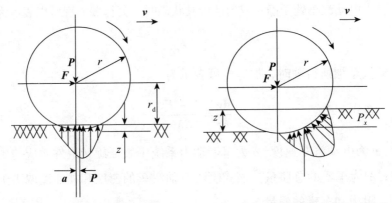

（a）硬路面上轮胎变形与滚动阻力　　　（b）软路面上轮胎变形与滚动阻力

图 1-8　不同路面轮胎的变形和受力情况

如果此时车轮在坡上行驶，车轮的滚动阻力为

$$F_f = Pf_r \cos\alpha \qquad (1-6)$$

式中：α 为坡路的倾斜角。

轮胎的滚动阻力系数 f_r 受多种因素影响，如轮胎的材质、构造、温度和气压，以及外侧轮胎表面的形状、道路的粗糙程度、路面材料和液体状况等。对于不同特性的路面，这些因素对应的典型值可以在表 1-1 中找到。在最近几年，科研人员已经研发出专门为轿车设计的低滚动阻力轮胎，其阻力系数低于 0.01。

表 1-1 滚动阻力系数

路面状况	滚动阻力系数	路面状况	滚动阻力系数
良好的沥青或混凝土路面	0.010～0.018	泥泞土路(雨季或解冻期)	0.100～0.250
一般的沥青或混凝土路面	0.018～0.020	干砂	0.100～0.300
碎石路	0.020～0.030	湿砂	0.060～0.150
良好的卵石路面	0.035～0.050	结冰路面	0.015～0.030
压紧土路(干燥) 压紧土路(雨后)	0.025～0.035 0.050～0.150	压紧的雪道	0.030～0.050

在表 1-1 中，滚动阻力系数的大小没有考虑轮胎与车速之间的变化关系。实际上，行驶车速对滚动阻力系数有很大影响。在车辆性能的计算中，为了便于分析，可认为滚动阻力系数是速度的线性函数。对于在混凝土路面上行驶的电动汽车，适合一般充气压力范围的计算公式为

$$f_r = 0.01 \times \left(1 + \frac{v}{100}\right) \qquad (1-7)$$

（2）空气阻力 F_w。空气阻力是指电动汽车在行驶过程中，空气动力

作用在车辆行驶方向上的分力。通常，空气阻力是车速 v、车辆迎风正面的面积 A_f、空气密度 ρ 和车辆形状的函数 C_D，可定义为

$$F_w = \frac{1}{2}\rho A_f C_D \left(v + v_w\right)^2 \qquad (1-8)$$

式中：C_D 为车辆形状特征的空气阻力系数；v_w 为车辆运行方向上的风速分量，当它取向与车速方向相反时为正值，而与车速方向相同时则为负值。

从式（1-8）可以看出，空气阻力与 C_D 及 A_f 成正比。车辆迎风正面的面积 A_f，受车内空间限制不宜变小，所以减小 C_D 是降低空气阻力的主要手段。20 世纪 50—70 年代初，轿车的 C_D 维持在 0.4 ～ 0.6，到 20 世纪 90 年代已降到 0.3 左右。典型汽车的空气阻力系数和迎风面积相关数据见表 1-2 所列。

表 1-2　典型汽车的空气阻力系数和迎风面积相关数据

车　型	迎风面积 A_f/m^2	空气阻力系数 C_D	$C_D A_f / m^2$	备　注
典型轿车 货车 客车	1.7～2.1 3.0～7.0 4.0～7.0	0.30～0.41 0.60～1.00 0.50～0.80	— 	—
吉尔 130 空车 载货用且篷布盖好 后面装有厢式车厢 油罐车	4.00 4.65 5.80 4.00	0.941 0.816 0.564 0.716	3.764 3.794 3.271 2.864	模型试验
菲亚特 Uno 70i.c. 宝马 753i 奥迪 100 本田雅阁 Ex2.0i-16 雷克萨斯 LS 400 奔驰 300SE/500SE 桑塔纳 X15	1.81 2.11 2.05 1.70 2.06 2.10 1.89	0.300 0.330 0.300 0.330 0.320 0.340 0.425	0.546 0.696 0.615 0.561 0.659 0.714 0.803	"Motor Fan" 滑行试验，假设 f_r 为常数求得

（3）爬坡坡度阻力F_{rd}。爬坡阻力一般指电动汽车上、下坡时，其自身重力将产生一个指向下坡方向的分力F_g。这一分力阻碍上坡时向前的运动，即

$$F_g = Mg\sin\alpha \tag{1-9}$$

式中：α为坡路的倾斜角。

轮胎的滚动阻力和爬坡阻力合称为爬坡坡度路面阻力，即

$$F_{rd} = F_f + F_g = Mg\left(f_r\cos\alpha + \sin\alpha\right) \tag{1-10}$$

当路面倾角比较小时，路面阻力可以简化为

$$F_{rd} = F_f + F_g = Mg\left(f_r + \frac{H}{L}\right) \tag{1-11}$$

令$\psi = f_r + H/L$，ψ为道路阻力系数，则路面阻力可以表示成

$$F_{rd} = Mg\psi \tag{1-12}$$

（4）加速阻力F_j。电动汽车加速行驶时，用来增大电动汽车速度而需要额外施加的力就是加速阻力。电动汽车的质量分为平移质量和旋转质量两部分，加速时不仅平移质量产生惯性力，旋转质量也要产生惯性力偶矩。为了便于计算，一般把旋转质量的惯性力偶矩转化为平移质量的惯性力，对于固定传动比的汽车，常以系数δ作为计入旋转质量惯性力偶矩后的汽车旋转质量换算系数，因而电动汽车的加速阻力可写为

$$F_j = \delta M \frac{\mathrm{d}v}{\mathrm{d}t} \tag{1-13}$$

式中：δ为电动汽车旋转质量换算系数；$\mathrm{d}v/\mathrm{d}t$为其加速度。

电动汽车旋转质量换算系数主要与飞轮的转动惯量、车轮的转动惯量及传动系统的传动比有关，计算公式为

$$\delta = 1 + \frac{1}{M}\frac{\sum I_w}{r_d^2} + \frac{1}{M}\frac{I_f i_g^2 i_0^2 \eta_r}{r_d^2} \tag{1-14}$$

式中：I_w 为车轮的转动惯量；I_f 为飞轮转动惯量；r_d 为车轮有效半径；i_g 为变速器传动比；i_0 为主减速器传动比。

2. 电动汽车动力学方程

根据图 1-7 所示的电动汽车纵向受力情况，作用在车辆上的主要外力包括：前、后车轮的滚动阻力 F_{ff} 和 F_{fr}（它们分别能够产生滚动阻力矩 T_{ff} 和 T_{fr}）；空气阻力 F_w；爬坡阻力 F_{rd}；加速阻力 F_j；分别作用于前、后车轮的牵引力 F_{tf} 和 F_{tr}。对后轮驱动的车辆而言，F_{tf} 为 0；而对前轮驱动的车辆而言，F_{tr} 为 0。电动汽车纵向运动的动力学方程可表示为

$$M\frac{\mathrm{d}v}{\mathrm{d}t} = \left(F_{tf} + F_{tr}\right) - \left(F_{ff} + F_{fr} + F_w + F_{rd}\right) \qquad (1-15)$$

式中：等号右边的第一个括号为总牵引力，第二个括号为总阻力；$\mathrm{d}v/\mathrm{d}t$ 为电动汽车沿纵向的线加速度；M 为电动汽车的质量。

若想获得轮胎与地面接触面所能支持的最大附着力，必须确定前、后车轴上铅垂方向的载荷。通过累加作用于点 R（轮胎与地面接触面的中心）的所有力矩，便可得到前轴上铅垂方向的载荷 P_f。

$$P_f = \frac{MgL_b\cos\alpha - \left(T_{ff} + T_{fr} + F_w h_w + Mgh_g\sin\alpha + Mh_g\dfrac{\mathrm{d}v}{\mathrm{d}t}\right)}{L} \qquad (1-16)$$

同理，可得到作用于后轴上铅垂方向的载荷 P_r 为

$$P_r = \frac{MgL_a\cos\alpha - \left(T_{ff} + T_{fr} + F_w h_w + Mgh_g\sin\alpha + Mh_g\dfrac{\mathrm{d}v}{\mathrm{d}t}\right)}{L} \qquad (1-17)$$

对于电动汽车，假设空气阻力作用点高度 h_w 近似于车辆质心的高度 h_g，则式（1-16）和式（1-17）可简化为

$$P_f = \frac{L_b}{L}Mg\cos\alpha - \frac{h_g}{L}\left(F_w + F_g + Mgf_r\frac{r_d}{h_g}\cos\alpha + M\frac{\mathrm{d}v}{\mathrm{d}t}\right) \qquad (1-18)$$

$$P_{\mathrm{r}} = \frac{L_{\mathrm{a}}}{L} Mg\cos\alpha + \frac{h_{\mathrm{g}}}{L}\left(F_{\mathrm{w}} + F_{\mathrm{g}} + Mgf_{\mathrm{r}}\frac{r_{\mathrm{d}}}{h_{\mathrm{g}}}\cos\alpha + M\frac{\mathrm{d}v}{\mathrm{d}t} \right) \quad （1-19）$$

式中：r 为车轮的有效半径。

根据式（1-9）和式（1-11），可将式（1-18）、式（1-19）重写为

$$P_{\mathrm{f}} = \frac{L_{\mathrm{b}}}{L} Mg\cos\alpha - \frac{h_{\mathrm{g}}}{L}\left[F_{\mathrm{t}} - F_{\mathrm{r}}\left(1 - \frac{r_{\mathrm{d}}}{h_{\mathrm{g}}} \right) \right] \quad （1-20）$$

$$P_{\mathrm{r}} = \frac{L_{\mathrm{a}}}{L} Mg\cos\alpha + \frac{h_{\mathrm{g}}}{L}\left[F_{\mathrm{t}} - F_{\mathrm{r}}\left(1 - \frac{r_{\mathrm{d}}}{h_{\mathrm{g}}} \right) \right] \quad （1-21）$$

在式（1-20）和式（1-21）中，等号右边的第一项分别是当电动汽车静止在水平地面上时作用在前、后车轴上的静载荷，第二项分别为其铅垂方向载荷的动态分量；F_{r} 为车辆的总阻力。

轮胎与地面接触面所能支持的最大附着力（大于该最大牵引力的任意小量的变化将引起轮胎在地面上打转），通常以铅垂方向载荷和路面附着系数 μ 的乘积方式给出。

对前轮驱动的车辆有

$$F_{\mathrm{tmax}} = \mu P_{\mathrm{f}} = \mu\left\{ \frac{L_{\mathrm{b}}}{L} Mg\cos\alpha - \frac{h_{\mathrm{g}}}{L}\left[F_{\mathrm{tmax}} - F_{\mathrm{r}}\left(1 - \frac{r_{\mathrm{d}}}{h_{\mathrm{g}}} \right) \right] \right\} \quad （1-22）$$

$$F_{\mathrm{tmax}} = \frac{\mu Mg\cos\alpha \dfrac{L_{\mathrm{b}} + f_{\mathrm{r}}\left(h_{\mathrm{g}} - r_{\mathrm{d}} \right)}{L}}{1 + \mu\dfrac{h_{\mathrm{g}}}{L}} \quad （1-23）$$

式中：f_{r} 为滚动阻力系数。

而对于后轮驱动的车辆有

$$F_{\mathrm{tmax}} = \mu P_{\mathrm{f}} = \mu\left\{ \frac{L_{\mathrm{a}}}{L} Mg\cos\alpha - \frac{h_{\mathrm{g}}}{L}\left[F_{\mathrm{tmax}} - F_{\mathrm{r}}\left(1 - \frac{r_{\mathrm{d}}}{h_{\mathrm{g}}} \right) \right] \right\} \quad （1-24）$$

$$F_{tmax} = \frac{\mu Mg \cos\alpha \dfrac{L_a + f_r\left(h_g - r_d\right)}{L}}{1 + \mu \dfrac{h_g}{L}} \qquad (1-25)$$

车辆在行驶时，通过传动装置使动力装置提供给驱动轮的最大牵引力，不应超过轮胎与地面间附着力的最大值，否则驱动轮将在地面上打转，导致车辆行驶不稳定。

1.3.4 电动汽车的性能指标

电动汽车的性能指标包括以下几种。

1. 电池续航里程

电动汽车的电池续航里程是指在满电启动后能够行驶的最大距离。这是电动汽车最重要的性能指标之一，续航里程的大小对消费者来说是决定是否购买的关键因素之一。

电动汽车电池续航里程性能指标通常涉及以下几个方面。

（1）能量密度：电池能量密度是指单位体积或质量下存储的能量，通常用 Wh/kg 或 Wh/L 来衡量。较高能量密度的电池拥有较高的储能效率，可以让电池在占用车体较少体积或质量的情况下，允许电动汽车行驶更长的里程。

（2）容量：电池容量是指电池能够储存的总电荷量，通常用 Ah 或 kW·h 来表示。容量越大，电动汽车续航里程越长。

（3）充电速度：电池充电速度通常用充电功率来衡量，单位为 kW。电池容量一定时，较高的充电功率可以缩短充电时间，提高电动汽车的使用效率。

（4）循环寿命：电池的循环寿命是指电池在充电和放电过程中能够循环使用的次数。循环寿命越长，代表电池的使用寿命越长。

（5）温度适应性：电池的工作温度范围是指电池在不同温度下工作的稳定性和性能。较好的温度适应性可以提高电池的可靠性和安全性，降低故障和事故的发生率。

（6）安全性：电池的安全性是指电池在使用、充电、放电等过程中的安全性能。电池的安全性越好，在使用过程中事故发生率就越低。

2. 电车充电

电动汽车充电时间是指将电池由低电量到充满所需的时间，这是一个非常重要的性能指标，影响着车主的使用体验。

电动汽车充电时间性能指标主要有以下几种：

（1）充电时间：充电时间是指从电池电量低于一定值（如 20%）开始，到电池电量充满所需的时间。一般来说，充电时间越短，用户的使用体验越好。

（2）充电速度：充电速度是指电动汽车在充电时，每小时所能获取的电能。通常以千瓦时（kW·h）为单位，充电速度越快，充电量相同的情况下，用户等待的时间越短。

（3）充电效率：充电效率是指电池在充电过程中所吸收的电能与充电过程中消耗的电能之比。如果充电效率较高，则充电时间相对较短，同时能降低充电时的电能浪费。

（4）充电模式：充电模式包括直流快充和交流慢充。直流快充可以快速为电池充电，但需要较高的充电功率和电流，适用于在短时间内快速充电的场景；交流慢充则适用于长时间充电，常用于家庭或办公场所的充电桩。

这些指标的优劣影响着电动汽车的充电体验，也是用户在选择电动汽车时重点考虑的指标。

3. 加速性能

电动汽车的加速性能通常非常出色，因为它们可以提供高扭矩的动力输出。加速性能的指标包括 0 ～ 100 km/h 的加速时间以及最大功率和最大扭矩。

电动汽车的加速性能指标可以通过以下几个方面来衡量。

（1）0 ～ 100 km/h 加速时间：这是衡量电动汽车加速性能的最常见的指标。它表示车辆从静止加速到时速 100 km 所需要的时间，加速时间越短，表示车辆的加速性能越好。

（2）最大功率和最大扭矩：电动汽车的最大功率和最大扭矩也可以用来衡量它们的加速性能。最大功率表示发动机能够输出的最大动力，而最大扭矩表示车在低速时的动力性。这两个指标越高，车辆的加速性能也就越好。

（3）过弯能力：虽然过弯能力不是直接衡量加速性能的指标，但它对电动汽车的性能有很大的影响。较好的过弯能力表示车辆在高速驾驶时更加稳定，从而提高了驾驶体验和安全性。

总体来说，0 ～ 100 km/h 加速时间和最大功率、最大扭矩是最常用的电动汽车加速性能指标。

4. 动力输出

电动汽车的动力输出通常使用千瓦（kW）来衡量，这是衡量电动汽车提供动力大小的指标，也是电动汽车与传统燃油汽车的最大区别之一。

电动汽车的动力输出性能指标通常包括以下几个方面。

（1）最大功率（maximum power）：这是衡量电动汽车动力输出性能的一个重要指标，表示电机最大可输出的功率。通常以千瓦（kW）为单位表示。

（2）最大扭矩（maximum torque）：这是电动汽车在启动或加速时所

能产生的最大扭矩，也是一种重要的动力输出指标。通常以牛·米（N·m）为单位表示。

（3）加速性能（acceleration performance）：电动汽车的加速性能通常通过 0 ～ 100 km/h 的加速时间来衡量，时间越短表示加速性能越好。

（4）能耗（energy consumption）：电动汽车的能耗是指每百公里消耗的电能，通常以千瓦时 / 百千米（kW·h/100 km）表示。

5. 续航里程

电动汽车的续航里程是指在满电启动后可以行驶的最远距离，通常用 km 作为单位来衡量，这是一个非常重要的指标，它决定了车主使用电动汽车的范围和便利性。

以下是影响电动汽车续航里程的几个性能指标。

（1）电池能量密度：在前文中已介绍过，这里不再赘述。

（2）电动机效率：电动机效率是指电动机将电能转换为机械能的比例。高效率的电动机可以在相同的电能供应下提供更多的驱动力，从而提高续航里程。

（3）能量回收系统：能量回收系统可以将制动能量转换为电能储存在电池中。这套系统可以减少电池的消耗，从而延长电动汽车的续航里程。

（4）车身重量：车身重量越轻，相同情况下的电动汽车需要消耗的电能就越少，从而可以提高续航里程。

（5）驾驶行为：驾驶行为也是影响电动汽车续航里程的重要因素。快速加速、急刹车、高速行驶和频繁充电都会降低电动汽车的续航里程。

需要注意的是，电动汽车的续航里程还受到其他因素的影响，如路况、气温、空调使用等。因此，在购买电动汽车时，消费者需要综合考虑车辆的多个性能指标，而不仅仅是续航里程。

以上这些指标都是影响电动汽车续航里程的关键因素，消费者在购买电动汽车时需要根据自己的需求和预算进行综合考量。

6. 能量回收

电动汽车通常具有能量回收功能，能够将制动能量转换为电能，并将其储存在电池中。这种技术能够提高电动汽车的能效和续航里程。

电动汽车能量回收是指车辆在制动、减速或滑行等情况下，通过电机将动能转换为电能，并存储在电池中，以增加电动汽车的续航里程。以下是影响电动汽车能量回收的几个性能指标。

（1）制动器的能量回收效率：制动器的能量回收效率越高，就能将越多的动能转换为电能储存到电池中，从而增加电动汽车的续航里程。一些高端电动汽车制动器的能量回收效率可以达到90％以上。

（2）电机反转效率：当电动汽车制动时，电机会转变为发电机，将动能转化为电能。电机反转效率高，就能更有效地将制动能量回收，从而增加电动汽车的续航里程。

（3）回收能量的程度：电动汽车的能量回收系统通常可以通过设置不同的回收程度来控制能量回收的量。如果回收程度设置得太低，就会浪费大量的制动能量；如果设置得太高，可能会对车辆的驾驶感受产生影响。因此，选择适当的回收程度可以最大化回收制动能量的同时保证舒适的驾驶体验。

（4）能量回收系统的设计：能量回收系统的设计也会影响电动汽车的能量回收性能。一些高端电动汽车采用了双电机设计，在行驶中一个电机驱动车轮，另一个电机则用于能量回收，从而提高了能量回收的效率。

需要注意的是，电动汽车的能量回收性能也受到外部环境因素的影响，例如路况、行驶速度、驾驶行为等。因此，在使用电动汽车时，驾驶员也应该注意控制车速、减少急加速和急刹车等行为，以使能量回收最大化。

6. 费用

相较于传统燃油汽车，电动汽车的运营成本更低，维护费用也更少。

1.4 电动汽车的发展趋势

随着环保意识的不断增强和可再生能源的不断发展，电动汽车的发展已成既定趋势。以下是电动汽车的一些发展趋势。

（1）技术创新：电动汽车涉及电池技术、电机技术、控制技术等多个领域，技术创新是电动汽车发展的重要驱动力。未来还会出现更高效、更安全的电池技术和更先进的电机技术。

（2）自动驾驶：随着人工智能技术的发展，自动驾驶技术也得到了迅速的发展，电动汽车在自动驾驶方面的应用前景将非常大。

（3）网络化：电动汽车可以实现智能互联，通过云计算、大数据、物联网等技术，实现更智能、更高效的运营和管理。

（4）更广泛的应用：未来的电动汽车将在城市代步以外的领域得到更多应用，例如物流配送、出租车、公共交通等。

随着公众环保意识的不断提高，电动汽车的市场前景正变得越来越好。

（1）环保需求：由于空气污染和全球变暖等环境问题，政府和社会对环保汽车的需求不断增加。电动汽车的零排放特性使其成为一种非常受欢迎的交通工具。

（2）技术进步：电动汽车的技术不断改进和创新，特别是电池技术的不断改进，使电动汽车的续航里程和性能都得到了很大的提升。这也促进了电动汽车市场的发展。

（3）政策支持：政府对电动汽车的支持政策和补贴也是促进其发展的因素之一。政府的政策和措施，如减免购置税、免收道路使用费等，使得电动汽车的价格更具竞争力，也更加受到消费者的青睐。

（4）能源转型：随着全球对可再生能源的需求不断增加，电动汽车将成为重要的转型能源之一。使用可再生能源来为电动汽车充电可以减少对环境的影响，同时为能源转型提供了更多的可能性。

（5）供应链优化：随着电动汽车产业链的不断完善，包括电池制造、电机制造、充电设施建设、回收利用等，电动汽车的成本将进一步降低，价格更加具有竞争力。

（6）市场扩大：随着消费者环保意识的提高和政府的政策支持，电动汽车的市场需求将进一步扩大，进一步推动电动汽车产业的发展。

（7）新兴市场的崛起：电动汽车在发达国家市场占有率逐渐增加的同时，新兴市场也将成为未来电动汽车的重要增长点。

第2章 电动汽车驱动系统

2.1 电动汽车驱动系统概述

2.1.1 电动汽车驱动电机系统

电动汽车的驱动电机系统是电动汽车内部实现电能和机械能相互转换的重要部件，是电动汽车动力总成系统不可或缺的重要组成部分，它主要由两部分组成：一部分是驱动电机，主要用于能量转换；另一部分是驱动电机控制器，简称电机控制器，起控制作用。电动汽车驱动总成系统除了包含驱动电机系统外，还包含减速器、变速器等部件，这些部件相互耦合。驱动电机系统还与上游的关键零部件和材料有一定关系。为了满足电动汽车的动力需求，驱动电机系统应满足以下要求：噪声小、质量轻、效率高、功率密度高、可靠性高等。驱动电机系统中使用的驱动电机可以是直流电机，也可以是交流电机，其中交流电机又可分为交流异步电机和交流永磁电机。电动汽车动力系统主要采用两种驱动方式：第一种是集中驱动，这也是当前较常采用的驱动方式；第二种是分布式驱动，这种方式不仅能节约空间，控制也更加灵活，深受开发人员喜爱，是当前电动汽车行业较为热门的研究方向之一。

电动汽车驱动电机、电机控制器以及驱动电机系统的定义在国标《电动汽车用驱动电机系统第 1 部分：技术条件》（GB/T 18488.1—2015）中有明确规定，具体如下：

（1）驱动电机：将电能转换成机械能为车辆行驶提供驱动力的电气装置，该装置也可具备将机械能转换成电能的功能。

（2）电机控制器：控制动力电源与驱动电机之间能量传输的装置，由控制信号接口电路、驱动电机控制电路和驱动电路组成。

（3）驱动电机系统：驱动电机、驱动电机控制器及它们工作必需的辅助装置（如线束、接插件）的组合。

2.1.2　电动汽车驱动电机系统要求

如今，电机系统早已应用到各行各业当中，如工业、农业等，那应用在工业上的电机系统和应用在电动汽车当中的驱动电机系统有哪些差别呢？归纳总结见表 2-1 所列。

表 2-1　工业用电机系统与电动汽车驱动电机系统的主要差别

对比项目	封装尺寸	工作环境	可靠性	冷却方式	控制性能	功率密度	性价比
工业用电机系统	只要在工厂范围内，没有任何空间限制，可以使用标准封装搭配各种应用	与外界环境有关，最低不会低于 −20 ℃，最高不会高于 40 ℃	主要用于提升生产效率，比较可靠	体积偏大，风冷最为常见	一般为定工况运行，多为变频调速控制	一般在 0.5 kW/kg 到 1.5 kW/kg，偏低	一般
电动汽车驱动电机系统	因汽车空间有限，所以电机系统所占空间必然有限，同时必须结合产品要求和实际空间单独设计	必须保证在极端条件下也能启动，而且工作时会发出大量的热，其环境温度范围在 −40 ℃到 105 ℃之间	要确保使用者的人身安全，极为可靠	体积较小，一般使用液冷	多为精准扭矩控制，需要具备极高的动态性能要求	一般在 2.0 kW/kg 到 4.5 kW/kg，较高	极高

电动汽车在行驶过程中可能会反复出现加速、减速、停车、启动、低速或高速运行、爬坡等一系列行为，当汽车需要爬坡或以低速运行时要保持高转矩，在高速行驶时要保持功率恒定，在高速超车时要保持峰值功率输出，这要求驱动电机系统的性能必须满足以上用车状况，如图 2-1 所示。

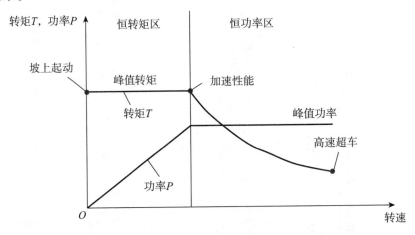

图 2-1　车用工况对驱动电机系统的性能要求

电动汽车所用驱动电机系统的具体要求有以下几个方面。

（1）低速大转矩、高速宽调速。为了保证电动汽车在爬坡和加速过程中的稳定性，驱动电机系统需要在汽车低速运行时保持高转矩输出，而在汽车高速运行时保持恒定功率输出，所以驱动电机系统的调速范围要足够宽。

（2）高功率密度、轻量化。由于电动汽车本身的质量和空间是有限的，所以驱动电机系统的质量和体积也是有限的，这就要求驱动电机系统具备较高的功率质量比和功率体积比。

（3）高效率。为了保证电动汽车具有较长的续航里程，驱动电机系统要具备无论汽车处于何种速度都能保持高效率运行的能力。

（4）较好的能量回收性能。电动汽车与燃油汽车相比有一定的优势，其中比较显著的一点是电动汽车在制动或减速过程中能回收一部分制动能量，这部分能量可以重新利用。回收能量性能的优劣对汽车利用能源效率的高低、运行性能的好坏以及续航里程的长短等有重要影响。一般情况下，电动汽车在减速时回收的制动能量占整车消耗能量的 15 % 到 25 %，这是一个不小的比例。

（5）控制精度高、动态响应快。汽车的运动情况比较复杂，需要频繁地停车、启动、加速、减速，还会随着路面情况变化而低速或高速运行，这就要求驱动电机系统必须具备较高的控制精度、稳定性以及优秀的动态性能，这与工业电机只需应对某个或某几个工况差别较大。

（6）高可靠性与安全性。对于电动汽车来讲，驱动电机系统是其动力核心，需要在各种情况下保持动力的稳定输出。要实现这一点，驱动电机系统需要具备较高的抗震性、循环冷却能力以及机械强度等。根据相关数据，车载动力蓄电池组的电压以及驱动电机的工作电压基本为 $300 \sim 600 \text{ V}$，所以电动汽车的电气系统以及对应的控制系统都应符合相关规定和安全标准，还应符合车辆对扭矩控制和高电压的功能安全需求。

（7）低成本。电动汽车的问世必然会与燃油汽车形成竞争，只有具备较大的竞争优势才能占据更多的市场，所以它不仅要具备充足的性能，还要尽可能地控制成本。控制成本最直接的方法就是降低零件成本。

（8）低噪声。电动汽车驱动电机系统的安装位置与驾驶舱位置相隔不远，如果驱动电机系统工作时发出大量的噪声会直接影响驾驶员的驾驶体验，而且振动噪声性能的好坏也是评价电动汽车的一个重要指标，所以无论驱动电机系统处于何种工况，都要具备优良的振动噪声性能。

2.2　电动汽车驱动系统的组成

2.2.1　功率变换器

功率变换器是电动汽车上重要的一种零部件，它承担着转换电流的重任。功率变换器可以将某种电流转变为其他零件所需的电流，根据转换电流形式的不同，可分为三大类：第一类是可以实现直流电转换为直流电的斩波器；第二类是可以实现直流电转换为交流电的逆变器；第三类是可以实现交流电转换为直流电的整流器。

通常情况下，电动汽车的动力电源系统虽然对电动机驱动器的工作有促进作用，但无法使电动机充分发挥作用，主要原因是电源系统的输出特性与驱动器工作所需不完全匹配。当电源系统与负载连通开始工作时，输出电压会迅速下降。负载增加得越大，电流就会越大，电压反而进一步下降，这种下降趋势的斜率会形成一个特殊的曲线，这种特性使电源系统的输出功率不断变化，使汽车的整体效能不断降低。如果在电源系统和驱动系统之间增加一个功率变换器，就可以有效地改善电源系统的输出特性，此时为驱动系统供电的零部件已经变成了电源系统和功率变换器的集合，有效增强了供电稳定性。由此可知，功率变换器对电动汽车具有重要作用。

1. DC/DC 功率变换器

DC/DC 功率变换器，也称斩波器，是一种可以将固定电压的直流电变换成电压可变的直流电的零部件。这种功率变换器的工作原理是采用脉冲宽度调制（PWM）的方法调整固定电压直流电的占空比，从而对最终输出电压的大小进行控制和调整。它有两个主要作用：第一个是调压，主要应用在开关电源当中；第二个是抑制电网侧谐波电流发出的噪声。

DC/DC 功率变换器在电动汽车中的应用主要体现在以下几个方面。

（1）行旅车、游览车等采用直流电动机且发动机功率不高于 5 kW 的电动汽车，可以使用 DC/DC 功率变换器结合动力电池组为电动机供电。

（2）当电动汽车使用的是能量混合型电力系统时，最好选择升压型 DC/DC 功率变换器；如果使用的是功率混合型电力系统，最好选择全桥型 DC/DC 功率变换器或双向升降压型 DC/DC 功率变换器。当汽车处于下坡制动或滑行状态时，车辆会因惯性向前运动，这部分多余的惯性能量会转化为电能并对储能电源进行充电，此时也应选择双向升降压型 DC/DC 功率变换器。

（3）当电动汽车使用自身高压直流电源对低压电源进行充电时，最好选择隔离式降压型 DC/DC 功率变换器。

2. DC/AC 功率变换器（逆变器）

DC/AC 功率变换器，也称逆变器，能将燃料电池电源或车载蓄电池电源等直流电源的直流电转换为交流电，从而驱动交流电动机工作。这种功率交换器的类型多样，主要包含三类：源逆变器，无源逆变器，高性能、多组合的逆变器等。

目前，部分电动汽车的驱动电动机以及汽车的转向助力器、空调压缩机、空气压缩机等具备特殊功能的部件使用的都是交流电动机，而汽车动力系统使用的却是燃料电池组等直流电源，为了保证这些部件正常工作，必须使用逆变器对直流电源进行转换。逆变器不仅能将直流电源的直流电转换成三相交流电，还能实时监测使用交流电设备的运行参数，完成对交流电动机的启动、停止、运行控制。用于驱动交流电动机工作的逆变器一般设计在电动汽车的电动机控制器中。

3. AC/DC 功率变换器（整流器）

AC/DC 功率变换器，也称整流器，能将电动汽车中的交流发动机发电电源、电网电源等交流电源的交流电转换成直流电，从而满足电车中需要应用直流电的电路、电气设备运作以及电源充电的需求。电动汽车上常见的整流器主要有三种形式，分别是三相桥式、三相电压源 PWM 式以及三相电流源 PWM 式等。

2.2.2 整车控制器

1. 整车控制器基本概念

整车控制器是一个伴随电动汽车诞生的新型零部件，只用于电动汽车以及混动汽车，传统的燃油汽车中没有这个零件。整车控制器，也称动力总成控制器，是电动汽车控制功能的关键零件，英文缩写为 VMS（vehicle management system）或 VCU（vehicle control unit）。它的工作原理是收集驾驶员在驾驶过程中做出行为的信号以及汽车各个部件的反馈信号，然后借助 CAN 总线对各种网络信息进行恰当的处理，如运算、分析、调度、管理等，同时控制底层的相关控制器做出对应的动作。它的主要功能有整车驱动控制、制动回馈控制、能量优化控制、显示车辆状态、实时监测车辆信息、网络管理、判断并处理汽车故障等。整车控制器与汽车中某些部件控制器对部件的动态性控制相比，更侧重协调性、管理性控制。

燃油车之所以不需要安装整车控制器，是因为燃油车启动时会直接引燃发动机，发动机动力会在挡位和离合的配合下直接作用于车辆的轮胎，使车轮获得一定初始速度，这个速度并不快，随着车辆起步，驾驶员可以逐步升挡、加速并保持高速行驶。电动汽车的启动则需要先让动力电池组通电，然后电池组向驱动电机输送电流，使其带动减速器工作，发动机动力再作用于车轮，使车辆起步。驱动电机在接受电流后应该保持高速运转，但却在整车控制器的控制下保持慢速启动，换言之，如果电动汽车除去整车控制器，启动时会直接失控。控制系统是电动汽车的核心技术，电车主要的控制系统包含三部分：第一部分就是整车控制器（VCU）、第二部分是电机控制器（MCU）、第三部分是电池管理系统（BMS），这三部分中，我国对后两者都有明确标准规定，对前者暂时没有明确标准规定。

2.整车控制器功能

整车控制器暂时没有明确的国家标准，其功能标准主要是参照行业惯例，主要功能见表 2-2 所列。

表 2-2　整车控制器的主要功能

功能需求举例	功能实现举例
接收、处理驾驶员的驾驶操作指令，并向各个部件控制器发送控制指令，使车辆按驾驶期望行驶	① -a启动预充控制：纯电动汽车启动时，对车载高压电系统的预充控制，增加启动安全性； ② -b汽车驱动控制：根据司机的驾驶要求、车辆状态等状况，经分析和处理，向电机控制器发出指令，满足驾驶工况要求。包括启动、前进倒退、回馈制动、故障检测和处理等工况
与电机、DC/DC、动力电池组等进行可靠通信，通过CAN总线(以及关键信息的模拟量)进行状态的采集输入及控制指令量的输出 协调管理车上其他电器设备	①网络管理：整车控制器作为信息控制中心，负责组织信息传输。网络状态监控，网络节点管理等调整功能，网络故障诊断和处理； ②车辆状态监测和显示：主控制器通过传感器和CAN总线，检测车辆状态及其各子系统状态信息，驱动显示仪表，将状态信息和故障诊断信息经过显示仪表显示出来。显示内容包括车速，里程。电机的转速、温度，电池的电量、电压、电流，故障信息等
接收处理各个零部件信息，结合能源管理单元提供当前的能源状况信息	①整车能量优化管理：通过对电动汽车的电机驱动系统、电池管理系统。传动系统以及其他车载能源动力系统(如空调)的协调和管理，以获得最佳的能量利用率； ②回馈制动控制：根据制动踏板和加速踏板信息、车辆行驶状态信息、蓄电池状态信息，向电机控制器发出制动指令，在不影响原车制动性能的前提下，回收部分能量
系统故障的判断和存储，动态检测系统信息，记录出现的故障 对整车具有保护功能，视故障的类别对整车进行分级保护，紧急情况下可以关掉发电机及切断母线高压系统	故障诊断和处理：连续监视整车电控系统，进行故障诊断。存储故障码，供维修时查看。故障指示灯指示出故障类别和部分故障码。根据故障内容，及时进行相应安全保护处理。对于不太严重的故障，能做到"跛行回家"

3. 整车控制系统的结构和原理

整车控制系统的结构采用一体化集成式控制与分布式处理体系，电动汽车为每个零件都配备了单独的控制器，整车控制器的作用是协调各个零件的控制器进行控制并对整个系统的能量进行全面化管理。整车控制系统采用的通信方式是 CAN 总线，不仅能实现信号的实时传递，还能保证信息交换的可靠性。

4. 整车控制器示例介绍

此处以某款纯电动版轿车为例，对整体控制器进行阐释。该款纯电动版轿车是五门五座，其动力电池组为锂电池组，标定续航里程为 160 km。汽车搭载有快速充电功能，只需充电 10 min 就能行驶 50 km，如果使用家用 200 V 交流电为其充电需要花费约 8 h。这款电动汽车的整车控制器的工作原理是收集车速传感器、车速踏板位置传感器生成的信号，然后对信号进行处理，再作用于各个部件的控制器（如车灯、空调、电机、除霜系统、车载发电机、太阳能电池、再生制动力系统等）以及充/放电控制器，具体如图 2-2 所示。

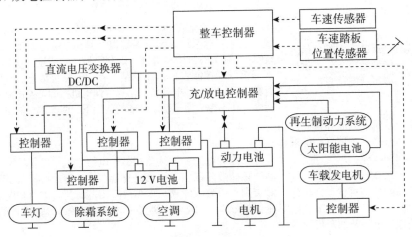

图 2-2　整车控制器原理示意图

我们再以另一款电动汽车为例，进一步介绍整车控制器。

整车控制器作为控制纯电动汽车的关键零部件，承担着车辆运行控制、驾驶员意图解析、车辆信息收集、车辆故障诊断等重要功能。

该款整车控制器的具体性能参数如下。

（1）工作特性参数如下。

工作电压：9 ～ 18 V。

功率消耗：≤ 50 W。

储存环境温度：−40 ～ +90 ℃。

工作环境温度：−40 ～ +85 ℃。

工作相对湿度：≤ 90 % 不结露。

指令执行速度：≥ 20 MIPS。

（2）I/O 功能指标。

采集加速踏板、制动踏板、KeyOn 信号、挡位信号等信息，控制车辆部件开关。

6 路模拟电压输入：分辨率 12 bit，量程为 0 ～ 5 V。

2 路模拟电流输入：分辨率 12 bit，量程为 0 ～ 20 mA。

10 路高边数字输出：最大输出电流 2 A。

2 路大功率高边数字输出：最大输出电流 11 A。

4 路低边数字输出：最大吸收电流 1 A。

10 路高边数字输入：逻辑 1 阈值 ≥ 8 V。

8 路低边数字输入：逻辑 0 阈值 ≤ 6 V。

（3）通信性能。

仪表系统、电池管理系统以及电机控制器之间应实现 CAN 总线通信，三路应分别具备独立的 CAN 总线，扩展性极强，通信波频率应超过 250 kHz，同时要兼容 SAE 制定的 J1939 标准。

（4）可靠性、电磁兼容性参数如下。

耐盐雾性：对产品进行长达 24 h 的盐雾试验，试验结束后产品内部不能出现任何腐蚀，且保持干燥，确保产品能在盐雾条件下能正常使用。

温度冲击：电子控制器应在 $-40 \sim +85\ ℃$，持续经历 10 个循环。

转换时间：应少于 10 s。

停留时间：保持 $-40\ ℃$ 的时间达到 40 min，保持 $90\ ℃$ 的时间达到 20 min，在温度冲击试验后，必须能够在常温下正常使用。

平均无故障时间：应超过 6 000 h。

整车控制器相当于汽车的"大脑"，不仅掌控汽车内部所有部件的通信服务，还负责对这些部件进行实时监控，具体功能体现在以下几个方面。

（1）在车辆驾驶方面，它需要实时收集驾驶员在驾驶过程中提出的各种需求，并根据其需求分配车辆动力。

（2）在网络管理方面，它既要充当网关，还要承担信息汇总、信息调度的任务，更要对所有部件的通信网络进行实时监控。

（3）在仪表方面，它可以作为仪表的辅助驱动器。

（4）在故障诊断和处理方面，它可以对执行器、传感器以及系统中其他部件进行故障诊断，如果发现故障就会自动按照设定对其进行处理，同时根据标准格式存储、发送故障码。

（5）在配置和维护方面，它可以借助车载标准的 CAN 端口修改各种控制参数，使其与标定值相吻合；还可以配置功能，实时监控，通过标准接口对控制进行调适等。

（6）在能量管理方面，它能协调、管理车辆内各个系统的能量消耗，如电动泵、空调等，实现能量利用的最大化。

（7）在功率分配方面，它可以在对收集到的电机、电池以及车辆的综合信息进行分析、处理后计算出电机功率并进行合理分配，对车辆进行制动能量回馈控制和驱动控制，保证车辆获得最优驾驶性能。

（8）在真空助力泵方面，它不仅能起到控制作用，还能对其进行故障诊断，当真空泵发生故障时它可以起到辅助控制作用。

（9）当车辆需要在坡道上停车时，它可以起到辅助控制的作用。

（10）当车辆需要在坡道上启动时，它可以起到防止溜车的控制作用。

2.2.3　能源系统

电动汽车的能源系统主要包含以下几个部分。

（1）电池：对电动汽车来讲，电池是其所有动力和能量的来源，电车没有电池就是一个空壳，所以它是车辆不可或缺的重要组成部分，而且电池的容量大小直接决定了车辆的续航里程。目前，电动汽车一般都安装锂离子电池组，因为它不仅能量密度高，还具有更长的使用寿命和循环寿命。

（2）电机：电机是电车的核心，它是电车能够前进的决定性因素，它的主要作用是实现电能和机械能的转化。电机的类型有很多，每一种都有长处和短处，可能是成本、也可能是性能和效率，较常使用的电机有永磁同步电机、交流感应电机等。

（3）电力控制器：电力控制器一般位于电池和电机之间，既能让二者实现有效连接，也能根据驾驶员的需求来控制电机的扭矩、速度。

（4）充电系统：充电系统是为车辆电池充电的主要部件，它主要包含两部分：一个是车载充电器，另一个是车辆配备的充电接口。电动汽车可使用的充电方式有两种：一种是普通充电，一种是快速充电。

（5）冷却系统：无论是电池、电机还是电力控制器在工作时都会产生大量的热，使车辆内部温度升高，为了保证系统各部件能够正常工作，需要将产生的热量排出，这就是冷却系统存在的意义。

（6）能量回收系统：电动汽车为了实现能量的高效利用一般都会配备能量回收系统，常见的有再生刹车系统，这个系统能在车辆刹车时将车辆的一部分动能转换为电能，并将其存入电池当中。

随着科技发展，各个品牌的电动汽车不断问世。这些电动汽车虽然结构各异，但动力蓄电池都是车辆不可撼动的核心部件，因为动力蓄电池既是电车的动力来源，也是电车补充电能的关键部件，这也使得研究人员仍然致力于研究新的动力蓄电池以及配套的充电技术。从理论上讲，一辆电动汽车装载的蓄电池越大，充满电后能行驶的路程就越远；蓄电池配套的充电技术越强，蓄电池的充电效率就会越高；蓄电池充电质量越高，蓄电池的使用时长、储能能力以及供电能力等相关性能也会越强，这些都会对电动汽车的使用成本产生极大影响。对电动汽车来讲，充电是为蓄电池补充能量的必要手段，也是电动汽车能够持续运行的重要基础。电动汽车充电器作为实现充电行为的重要利器，主要分为以下两类。

第一，车载充电器。这种充电器指的是车辆本身自带的充电零部件，一般在紧急情况下为电动汽车的蓄电池充电，外接电源可以是家用交流电。这种充电器的体型比较小，功率也多在 $3 \sim 5\,kW$，主要是因为车辆本身的空间以及负载条件有限。

第二，非车载充电器。这种充电器指的是安装在公共区域或自家停车位上的充电器或充电桩，使用的电源为单相交流电或三相交流电，可以保证转换成的直流电既稳定又具有较高的质量，在充电控制器的配合下自动、安全地为电动汽车蓄电池充电。因为这种充电器可以为多种充电模式服务，无论是质量、体积还是功率，都比车载充电器要大得多。

2.3 电动汽车驱动系统的性能

2.3.1 电动汽车的动力性能

对于电动汽车来讲，动力性能的强弱在一定程度上决定了汽车整体性能的优劣。可以反映电动汽车动力性能优劣的指标有三个，分别是加速性能、爬坡性能以及最高车速。

1. 加速性能

电动汽车的加速性能可以根据汽车速度从零提升到某一速度所花费的时间或行驶的路程长度来表示。

根据牛顿第二定律，电动汽车的加速度为

$$a_{j} = \frac{\mathrm{d}v}{\mathrm{d}t} = \frac{F_t - F_f - F_w}{\delta M} = \frac{\dfrac{T_{tp} i_g i_0 \eta_T}{r_d} - Mgf_r - \dfrac{1}{2}\rho C_D A_f v^2}{\delta M} \qquad (2-1)$$

由上式可以算出电动汽车从低速 v_1 提升到高速 v_2 时所花费的时间 t_a 以及行驶的路程 S_a 分别为

$$t_a = \int_{v_1}^{v_2} \frac{\delta M}{\dfrac{T_{tp} i_g i_0 \eta_T}{r_d} - Mgf_r - \dfrac{1}{2}\rho C_D A_f v^2} \mathrm{d}v \qquad (2-2)$$

$$S_a = \int_{v_1}^{v_2} \frac{\delta M v}{\dfrac{T_{tp} i_g i_0 \eta_T}{r_d} - Mgf_r - \dfrac{1}{2}\rho C_D A_f v^2} \mathrm{d}v \qquad (2-3)$$

根据研究表明，影响电动汽车加速性能的关键因素有驱动电机的启动性能以及在短时间内的过载能力。

2. 爬坡能力

电动汽车的爬坡能力可以通过电动汽车在良好路面上保持最大驱动力平稳行驶所能爬上坡度的最大值来表示，一般用百分数表示。

具备优秀爬坡能力的电动汽车的行驶路程可以表示为

$$F_t = F_g + F_f + F_w \qquad (2-4)$$

式中：$F_g = Mg\sin\alpha$，为坡道阻力；$F_f = Mgf_r\cos\alpha$，为滚动阻力。α 为最大坡度与地面形成的夹角角度，根据式（2-4）可以得出坡度的计算公式：

$$\alpha = \arcsin\frac{F_t - F_w}{Mg\sqrt{1 + f_r^2}} = \arctan f_r \qquad (2-5)$$

根据相关数据可知，电动汽车的最大爬坡度应高于 20 %，影响电动汽车爬坡能力的关键因素有驱动电机的最大扭矩特性以及在短时间内的过载能力。

3. 最高车速

电动汽车的最高车速指的是电动汽车在水平道路上以最大功率运行所能达到的最高速度，其与车辆牵引力和阻力之间的平衡关系有关，如式（2-6）所示。决定电动汽车最高车速的因素有汽车最小的减速比以及动力电池组、驱动电机的等级，以及动力装置的最大转速与传动装置的传动比之间的平衡关系。

$$\frac{T_{tp}i_g i_0 \eta_T}{r_d} = Mgf_r \cos\alpha + \frac{1}{2}\rho C_D A_f v^2 \qquad (2-6)$$

由式（2-6）可知，当牵引力（等式左侧）与阻力（等式右侧）达到平衡时，车辆才会达到最高车速，也就是牵引力曲线与阻力曲线的交点，电动汽车动力平衡图如图 2-3 所示。

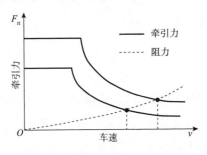

图 2-3　电动汽车动力平衡图

2.3.2　电动汽车的制动性能

电动汽车的制动性能，指的是汽车在保证行驶方向不变的情况下，只需花费极短的时间或在极短的距离内，就能使车辆从正常行驶变成停止或车辆在下坡过程中能够一直保持某个速度匀速前进的能力。对电动汽车来讲，制动性能的优劣直接决定了电动汽车行驶的安全性、可靠性，如果车辆的制动性能不佳，很容易出现交通事故。路面情况、人体机能以及车辆的制动结构等都是影响电动汽车制动距离的因素。

制动力直接影响车辆的制动距离和制动安全性。良好的制动力不仅能够在紧急情况下迅速减速停车、减少交通事故的风险，还能在日常驾驶中提供更为精确的速度控制、提升驾驶体验。制动力的分配更是影响制动性能的重要环节，合理的制动力分配可以确保车辆在制动时保持稳定、防止失控。在电动汽车中，制动力分配与动力性能之间的关系尤为密切。电动汽车的动力系统，尤其是带有能量回收系统的，可以在减速或制动时将部分动能转换为电能储存起来。这种制动方式称为再生制动，它可以有效地提高能源利用效率，延长电池续航里程。再生制动力的合理分配，不仅可以最大化能量回收，还能与传统摩擦制动系统相结合，实现平滑、高效的制动效果。因此，制动力的优化分配在提升电动汽车整体动力性能和行驶效率方面起着至关重要的作用。

1. 制动力

当电动汽车开始制动时，汽车的制动片会紧紧挤压制动盘，借助摩擦力使制动盘停止运动，此时制动盘上会生成摩擦力矩。在制动力矩的作用下，车辆轮胎和地面也会产生摩擦力，对车轮产生制动效果，这个力也可称为制动力，用式（2-7）表示为

$$F_b = \frac{T_b}{\tau_d} \tag{2-7}$$

式中：τ_d 为制动盘的有效半径。

当制动力矩增大时，制动力也会随着增加，但这种增幅是有限的，当制动力大于轮胎和地面因附着力所能产生的最大制动力时，制动力矩无论如何增加，制动力都不会再增大。最大制动力可用式（2-8）表示为

$$F_{bmax} = \mu_b P \tag{2-8}$$

式中：μ_b 为轮胎与地面间的附着系数；P 为车轮的垂直载荷。

当轮胎与地面发生滑移时μ_b的大小也会发生变化，这一点与牵引力极为相似。有数据表明，当轮胎滑移率在15%～20%时，附着系数最大，若滑移率继续增加，则附着系数会减小。

2.制动力分配

电动汽车在平坦路面上突然发生制动时，整个车辆所受的力如图2-4所示，其中空气阻力和滚动阻力远比制动力小得多，可以在计算时将其忽略。设a_b为车辆在制动时产生的负加速度，可得出

$$a_b = \frac{F_{bf} + F_{br}}{M} \tag{2-9}$$

式中：F_{bf}为前轮制动力；F_{br}为后轮制动力。

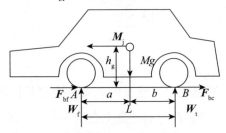

图2-4 平坦路面上车辆制动时的受力情况

由式（2-8）可知，轮胎和地面之间产生的附着力决定了最大制动力的数值，最大制动力还与轮胎在铅锤方向受到的载荷成正比，所以，车辆制动力矩所产生的制动力也与铅垂方向的载荷成正比，即车辆的前轮和后轮都获得了最大制动力。当车辆制动时，载荷会从后轴向前轴转移，再结合前后轮与地面在A、B接触点达到的力矩平衡，可以得出，作用在前后轴上的铅垂方向的载荷P_f、P_t分别为

$$P_f = \frac{Mg}{L}\left(L_b + h_g\frac{a_b}{g}\right) \tag{2-10}$$

$$P_{\mathrm{r}} = \frac{Mg}{L}\left(L_{\mathrm{a}} + h_{\mathrm{g}}\frac{\boldsymbol{a}_{\mathrm{b}}}{g}\right) \tag{2-11}$$

前后轴获得的制动力与铅垂方向的载荷成正比，可以得出

$$\frac{\boldsymbol{F}_{\mathrm{bf}}}{\boldsymbol{F}_{\mathrm{br}}} = \frac{\boldsymbol{W}_{\mathrm{f}}}{\boldsymbol{W}_{\mathrm{r}}} = \frac{L_{\mathrm{b}} + h_{\mathrm{g}}\boldsymbol{a}_{\mathrm{b}}/g}{L_{\mathrm{b}} - h_{\mathrm{g}}\boldsymbol{a}_{\mathrm{b}}/g} \tag{2-12}$$

式中：$\boldsymbol{a}_{\mathrm{b}}$ 为车辆在附着系数为 μ 的路面上制动时产生的最大加速度。

将式（2-10）～式（2-12）联合起来求解，可得出作用于前后轴上的理想制动力，其分布线如图 2-5 所示。理想制动力分布曲线其实就是图 2-5 当中的 I 曲线。如果作用于车辆前后轮上的制动力符合这一曲线，那车辆能够在任意路面上实现前后轮同时制动。

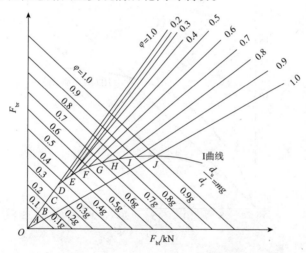

图 2-5　作用于前后轴上的理想制动力分布曲线

在车辆设计中，作用于前后轴上的实际制动力分布通常被设计为一个不变的线性比例关系。这一比例关系为前轴上的制动力与车辆总制动力之比，即

$$\beta = \frac{F_{\mathrm{bf}}}{F_{\mathrm{b}}} \tag{2-13}$$

式中：$F_b = F_{bf} + F_{br}$ 为车辆的总制动力。

而前后轴上的实际制动力随β的变化而变化，故可将它们表示为

$$F_{bf} = \beta F_b \qquad （2-14）$$

$$F_{br} = (1-\beta)F_b \qquad （2-15）$$

于是可得

$$\frac{F_{bf}}{F_{br}} = \frac{\beta}{1-\beta} \qquad （2-16）$$

理想和实际制动力分布曲线如图 2-6 所示。

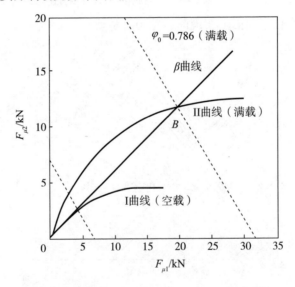

图 2-6　理想和实际制动力分布曲线的对比情况

由图 2-6 可知，Ⅰ曲线和Ⅱ曲线只有一个交点，这个点代表车辆的前后轴同时抱死，故将此点的附着系数称之为同步附着系数，对应的制动减速度称之为临界减速度。这一交点可以用一个特定的路面附着系数μ_0表示，将式（2-12）中的a_b/g用μ_0替代，即得

$$\frac{\beta}{1-\beta} = \frac{L_b + \mu_0 h_g}{L_a - \mu_0 h_g} \qquad （2-17）$$

由上式可以得出

$$\mu_0 = \frac{L\beta - L_b}{h_g}$$ （2-18）

$$\beta = \frac{L_b - \mu_0 h_g}{L}$$ （2-19）

在电动汽车制动过程中，当附着系数小于 μ_0 时，车辆前轮先于后轮抱死，即图 2-6 中 β 曲线位于 II 曲线下方的区域；当附着系数大于 μ_0 时，车辆后轮先于前轮抱死，即图 2-6 中 β 曲线位于 I 曲线上方的区域。当车辆的后轮先出现抱死时，后轮所承受的横向力会消失，车辆方向会不稳，因此车辆很可能在离心力、侧向风力以及地面倾斜等作用下产生侧滑力矩，使车辆出现侧滑甚至掉头的情况；当车辆的前轮先出现抱死时，驾驶员无法通过方向盘控制车辆的方向，车辆可能失控。这里需要注意，前轮抱死时并不会导致车辆的行进方向出现剧烈变化，因为当前轮出现侧向运动时，车辆会因惯性使后轴偏转中心产生自校正力矩，促使车辆重新走直线。

2.3.3　电动汽车的燃料经济性

电动汽车与燃油车最大的区别就是使用电能作为动力源，所以其燃料经济性与传统燃油车的燃油经济性不同，而且纯电动汽车和混合动力电动汽车的燃油经济性也不尽相同。

1. 纯电动汽车

纯电动汽车的燃料经济性指的是，电动汽车在电池组充满电的情况下维持一定行驶工况所能行驶的最大距离，单位为 km，可以从以下三个指标进行判断。

（1）能量消耗率：电动汽车在经过规定的试验循环后，对动力电池重新充电至试验前的容量，从电网上得到的电能除以行驶里程所得到的数值称为能量消耗率，单位为 W·h/km。

（2）比能量消耗率：电动汽车能量消耗率与整车质量的比值，单位为 W·h/（km·t）。

（3）能量经济性：电动汽车以各种预定行驶规范达到的续驶里程与动力电池再充电恢复到原有的电量状态所需要的交流电能量之比，单位为 km/（kW·h）。

①当纯电动汽车以恒定速率行驶时，其功率需求为

$$P_\mathrm{B} = \frac{P_\Sigma(v)}{\eta_\mathrm{m}(n_\mathrm{m}, P_\mathrm{m})\eta_\mathrm{t}} \qquad (2\text{-}20)$$

式中：P_B 为电动汽车行驶需求总功率；$P_\Sigma(v)$ 为车辆行驶驱动功率；$\eta_\mathrm{m}(n_\mathrm{m}, P_\mathrm{m})$ 为电机驱动系统效率；η_t 为传动系统效率。

其动力系统在时间 T 内的能量消耗为

$$E_\mathrm{B} = \int_0^T U_\mathrm{B}(P_\mathrm{B}) I_\mathrm{B}(P_\mathrm{B}) \mathrm{d}t \qquad (2\text{-}21)$$

式中：E_B 为能量消耗（单位为 W·h）；$U_\mathrm{B}(P_\mathrm{B})$ 为驱动系统母线电压；$I_\mathrm{B}(P_\mathrm{B})$ 为驱动系统母线电流。

电动汽车续驶里程为

$$S = \frac{E_\mathrm{B}}{1\,000 P_\mathrm{B}} \times v \qquad (2\text{-}22)$$

②对于按照某一工况行驶的纯电动汽车，其续驶里程为

$$S = \int_0^t v(t) \mathrm{d}t \qquad (2\text{-}23)$$

其功率需求和能量消耗同样可以按照式（2-21）和式（2-22）来进行计算。

在上述公式的基础上，可以进行能量消耗率、比能量消耗率和能量经济性的计算。需要注意的是，计算时需要考虑充电效率 η_charge。

2. 混合动力电动汽车

混合动力电动汽车在行驶过程中所消耗的能量并不单单依靠动力电池组，还需要消耗车内的燃油，所以想要评价其燃料经济性必须从两个方面着手：燃油消耗量和电池组输入电量。为保证标准统一，先以百公里为限，计算其运行成本，得出评价，即

$$C_{hev} = C_{fuel} Q_s + C_{elect} E_{Grid} \qquad (2-24)$$

式中：C_{hev} 为混合动力电动汽车百公里运行成本 [元 /(100 千米)]；C_{fuel} 为燃油价格（元 / 升）；C_{elect} 为工业用电价格（元 / 千瓦时）；Q_s 为百公里燃油消耗率；E_{Grid} 为电池组百公里电网充电电量均值 [千瓦时 /(100 千米)]。

在某些文献中，单位里程的能耗 e（kW/km）也被称为电动汽车的效率。电动汽车的能量经济性在一些文献中也被定义为：电动汽车以各种预定行驶规范达到的续驶里程与动力电池再充电恢复到原状态所需要的交流电能量之比，即

$$电动汽车能量经济性 = \frac{预定行驶规范达到的续驶里程}{动力电池再充电恢复到原状态所需的交流电能量}$$

$$(2-25)$$

设电动汽车行驶时的单位里程能耗为 e，电动汽车总质量为 M，电动汽车行驶的比能耗为 e_0，则有

$$e_0 = \frac{e}{M} \qquad (2-26)$$

设电动汽车动力电池组充满电的总能量为 E，则电动汽车的续驶里程为

$$S = \frac{E}{e} = \frac{E}{e_0 M} \qquad (2-27)$$

当然，汽车在实际应用中的消耗与上述计算还有很大差距，如，因空气阻力所消耗的能量与汽车的质量没有关系；动力电池在日常会出现自放电现象，甚至有些电池的自放电率超过 10 %；动力电池的放电电流、放电深度、放电效率都会影响动力电池组的输出总能量。此外，行驶规范差别等也会对电动汽车的续驶里程有很大影响。因此，式（2-27）得出的电动汽车的续驶里程只是近似估算值。

第3章　电动汽车驱动电机

3.1　电动汽车驱动电机概述

在电动汽车的设计中，驱动电机不仅是车辆行驶的直接动力来源，还是机械能与电能转换的核心部件。电机控制器及其控制箱是实现高压直流电与三相交流电转换的关键，保证了电机能够高效、稳定地运行。在不同类型的电动汽车中，驱动电机的作用和配置有所不同。对于纯电动汽车来说，驱动电机是车辆的唯一动力来源，它直接决定了车辆的驾驶性能和效率。增程式电动汽车和串联式混合动力电动汽车虽然主要依靠电机驱动，但它们配备了额外的发电机组来延长续航里程，但电机依然是主要的动力输出装置。并联式混合动力电动汽车的发动机和电动机可以独立或共同为车辆提供动力。在这种情况下，驱动电机既可以独立驱动车辆，也可以与发动机共同工作，提供额外的动力和效率改善。因此，驱动电机在并联式混合动力电动汽车中充当了动力辅助和效率提升的双重角色。纯电动汽车和混合动力电动汽车在能源储存和转换设备的配置上也有所区别。纯电动汽车通常配备一套电池系统作为唯一的能源储存装置，以电机作为能源转换装置，直接将电能转化为机械能。而混合动力电动汽车则至少包含两套能源系统：一套是传统的燃油驱动系统，包括发动机和燃油储存装置；另一套是电驱系统，包括电池和电动机。这样的配置使混合动力电动汽车能够根据不同的行驶条件和驾驶需求，灵活切换或同时使用两种动力系统，以达到更优的行驶性能和燃油经济性。

一般情况下，两轮纯电动车要想驱动车辆仅需要一个单机，无须变速器，在传动系统中只需要使用一个带差速的减速器。从工作原理角度出发，虽然这种驱动方式不存在变速器与机械耦合器之间的机械损失，但是仍然会有减速差速器件带来的机械损失。由于此时没有变速器件，因此要想控制运转十分简单，但是对电机却有着特殊要求，即速度变化区域宽、转速低、扭矩大，与此同时，还需要分别提高逆变器和电机的容量与功率。

3.1.1　电动汽车驱动电机驱动系统的种类和特点

1. 纯电动汽车的驱动电机驱动系统

纯电动汽车的驱动电机驱动系统分为两种模式：单电机驱动模式、双电机驱动模式。

纯电动汽车使用的是单电机驱动模式，对变速范围的要求不高，因此较小容量的永磁电机便可满足要求；又因有差速减速器，因此所采用的传动系统可以不安装传动装置和离合器。此时仍然存在差速器的能量损失，但是没有传动装置与离合器的能量损失。除此之外，从车辆制动能量回收的角度来看，制动能量回收对于全轮驱动十分有利。全轮驱动的制动能量回收实现了从车轮到驱动电机的能量回收，即在制动时，可以将车辆除驱动轮之外的动能转化为热能。由于没有传动装置，因此更易于运转，不过这对驱动电机有一定要求，即要求速度变化区域大、低速大扭矩，与此同时，还要分别提高逆变器与驱动电机的容量。无差速系统是指去除了差速器的系统，此类驱动电机的特点是可以反向回转，改变传统电动机定子结构。

双电机的驱动模式通常又可分为两种，即双轮毂式驱动电机和前后驱动电机。双轮毂式驱动电机是指一种电动汽车驱动系统的配置方式，其中两个电动机分别安装在车辆的两个轮毂内部。这种设计使得每个轮毂都拥有一个独立的电动机驱动，从而提供更加直接和高效的动力传输方式。与传统的中央电机驱动系统相比，双轮毂式驱动电机能够减少能量在传输过程中的损失，并且由于省略了复杂的传动机构，如传动轴和差速器，这种配置也有助于简化车辆的动力传输系统，减轻车辆质量，提高空间利用率。双轮毂式驱动电机还具有改善车辆操控性和稳定性的潜力。每个轮毂内的电动机可以独立控制，实现精准的扭矩分配和动力调节，这对于提高电动汽车的动态响应、牵引力和制动性能至关重要。在一些高性能电动汽车和智能驾驶系统中，这种能力尤为重要，因为它允许实施更为复杂的控制策略，如扭矩矢量控制，以优化车辆的行驶性能和安全性。前后驱动电机是指车辆的前后轮分别由两个不同的驱动电机进行驱动。上述两种类型的电机驱动方式中造价较高的是双轮毂式驱动电机。无论是电机自身还是其逆变器的制作成本，都比前后驱动电机要高。而四轮毂式驱动电机在一定程度上促使其结构更加紧凑，究其原因在于将电动机组装进了车轮轮毂内。轮毂式驱动电动机要想增大体积，难度相对较大，但是若将总功率分摊在四台驱动电机上，那么每一台驱动电机所承载的容量便可以小一些。除此之外，由于不需要传动装置，因此工作效率会相应提高。

2. 混合动力电动汽车的驱动电机驱动系统

混合动力电动汽车通常可以分为三种类型，分别是串联式混合动力电动汽车、并联式混合动力电动汽车以及串并联（混联式）混合动力电动汽车。其中，串联式混合动力电动汽车是依靠驱动电机行驶的，而并联式混合动力电动汽车是依靠发动机辅助行驶的，混联式动力电动汽车则兼具了前两者的性能。

通常来说，纯电动汽车续航里程短的问题，可以通过串联式混合动力电动汽车得以解决：在停车时或者行驶途中，由发动机对动力蓄电池充电。从结构上看，车轮与发动机没有机械连接，因而驱动结构的自由度更高。图 3-1 及图 3-2 分别表示以发动机为能源的串联式混合动力电动汽车的能量流动方式与以燃料电池为能源的串联式混合动力电动汽车的能量流动方式。

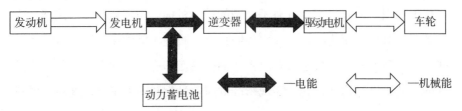

图 3-1　以发动机为能源的串联式混合动力电动汽车的能量流动方式

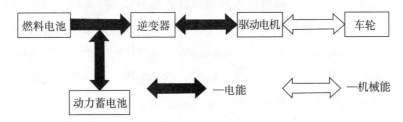

图 3-2　以燃料电池为能源的串联式混合动力电动汽车的能量流动方式

　　并联式混合动力电动汽车驱动系统同时装载了发电机与驱动电机。发动机会根据驱动或者制动的实际需求，结合运转情况，随时进行输出功率与转速的调整。车辆制动时，驱动电机发电机处于发电运行状态，而此时动力蓄电池便会对电力进行回收；车辆启动及加速时，电动机会产生一个启动扭矩。并联式混合动力电动汽车驱动系统的主要特点是发动机飞轮组合了发电机与驱动电机，可以在原有车辆驱动系统的基础上直接使用。至于电气部分则更加简单，无论电气系统出现任何故障，发动机都可以单独运转。对于串联式混合动力汽车来说，虽然它的发动机可以在最佳输出功率与最佳转速下提高运行效率，但是当需要较大的驱动电动机容量时，必须配备可以提供电能的发电机。在这样的情况下，就需要配备较大重量的电气设备，以及较大容量的蓄电池，由此重量也会相应地增加。对于并联式混合动力电动汽车而言，虽然可以提供容量较小的动力蓄电池与驱动电机，但是由于车辆的驱动在绝大多数情况下需要依靠发动机行驶，而此时的发动机不能处于最佳工作状态，因此导致整体工作效率有所下降。

与具有驱动电机与发电机的串联式混合动力电动汽车相比，串并联（混联式）混合动力电动汽车的车轮与发动机，需要通过机械结构进行连接。虽然混联式动力电动汽车的驱动电机设计容量相对较小，但是当它以小功率运转时，可以充当纯电动汽车，可以根据不同的情况选择相应的驱动方式。对于内燃机汽车而言，在路况较差、需要汽车不停地进行停止与启动操作的情况下，可以进行制动能量回收，从而起到节省燃油的作用。此外，混合动力电动汽车还具有一个优点，即不充电也可以保证汽车在仅有燃料补给的条件下持续行驶，使得较重动力蓄电池的能量存储量有所减少。

3.1.2　电动汽车对驱动电机的性能要求

对于由驱动电机驱动的电动汽车来说，驱动电机系统是纯电动汽车的核心部件之一，电动汽车驱动系统性能的好坏，直接取决于驱动电机的性能。通常来说，只有当驱动电机具有如下特点时，才能促使电动汽车拥有良好的性能，具体包括工作效率高、质量轻、体积小，并且启动扭矩要足够大、调速范围要够宽等。电动汽车使用驱动电机需要满足以下条件：一次充电的续航里程长、行驶时的舒适性较好、满足汽车运行功能等。与普通的工业电机相比，电动汽车驱动电机的技术规范更加严格。

对于驱动电机控制系统的性能要求，具体内容如下。

（1）要求驱动电机必须重量轻、体积小。应当尽可能减小驱动系统的总重量，减小有效车载空间。为了降低驱动电机的重量，通常采用铝合金外壳；为了节省空间，应尽可能地集中布置控制装置的各元器件。同时，还应尽量减轻冷却系统与各种控制装置的重量。

（2）确保车辆在整个运行范围内保持高效率。充一次电，续航行驶的里程数要尽量长。尤其是在行驶方式频繁转换以及路况较差的情况下，在低负荷汽轮机变压运行方式下，可以保持较高的效率。

（3）较宽范围内的恒功率特性以及低速大扭矩特性。笼统地说，就是即便在没有变速器的情况下，驱动电机本身仍然应当具有满足实际所需的扭矩特性，从而使车辆在不同情况下的扭矩与功率都能符合要求，包括车辆的制动、减速、行驶、加速、启动等。通常来说，与内燃汽车相比，在达到相同的控制响应的前提下，电动汽车的驾驶者，驾驶舒适度更高，操纵强度更小，都是源于电动汽车驱动电机的自动调速功能。

（4）高可靠性。较高的安全性是在任何情况下都应当具备的重要特性。

（5）高电压。在允许的范围内，应当尽量采用高电压，在一定程度上可以减小导线、驱动电机等设备的尺寸，降低逆变器的成本。

（6）电气系统拥有较高的安全性。各种驱动电机与动力蓄电池组的工作电压能够达到 300 V 以上，无论是控制系统还是电气系统，都应当与相关的车辆电气控制安全性能要求与规范相符合。

除此之外，电动汽车的驱动电机还具有维修足够便捷、简单的电机结构、能够进行大批量的生产、能够在较为恶劣的情况下持续工作、运行时噪声低、耐潮、耐高温等特点。

3.1.3 电动汽车驱动电机的分类

根据常用电源性质、驱动电机结构及工作原理，可以将电动汽车的驱动电机大致分为直流电机与交流电机，基于这两种基本类型又可以延伸出其他类型，详情如图 3-3 所示。

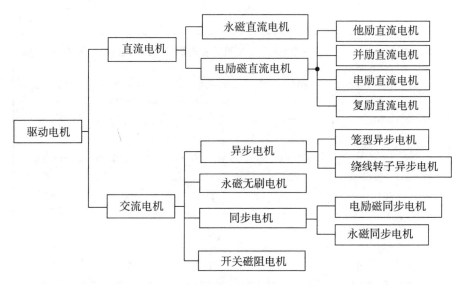

图 3-3　电动汽车驱动电机的分类

　　调速性能好、容易控制都是早期直流电机的特点，但是换向装置降低了直流电机的可靠性，并且维修成本较高。伴随机械制造技术与交流变频调速技术的不断进步，永磁同步电机与交流异步电机的优势得以凸显，被广泛应用于电动汽车领域。此外，虽然开关磁阻电机的市场认可度有待提高，但它的效率高、可靠性高、坚固耐用、结构简单，调速系统还具有经济指数较好、可控参数多等优点，极具发展潜力。四类典型电机的性能对比见表 3-1 所列。

表 3-1　四类电动汽车用电机的性能比较

主要性能	直流电机	交流异步电机	永磁电机	开关磁阻电机
功率密度	低	中	高	较高
过载能力 /%	200	300～500	300	300～500
峰值效率 /%	85～89	91～95	95～97	90
功率因数 /%	—	82～85	90～93	60～65

主要性能	直流电机	交流异步电机	永磁电机	开关磁阻电机
负荷效率 /%	80～87	90～92	85～97	78～86
恒功率区	—	1∶5	1∶2.25	1∶3
最高转速范围 / （r·min⁻¹）	4 000～6 000	12 000～20 000	4 000～10 000	>15 000
可靠性	一般	好	优	好
结构坚固性	差	好	一般	优
电机外形尺寸	大	中	小	小
电机重量	重	中	好	好
控制操作性能	低	高	高	一般

3.2 直流电机

3.2.1 直流电机的基本结构

一般来说，通入直流电而产生机械运动的电机就是直流电机（direct current machine）。根据电机的励磁方式，可以将直流电机分为两种，即永磁直流电机和电励磁直流电机。通常情况下，永磁直流电机的励磁磁场是不可控的，而电励磁直流电机的励磁磁场却是可控的。在早期电动汽车的驱动系统中，直流电机因其控制技术成熟、控制方式简单而被广泛采用。

直流电机的基本结构包括定子、转子等。

1. 定子

定子包括电刷装置、轴承、端盖、机座、换向极、主磁极等，定子通常会产生主磁场，其主要目的是为电机提供机械支撑。主极铁心往往是由 1 ～ 1.5 mm 厚的钢板冲片通过叠压紧固而制成的，包括极靴与极身两个组成部分。为了使磁极下的气隙磁通比较均匀，通常将极靴做成圆弧形。在机座上用螺钉固定磁极，励磁绕组用绝缘铜线绕制而成，套在主极铁心上。各主磁极上的励磁绕组在连接过程中，必须让励磁电流产生的磁极呈 N 级、S 极交替排列。一般来说，主磁极的作用是在定转子之间的气隙中产生气隙主磁场，在该主磁场的影响下，使电枢绕组产生电磁扭矩与感应电动势。

换向通常依靠换向极，换向极又称间极或附加极。一般情况下，两个相邻的主磁极之间会安装换向极，而通过用钢板叠片或采用整块钢可以制作换向极铁心，电枢绕组与换向极绕组进行串联。

为了对端盖、换向极、主磁极进行固定，往往需要制作一个机座，而机座是通过电焊的方法对厚钢板或铸钢进行加工制作而成的，是电机磁路的组成部分之一。

电刷装置的组成部分包括铜丝辫、刷杆座、刷握、电刷，通常情况下在刷握内部放有电刷，在换向器表面用弹簧压紧，其作用是将直流电流与直流电压引入或引出电枢绕组。电刷装置的组数往往与电机的主极极数相等。

2. 转子

转子又称电枢，本质上是直流电机的转动部分。轴承、转轴、风扇、换向器、电枢铁心、电枢绕组等是转子的组成部分，下面选取部分内容来做介绍。

（1）电枢铁心。电枢铁心承担着双重"职责"，一是电枢绕组的支撑部分，二是主磁路的组成部分。一般来说，在电枢铁心的槽内嵌放着电枢绕组，铁心的制作材料选取有齿、槽结构的硅钢片，其厚度为 0.5 mm，材料型号为 DR510 或者 DR530，制作工艺是叠压工艺。对于大型直流电机来说，其电枢铁心冲片需要先压装在转子支架上，再将这个转子支架固定在轴上；而对于小型直流电机而言，其电枢铁心冲片通常会直接压装在轴上。冲片一般可以沿着轴向分成若干段，构成一个径向通风道，从而改善通风条件。

（2）电枢绕组。根据一定的规律将规定数目的电枢线圈加以连接，可以形成电枢绕组。电枢绕组的作用是产生感应电动势与电磁转矩，它是直流电机实现电能与机械能相互转换的关键部件。线圈用绝缘导线绕成，其导线截面往往是矩形或者圆形，在电枢铁心槽内分上下两层进行嵌放，电枢铁心与线圈以及上下层之间分别绝缘，并且通过槽楔压紧，详情如图3-4所示。通常来说，制作时会在绕组支架上将大型直流电机电枢绕组的端部进行紧扎。

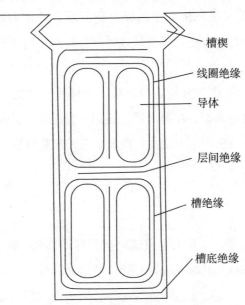

槽楔

线圈绝缘

导体

层间绝缘

槽绝缘

槽底绝缘

图3-4　电枢绕组导体在槽内的布置

3.2.2　直流电机的工作原理

将直流电能转换为机械能的电机便是直流电机。直流电机工作原理图如图 3-5 所示。将电枢安装在一对静止的磁极 S 与磁极 N 之间，该电枢实际是一个圆柱形铁心且绕着中心横轴进行转动，再将一个矩形线圈 *abcd* 安装在电枢的上方。将两个半圆形铜环（换向片）分别与装于电枢之上的矩形线圈的两个末端 *a* 与 *d* 进行连接。两个半圆形铜环之间是绝对不导电的，其固定的位置与电枢处于同一电轴上，并且随着电枢一同转动。半圆形铜环与两个保持静止状态的碳质电刷 A、B 进行滑动接触，通过半圆形铜环与碳质电刷可以使直流电流流入电枢线圈中。

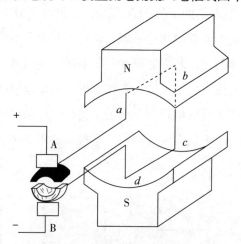

图 3-5　直流电机工作原理图

1. 直流电机的工作方式

当电机通入直流电时，电刷 A 与电刷 B 分别为正极与负极。电流经正电刷 A 流入，由负电刷 B 流出，电流在此期间需要从线圈 *ab*→*cd* 经过。依据电磁力定律，要想使电磁力作用于线圈的每一个有效边，需要一个前提条件，即磁感线与载流导体相互垂直，只有这样，上述情况才能得以实现。电磁力相应的方向则可以通过左手定则判断。要想使电流能够通过电刷 A 经 N 极下的导体流入，再通过 S 极下的导体经由电刷 B 流出，就离不开静止电刷与换向器之间的默契配合。具体来说，就是不管线圈转至何处，都要确保两个条件得以实现：一是运动至 N 极下的线圈边始终都能与电刷 A 相接触；二是运动至 S 极下的线圈边始终都能与电刷 B 相接触。只有同时满足上述两个条件，才能够确保电流方向不会产生偏差。由此可知，电机之所以能够始终沿着逆时针方向不停地转动，主要在于电磁转矩方向与电机转动方向能够始终保持一致。

2. 直流电机的励磁方式

通过分析直流电机的工作原理可知，要想使直流电机正常运转，第一步就是建立磁场。而要想建立磁场，就离不开定子结构中的主磁极，励磁绕组或者永磁体都可以是主磁极。基于不同的主磁极产生的磁场，可以将电机分为永磁直流电机与电励磁直流电机。根据电枢绕组与励磁绕组的连接方式，又可以将直流电机划分为若干类型，包括他励直流电机、并励直流电机、串励直流电机以及复励直流电机，如图 3-6 所示。

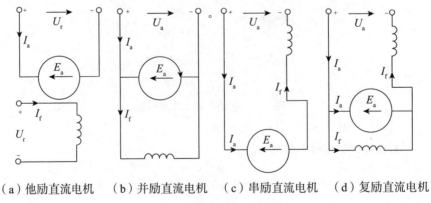

（a）他励直流电机　（b）并励直流电机　（c）串励直流电机　（d）复励直流电机

图 3-6　直流电机的励磁方式

（1）他励直流电机。对于他励直流电机而言，电枢绕组与励磁绕组的电源之间彼此不连接，励磁绕组往往是由其他直流电源进行供电，电枢电流与电枢端电压不会对励磁电流产生任何影响。与之相类似的还有永磁直流电机。他励直流电机的励磁磁场在运行过程中较为稳定且易于控制，因此，要想使电动汽车实现再生制动，难度相对较低。当采用励磁电机与永磁电机时，虽然电机本身的优势十分明显，即体积小、质量轻、效率高，但是不可否认的是，它也存在着一定的劣势，如电动汽车加速与启动时的大扭矩要求难以得到满足，电动机的机械运动特性处理不理想。造成此类现象的原因，是励磁磁场是恒定不变的。

（2）并励直流电机。直流电动机的电枢绕组与励磁绕组并联的便是并励式直流电动机。通常情况下，电枢端电压 U_a 会对励磁电流 I_f 产生一定影响，同时励磁回路电阻也与励磁电流 I_f 存在一定的联系。

（3）串励直流电机。电枢绕组与励磁绕组通常会在同一电源上进行串联。就电流大小而言，电枢绕组与励磁绕组之间没有差别。一般情况下，电枢电流的变化会对电机磁场产生影响。通常来说，励磁绕组的电阻越小越好，这可以在一定程度上降低由励磁绕组产生的损耗。因此对于串励直流电机而言，其励磁绕组往往匝数较少，导线较粗。串励直流电机无论是在低速运行还是高速运行时，其电机都能满足电动汽车遇到各种路况时的行驶要求。具体来说，在低速下运行时，电机可以输出满足电动汽车用户行驶需求的扭矩；在高速下运行时，随着电动机电枢绕组中的反电动势的增大，存在串联关系的励磁绕组中的电流便会相应地减小，由此可以轻松实现弱磁调速功能。因此，串励直流电机驱动系统可以在一定程度上满足电动汽车不同运行状态下的需求。但是，串励直流电机也有其缺点，在某些特殊情况下，它的弱磁调速特性处理不理想，即当电机由低速向高速转换时，为了克服风阻，需要较大的输出扭矩，而此时电机随着行驶速度的不断提高，会出现输出扭矩快速减小的情况，从而使要求无法得到满足。

（4）复励直流电机。复励直流电机通常有两种励磁绕组：一种是与电枢回路并联连接的，称为并励绕组；另一种是与电枢回路串联连接的，称为串励绕组。二者同时与主磁极相连接。由于串励绕组与并励绕组的匝数不同（前者较少、后者较多），因此复励式直流电机同时具有并励直流电机与串励直流电机的特点。当并励磁动势与串励磁动势的方向一致时，则为复励；而当并励磁动势与串励磁动势的方向正好相反时，则为差复励。

3. 直流电机的铭牌数据

额定值是指表征电动机在正常运行状态与条件下的各类数值，如效率、扭矩、频率、工作温度、转速、功率、电流、电压等。通常来说，在电动机的使用说明书与铭牌上会标记该电动机的额定值，人们在选择电机时，通常会以额定值作为参考依据。通常来说，直流电机有下面 5 种额定数据。

（1）额定电压 U_N（V）。额定电压 U_N 是指在电动机正常运行状态与条件下，直流电机的电刷两端输入与输出的电压。其中，输入电压是电动机电压，而输出电压为发电机电压。

（2）额定电流 I_N（A）。额定电流 I_N 是指在电动机正常运行状态与条件下，允许电机长期流入或流出的电流。

（3）额定功率（额定容量）P_N（kW）。额定功率 P_N 是指电动机在正常运行状态与条件下允许输出的功率。具体而言，电机轴上输出的功率就是电动机的额定功率，即 $P_N = U_N I_N \eta_N$；而指向负载输出的电功率便是发电机的额定功率，即 $P_N = U_N I_N$。

（4）额定转速 n_N(r / min)。额定转速 n_N 是指在额定工况下电机工作的转速，涉及额定电流、额定电压与额定功率。

（5）额定效率 η_N。电机的额定效率是指电动机的输出功率和输入功率之间的比值，即

$$\eta_N = \frac{输出功率}{输入功率} \times 100\% = \frac{P_2}{P_1} \times 100\% \qquad (3-1)$$

电动机在正常运行的过程中，其运行状态无法保持恒定不变，主要由于负载的变化。当电机接近额定运行状态时，成本相对经济。

3.2.3　直流电机的数学模型

1. 直流电动机的感应电动势

若是直流电机的电枢一直朝着同一方向转动，并且保持运动速度不变，那么嵌置于电枢槽之中的导体便会对主磁极的磁通进行切割，从而在电枢绕组中产生电动势。这一感应电动势是由正负电刷间引出的，若是将所有支路上串联在一起的导体感应电动势相加，便是由正负电刷间引出的总的感应电动势。由此得出，直流电机电枢感应电动势 E_a 的计算公式为

$$E_a = C_e \phi n \qquad (3-2)$$

式中：E_a 为感应电动势（V）；C_e 为电动势常数；ϕ 为每极磁通（Wb）；n 为电机的转速（r/min）。

其中，电动势常数 C_e 又可写为

$$C_e = \frac{pN}{60a} \qquad (3-3)$$

式中：p 为极对数；N 为导体数；a 为并联支路数。

由式（3-3）可以看出，电机的结构参数决定着电动势常数 C_e。综合式（3-2）与式（3-3），可得出以下结论：

（1）电枢旋转速度 n 和每极磁通 ϕ 与电枢感应电动势 E_a 之间成正比例关系，只有当 n 或 ϕ 改变，E_a 才会发生改变；

（2）当不考虑绕组中的电阻 R 时，在外加电压不变的情况下，电机的磁通与转速成反比例关系，此时调速可以通过改变 ϕ 来实现。

2. 直流电动机的电磁转矩

根据电机工作原理可以发现，当有电流从直流电机的电枢绕组中流过时，在主极磁场中电磁力便会对载流的电枢绕组产生影响，从而形成恒定方向的电磁转矩，计算公式为

$$T = C_{\mathrm{T}}\phi I_{\mathrm{a}} \tag{3-4}$$

式中：T 为电磁转矩（N·m）；C_{T} 为转矩常数；ϕ 为每极磁通（Wb）；I_{a} 为电枢电流（A）。

其中，转矩常数 C_{T} 又可写为

$$C_{\mathrm{T}} = \frac{pN}{2a\pi} \tag{3-5}$$

式中：p 为相对数；N 为导体数；a 为并联支路数。

根据式（3-4）可知，电动机的结构参数可以决定转矩常数 C_{T}，且 $C_{\mathrm{T}} = 9.55 C_{\mathrm{e}}$。

根据式（3-5）中的转矩公式可知：

（1）只有当电枢电流 I_{a} 与励磁磁通 ϕ 同时存在时，转矩 T 才会产生，并且前两者的乘积与转矩 T 成正比例关系；

（2）当磁通不变的情况下，电流和转矩之间成正比例关系，要想对转矩的大小进行控制，只要对电枢电流加以控制即可；

（3）通常来说，电机磁通方向与电枢电流方向的改变，可以使电动机的旋转方向也发生改变。

3. 直流电动机的电压方程

图 3-7 为并励直流电动机各物理量的参考正方向示意图。I_{f} 表示的是励磁电流，I_{a} 表示的是电枢电流，I 表示的是线路输入电流，而电枢两端外加的端电压则是由 U 表示的。

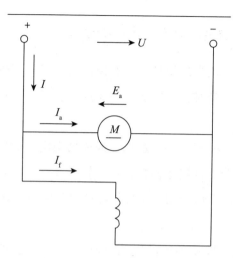

图 3-7 并励直流电动机各物理量的参考正方向示意图

当直流电动机正常运行时，因为端电压 U 大于电枢电动势 E_a，所以 E_a 为反电势，并且电枢电流和感应电动势二者的方向相反。因此结合图 3-7 的电路图，可以得出并励直流电动机的电压方程为

$$\left.\begin{aligned} U &= E_a + I_a R_a \\ U_f &= U = I_f R_f \\ I &= I_a + I_f \end{aligned}\right\} \tag{3-6}$$

以此类推，可以得到他励直流电动机的电压方程为

$$\left.\begin{aligned} U &= E_a + I_a R_a \\ U_f &= I_f R_f \\ I &= I_a \end{aligned}\right\} \tag{3-7}$$

同理，串励直流电动机的电压方程为

$$\left.\begin{aligned} U &= E_a + I_a R_a + I_f R_f \\ I_f &= I_a \end{aligned}\right\} \tag{3-8}$$

式中：R_a 为电枢回路电阻，包括换向极绕组电阻、电刷接触电阻与电枢绕组电阻；R_f 为励磁回路电阻。

4.直流电动机的损耗和功率平衡方程

（1）直流电动机中的损耗。在直流电机正常运行的过程中，在进行能量之间的相互转换时，一定会产生相应的损耗，其损耗主要包括以下几类。

①机械损耗：一般来说，通风、换向器与电刷的摩擦、轴承的摩擦等所产生的功率消耗都属于机械损耗。转速往往与损耗存在着一定的联系，若电机的转速是恒定的，机械损耗一般为常量。通常情况下，用 P_m 来表示机械损耗。

②铁心损耗：即使磁极产生的磁通是恒定不变的，但是在磁场中，当电枢旋转时，从电枢铁心的角度分析，产生的磁场通常是交变磁场，由此可以推断，磁滞损耗与涡流损耗是无法避免的，这便是铁心损耗。一般来说，磁通密度 B 的二次方与转速 n 的 $1.2 \sim 1.5$ 次方成正比，与铁心损耗的大小较为近似。通常会用 ρ_{Fe} 来表示铁心损耗。

③励磁损耗：铜耗就是励磁绕组中的输入功率，通常用 ρ_f 来表示，其公式为

$$\rho_f = U_f I_f = I_f^2 R_f \qquad (3-9)$$

式中：R_f 为励磁回路的总电阻；I_f 为励磁绕组中的电流；U_f 为励磁绕组两端的电压。

当电机空载运行时，励磁损耗、铁心损耗与机械损耗便已产生，上述损耗统称为空载损耗。当电机负载发生变化时，由于电压与转速值变化不明显，因此也将其称为不变损耗。

④负载损耗：在电枢回路中产生的电枢电流损耗。其中，换向器与电刷的接触压降损耗、与电枢绕组串联的其他绕组的铜耗、电枢绕组的铜耗都属于负载损耗。电枢的基本铜耗 ρ_a 往往为后两者，其数值为

$$\rho_a = I_a^2 R_a \qquad (3-10)$$

电刷接触压降损耗 ρ_b 为

$$\rho_b = 2\Delta u_s I_a \qquad (3-11)$$

式中：Δu_s 为同步电压。

通常情况下，负载损耗的数值会随着负载电流的变化而变化，因此又称其为可变损耗。

⑤附加损耗：除了以上提到的损耗之外，还有一些较难测量与计算的损耗，如磁通被某些部件切割时产生的损耗；由于电枢齿槽的影响，电枢旋转时主磁极极靴表面的磁场发生脉动而引起的附加损耗等，这也被称为杂散损耗 p_Δ。通常估算杂散损耗 ρ_Δ，以 P_2（输出功率）的 0.5 % ~ 1 % 为基准。

（2）直流电动机的功率平衡方程为

$$U = E_a + I_a R_a + 2\Delta u_s \qquad (3-12)$$

两边同时乘以 I_a，得

$$UI_a = E_a I_a + I_a^2 R_a + 2\Delta u_s I_a \qquad (3-13)$$

式中：UI_a 为电源输入电枢回路的电功率；$E_a I_a$ 为电磁功率；$I_a^2 R_a$ 与 $2\Delta u_s I_a$ 为电枢回路的损耗。当式（3-11）等号两侧分别同时加励磁回路损耗功率 $\rho_f = UI_f$ 时，可以得出输入功率为

$$P_1 = P_M + \rho_a + \rho_b + \rho_f \qquad (3-14)$$

在式（3-14）中，若是去除机械损耗、铁心损耗和附加损耗，P_M 便是轴上输出的机械功率，即

$$P_M = P_2 + \rho_m + \rho_{Fe} + \rho_\Delta \qquad (3-15)$$

两边同除以 Ω，得

$$T = T_2 + T_0 = T_0 + \frac{P_2}{\Omega} \qquad (3-16)$$

上式也是直流电动机的扭矩平衡方程，$T_2 = \dfrac{P_2}{\Omega}$ 表示的是电动机轴上输出的机械扭矩。

将式（3-15）代入式（3-14）中，可以得出电机的功率平衡方程式：

$$P_1 = P_2 + \rho_a + \rho_b + \rho_f + \rho_m + \rho_{Fe} + \rho_\Delta = P_2 + \sum \rho \qquad （3-17）$$

电动机的效率为

$$\eta = \frac{P_2}{P_1} \times 100\% = \frac{P_1 - \sum \rho}{P_1} \times 100\% = \left(1 - \frac{\sum \rho}{P_1} \right) \times 100\% \qquad （3-18）$$

3.2.4 直流电机的基本特性

直流电机需要以直流电动机的基本特性作为选择的重要依据，包括工作特性与机械特性。

直流电机的工作特性是指供给电机额定电压 U_N 与额定励磁电流 I_{fN} 时，效率 η 与负载电流之间的关系、转矩 T 与负载电流之间的关系、转速 n 与负载电流之间的关系，分别称为电机的效率特性、转矩特性及转速特性。在电动机的正常运行过程中，基于电枢电流 I_a 是可测量的，当负载增大时，电枢电流 I_a 也会随之增大，因此也可以用 η，T，n 与电枢电流 I_a 之间的关系来表示工作特性。

当电动机稳定运行时，电动机的转速 n 与电磁转矩之间的关系为 $n = f(T)$，由于转速和转矩都是机械量，因此将其称为机械特性，可以说，工作特性中的转速特性与其基本性质相同。

1. 他励直流电动机的基本特性

（1）他励直流电动机的工作特性。图 3-8 展示的是他励直流电动机工作时的接线。

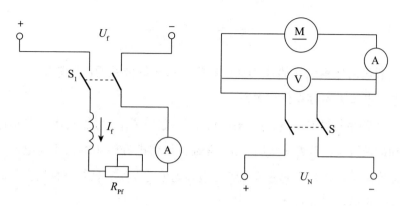

图 3-8   他励直流电动机的接线

当励磁回路输入励磁电压 U_f 后，再将额定电压 U_N 分别施加于电枢两端，之后开始对电机负载与磁场电阻 R_{pf} 进行调节，使电机转速达到额定转速 n_N，电机输出功率达到额定功率 P_N，在上述情况下的励磁电流便是额定励磁电流 I_{fN}。在保持电压、电流不变的前提下，令电机负载发生改变，分别对电枢电流 I_a（或输出功率 P_2）、输出转矩 T_2 及转速 n 进行测量，便可得出如图 3-9 所示的工作特性示意图。

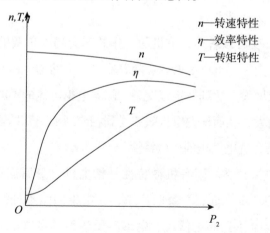

图 3-9   他励直流电动机的工作特性示意图

①转速特性 $n = f(T)$。基于他励直流电动机的电压方程与感应电动势公式，可以得出电动机的转速公式为

$$n = \frac{E_a}{C_e\phi} = \frac{U_N}{C_e\phi} - \frac{R_a}{C_e\phi}I_a \qquad (3-19)$$

假设对电枢的去磁作用加以忽略，那么每极磁通 ϕ 则成为一个常数，与电枢电流 I_a 不存在任何关系。

②转矩特性 $T = f(I_a)$。根据转矩公式 $T = C_T\phi I_a$ 可以看出，在不计磁饱和的情况下，当 $I_f = I_{fN}$ 时，ϕ 为常数，可得电磁转矩的大小与电枢电流成正比例关系；假设充分考虑到磁饱和现象的发生，转矩特性将会偏离直线，为稍微下降的直线。

③效率特性 $\eta = f(I_a)$。电动机输出功率 P_2 与电动机输入功率 P_1 之比的百分数，即电机效率，公式为

$$\eta = \frac{P_2}{P_1} \times 100\% = \left(1 - \frac{\sum\rho}{P_1}\right) \times 100\% \qquad (3-20)$$

将附加损耗、机械损耗、铁耗与铜耗等相加，可得出上式中的电机总损耗 $\sum\rho$。由于其他电源向他励直流电动机的励磁电流供电，因此在总损耗中通常不计入励磁损耗。

通过图 3-9 可以看出，电机的工作效率会随着负载的变小而有所下降，当负载变大时，电机的效率会随着输出功率的增大而有所提高；但是负载不可无限增大，达到一定程度后，随着电枢电流的不断增大，铜耗也会随之快速增大，从而使得电机效率受到相应影响，开始逐渐下降。

（2）他励直流电动机的机械特性。

①固有机械特性。固有机械特性是指电机自身所固有的一种特性，能够将电机的"本来面目"反映出来，在电枢回路不外接任何电阻的情况下，励磁电流达到额定值 I_{fN}、电枢电压达到额定值 U_N 时的机械特性，称为电机的机械特性，转速 n 与电磁转矩 T 之间的关系为 $n = f(T)$。基于转矩公式（3-3）与他励直流电动机的电压方程（3-7），可得出固有机械特性的公式：

$$n = \frac{U_{\mathrm{N}}}{C_e\phi_{\mathrm{N}}} - \frac{R_{\mathrm{a}}}{C_e C_{\mathrm{T}}\phi_{\mathrm{N}}^2}T \qquad (3-21)$$

由此可知，当 R_{a}、U_{N}、ϕ_{N} 皆为常数时，可以用一条向下倾斜的直线来表示他励直流电动机的固有机械特性，如图 3-10 所示。

在式（3-21）中，当电磁转矩 $T=0$ 时，便可得出电机理想空载转速 $n_0 = \frac{U_{\mathrm{N}}}{C_e\phi_{\mathrm{N}}}$。

当每极磁通 ϕ_{N} 与额定电压 U_{N} 发生变化时，其理想空载转速 n_0 也会得出相应大小的数值。然而在现实生活中，基本不可能使电磁转矩 $T=0$，因为电机自身的空载转矩 T_0 是无法忽视的。由此可知，与电机理想空载转速 n_0 相比，其实际空载转速 n_0' 略低，如图 3-10 所示。

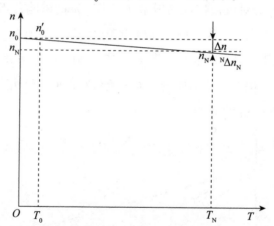

图 3-10　他励直流电动机的固有机械特性

在式（3-21）中，加入机械特性的斜率参数 γ，使 $\gamma = \frac{R_{\mathrm{a}}}{C_e C_{\mathrm{T}}\phi_{\mathrm{N}}^2}$，可以求得，当负载增加时，电机的转速下降值 $\Delta n = \frac{R_{\mathrm{a}}}{C_e C_{\mathrm{T}}\phi_{\mathrm{N}}^2}T = \gamma T$。根据公式可以看出，转速下降值会随着机械特性的斜率发生变化，二者之间成正比，前者会随着后者的变大而变大，而此时固有机械特性也会随着变得更软；反之，其固有机械特性则会变得更硬。其中电机每极额定磁通与电枢回路电阻的数值大小直接影响着固有机械特性的软硬。

②人为机械特性。通过人为地对电动机的某一个参数进行调节，如电源电压 U、每极磁通 ϕ 或电枢回路电阻 R，而得到的机械特性，即人为机械特性。以下为三种他励直流电机的人为机械特性。

a. 对电枢回路电阻进行调节而得到的人为机械特性。当电源电压参数、每极磁通参数与电枢回路电阻参数分别为 $U=U_N,\phi=\phi_N,R=R_a+R_s$（$R_s$ 为外串电阻）时，电机的人为机械特性方程式为

$$n=\frac{U_N}{C_e\phi_N}-\frac{R_a+R_s}{C_eC_T\phi_N^2}T \qquad (3-22)$$

由此可知，电枢回路外串电阻 R_s，在理想空载转速 n_0 不变的情况下，其外串电阻 R_s 会对机械特性的斜率 γ 产生一定的影响，当前者增大时，后者也会随之增大，人为机械特性也会变得更软，如图 3-11 所示。在负载不变的情况下，电动机正常运行时，其外串电阻 R_s 增大也会导致转速下降值 Δn 增大。因此，从本质上，人为机械特性可以借由几条斜率不同，但是都通过理想空载转速点 n_0 的直线来表示。

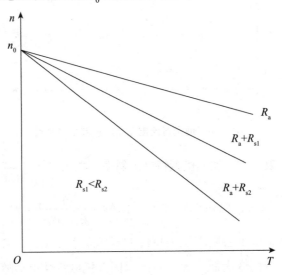

图 3-11　电枢回路串入电阻时的人为机械特性

b.对电源电压进行调节而得到的人为机械特性。当电枢回路电阻参数与每极磁通参数分别为 $R=R_a$，$\phi=\phi_N$ 时，对外加电源电压 U 进行调节，此时的电机人为机械特性方程式为

$$n=\frac{U}{C_e\phi_N}-\frac{R_a}{C_eC_T\phi_N^2}T \qquad （3-23）$$

由此可知，若是对电源电压 U 进行调节后，斜率 γ 并未发生任何变化，便可理解为固有机械特性与人为机械特性的硬度没有差别。但是外加电压 U 会对其理想空载转速 n_0 产生影响，即前者降低会导致后者减小，具体如图 3-12 所示。在实际工作中，电源电压的调节往往是从额定电压开始向下逐级调节的，对电源电压进行调节后得到的人为机械特性，本质上是一簇具有相同斜率的平行线。

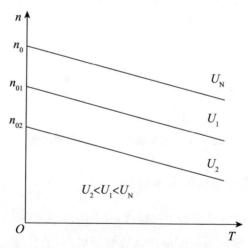

图 3-12　降低电源电压时的人为机械特性

c.对磁通进行调节而得到的人为机械特性。当电源电压参数与电枢回路电阻参数分别为 $U=U_N$，$R=R_a$ 时，通过对励磁电流 I_f 的数值进行调节，可得到他励电机人为机械特性方程式：

$$n=\frac{U_N}{C_e\phi}-\frac{R_a}{C_eC_T\phi^2}\cdot T \qquad （3-24）$$

由此可知，当对磁通ϕ进行调节时，磁通ϕ便会对人为机械特性的斜率γ产生影响，当前者减弱时，后者便会不断增大，也就是当磁通减弱时，特性的硬度也会随之降低，而理想空载转速n_0则会增大，具体如图3-13所示。在实际工作当中，由于会发生磁饱和现象，因此需要对磁通进行减弱处理。由图3-13可以看出，在负载相同的情况下，磁通ϕ会对电动机转速的下降值Δn产生影响，前者的减小可以促使后者不断增大。因此，减弱磁通时，人为机械特性本质上是一簇斜率γ随着理想空载转速n_0的增大而逐渐增大的直线。

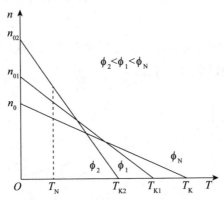

图3-13　减弱磁通时的人为机械特性

2. 并励直流电动机的基本特性

（1）并励直流电动机的工作特性。图3-14表示的是并励直流电动机工作时的实验接线，当电源电压达到额定值$U=U_N$，励磁电流也达到额定值$I_f=I_{fN}$时，相当于$P_2=P_N$，$n=n_N$时的励磁电流值。在并励电动机工作时的实验接线中，在其电枢回路中串入的启动电阻用R_{st}来表示，当启动完成之后，再将串入电阻切除，具体作用会在后面进行详细介绍。并励直流电动机的工作特性包括以下几个参数。

①转速特性$n=f\left(I_a\right)$。基于并励直流电动机的电压方程式与感应电动势公式，可以得出电机的转速公式：

$$n = \frac{E_a}{C_e\phi} = \frac{U_N}{C_e\phi} - \frac{R_a}{C_e\phi}I_a \tag{3-25}$$

由此可见，在$C_e\phi$恒定不变的情况下，每当功率P_2持续提升，电枢回路电阻压降I_aR_a与电枢电流I_a也会不断增加，转速n的数值必然会随之不断降低。然而随着I_a的不断增加，其电枢反应的去磁作用也会随之不断增强，那么势必会引起磁通量的降低，由此二者便会相互抵消。可以说，各个速率的变化情况通常决定着转速最终是上升还是下降。然而，对于一台性能较好的直流电机而言，确保电机的稳定运行是首要条件。

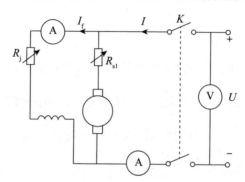

图 3-14　并励电动机工作时的实验接线

②转矩特性$T = f(I_a)$。由式（3-16）可以看出，由于P_2的不断增加，Ω会略微降低，因此$T_2 = \frac{P_2}{\Omega}$是一条经过原点且略微上翘的直线，而$T = T_2 + T_0 = T_0 + \frac{P_2}{\Omega}$为转矩公式，因此，当$T_2$曲线发生平移时，便可得到$T$曲线，其空载转矩$T_0$则与纵轴的交点相对应。

③效率特性$\eta = f(I_a)$。基于上述效率计算方程式（3-18），通过实际测量的P_1和P_2，可以将效率特性曲线计算出来。对于普通电动机而言，要想使效率达到最大值，就需要使其功率接近额定功率，此时不变损耗会与理论层面上电机中的可变损耗没有任何差别。

（2）并励直流电动机的机械特性。在电枢回路电阻$R_a + R_j$中，R_j表示的是串入电枢回路的电阻，而这一电阻往往是可以改变的，自然机械特性往往在 $R_j = 0$ 的情况下出现，而机械特性通常在 $R_j \neq 0$ 的情况下出现，基于机械特性方程式（3-22）可以得出方程式：

$$n = \frac{U_N}{C_e\phi_N} - \frac{R_a + R_j}{C_e C_T \phi_N^2} T \qquad (3-26)$$

对于并励直流电动机而言，由于电源电压为额定值 U_N，因此其励磁电流也为额定值 I_f 若不考虑电枢反应的影响，磁通也为额定值，式（3-26）可以改写为

$$n = n_0 - k_j T \qquad (3-27)$$

在式（3-27）中，并励直流电动机的机械特性为直线。$n_0 = \frac{U_N}{C_e\phi_N}$ 表示的是空载转速，即纵轴与直线的交点，并且与端电压有着一定的联系；当直线斜率 $k_j = -\frac{R_a + R_j}{C_e C_T \phi_N^2} < 0$ 时，表明机械特性是转矩特性的减函数，调节电阻 R_j 的大小会对其下降速率产生一定的影响。当 $R_j = 0$ 时，$R_a \ll C_e C_T \phi_N^2$，因此并励电机的自然机械特性与水平线较为接近，故又称其为硬特性。并励电机的人工机械特性（$R_{j1}, R_{j2} > R_{j1}$）与自然机械特性（$R_j = 0$）具体如图3-15所示。

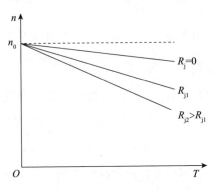

图3-15　并励电动机的机械特性

3. 串励直流电动机的基本特性

（1）串励直流电动机的工作特性。图 3-16 为串励电动机的实验接线图。在进行实验的过程中，需要保持端电压恒定不变，并且要求电源电压达到额定电压值，图 3-17 显示的是实验结果。

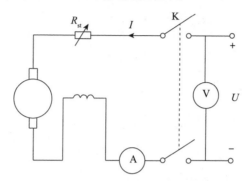

图 3-16　串励直流电动机的实验接线图

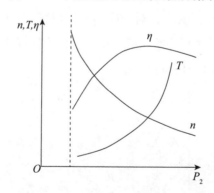

图 3-17　串励直流电动机的工作特性

串励直流电动机的工作特性包括以下参数。

①转速特性 $n = f(I_a)$。通过实验可以发现，负载会对串励电机的转速产生影响，当前者不断增加，后者会快速下降。通过式（3-26）可知，当串励电机的端电压 $U - I_a(R_a + R_f)$ 的下降幅度比并励电机稍大时，电枢电流 I_a 会增加，但 $C_e\phi$ 却没有因此而减小，反而出现增大的现象，因此转速 n 只会快速下降。

②效率特性 $\eta = f(I_a)$。由式（3-18）可知，通过实际测量的 P_1 与 P_2，可以计算出效率特性曲线。

对于普通电机而言，效率的最大值往往出现在接近额定功率之前，从理论层面上看，这种情况下的不变损耗与可变损耗的数值相等。

（2）串励直流电动机的机械特性。对于串励电动机，假设磁路不饱和，有 $I_a \propto \phi$，则 $T = C_T \phi I_a \propto \phi^2$，从而令

$$\phi = C_\varphi \sqrt{T} \qquad\qquad (3-28)$$

代入式（3-26），可得

$$n = \frac{C_1 U}{\sqrt{T}} - C_2\left(R_a + R_j\right) \qquad\qquad (3-29)$$

式中：$C_1 = \dfrac{1}{C_e C_T}$，$C_2 = \dfrac{1}{C_e C_T \phi^2}$。

由式（3-29）可以看出，对于串励电机而言，其机械特性为双曲线，负载不断增加时，转速下降的速率很快，也称为软特性。串励电机的人工机械特性与自然机械特性具体如图 3-18 所示。

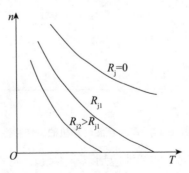

图 3-18　串励电动机的机械特性

4.复励直流电动机的基本特性

并励与串励的特点可以同时在复励直流电动机的励磁绕组上体现出

来，对于复励直流电动机而言，在其正常运行状态中，往往是并励磁场发挥主导作用，串励磁场发挥辅助作用。积复励本质是一种连接方式，这种连接方式往往出现在并励绕组产生的磁通小于串励绕组产生的磁通情况下；反之，则称其为差复励。从速率特性角度看，介于串励电机与并励电机之间的特性便是积复励电机的速率特性。如果出现差复励，那么运行状态不稳定的概率会比较大。图 3-19 表示的是复励电动机的实验接线，通过图 3-20 可知其速率特性。从机械特性角度看，也有相似的结论，即介于串励与并励电机之间的特性便是复励电机的机械特性。

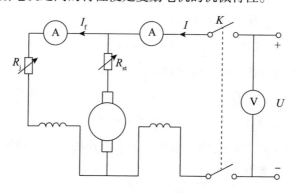

图 3-19　复励电动机的实验接线

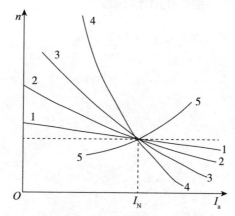

1—并励电动机；2—并励为主的复励电动机；3—串励为主的复励电动机；
4—串励电动机；5—差复励电动机。

图 3-20　各类直流电动机的速率特性曲线

3.3　交流异步电机

通常来说，交流电机分为异步电机与同步电机的两种类型。感应电机实际上就是交流异步电机，本质上是一种将电能转换成机械能的交流电机，其工作原理是转子绕组中的电流与气隙旋转磁场之间发生相互作用，产生电子转矩，从而完成能量转换。在众多电机中，市场需求量大、应用范围广的产品之一便是交流异步电机。

交流异步电机种类繁多，根据不同的标准可以将其分成若干类型。若是根据定子绕组相数对其进行划分，大致可以分为三相异步电机、两相异步电机及单相异步电机三大类。若是根据转子结构对其进行划分，大致可以分为绕线异步电机与笼型异步电机两大类。

笼型异步电机维修简便、结构坚固、制作成本低、结构简单，被广泛应用于电动汽车中。

3.3.1　交流异步电机的工作原理

交流异步电机的工作原理如图 3-21 所示。

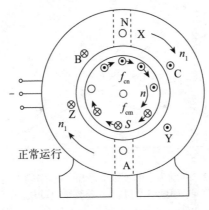

图 3-21　交流异步电机工作原理图

　　三相交流电流入异步电动机的三相定子绕组时，会产生一个旋转磁场，而此时转子绕组会被该旋转磁场切割，从而促使在转子绕组中产生感应电动势，由右手定则确定电动势的方向。这种情况下转子绕组中会产生一定的电流，因为转子绕组是闭合通路，并且感应电动势与电流方向是一致的，在定子旋转磁场的作用下，负载电流的转子便会产生电磁力，其方向可以由左手定则确定。电磁力的作用会产生电磁转矩，驱动电机旋转，并且旋转磁场的方向与转子导体旋转的方向是一致的。

　　异步电机的主要特点为定子旋转磁场的同步转速与其转子转速是不相等的。若是有机械负载被安装在转子轴上，电磁转矩就会拖动着负载开始旋转。通常转子转速会因负载的变化而改变，在这一过程中，为了适应负载需要，转子中的电磁转矩、电流、电动势也会随之发生相应的改变。因此，对于异步电机而言，负载的变化会促使其转速发生相应的变化。

　　一般情况下，异步电机的工作状态主要取决于异步电机的转子转速，通常转子电动势及频率大小也取决于异步电机的转子转速，通常来说，定子磁场的同步转速与异步电机的转子转速并不一致，存在一定的转速差。转差率，是指转速差与同步转速之比，即

$$s = \frac{n_1 - n}{n} \tag{3-30}$$

式中：n 为转子转速；n_1 为定子旋转磁场的同步转速；s 为转差率。

　　对于异步电机而言，其运行时的重要物理量之一便是转差率。当异步电机稳定运行时，转差率的取值范围为 $0<s<1$。当电子元件运行使各项参数达到额定值时，其额定转差率通常为 $0.01 \sim 0.06$。

3.3.2　交流异步电机的结构

　　异步电机的组成部分一般包括风扇、轴承、端盖、转子与定子等，其中定子和转子是其主要组成部分，并且二者之间存在一定的气隙。

1. 定子

通常来说，由机座、定子绕组与定子铁心共同构成异步电机的定子。

（1）机座。机座的主要作用是对前后端盖和定子铁心进行固定，同时具有散热、防护以及支撑转子的作用。机座的制作材料通常为铸铁，微型异步电机通常采用铸铝件，而大型异步电机通常由钢板焊接而成。封闭式电机为了增加电机外面的散热面积，设置了散热肋。而防护式电机要通过电机内外的空气的自由流通来散热，因此在机座的两端开设了通风孔。

（2）定子绕组。定子绕组是交流异步电机电路的组成部分之一，三相交流电流入定子绕组，从而产生旋转磁场。定子绕组由三个绕组连接而成，三个绕组为完全一致的对称排列结构，空间互隔120°，线圈根据一定规律嵌在定子的各个槽内。

（3）定子铁心。定子铁心是交流异步电机磁路的组成部分之一，并且定子绕组也会放置在定子铁心的上部。定子铁心用硅钢片冲成扇形片叠装于定位筋上，定位筋通过托板焊在机座环板上，并通过上、下齿压板拉紧螺栓，将铁心压紧，其厚度通常为 0.35 ～ 0.5 mm。

为了放置定子绕组，在铁心内部进行冲槽，使定子绕组能够均匀分布于铁心之内。定子铁心的槽型一般可以分为开口型槽、半开口型槽与半闭口型槽三大种类。

2. 转子

异步电机的转子通常由转轴、转子绕组及转子铁心共同组成。

（1）转子铁心。转子铁心是异步电机磁路的组成部分之一，并且有转子绕组置于铁心槽内。从使用材料上看，定子铁心与转子铁心并无差别，其制作工艺同样是冲制与叠压，厚度为 0.5 mm，为了安置转子绕组，会在硅钢片外圆冲有若干孔，并使其均匀分布。通常情况下，在冲制转子铁心时的重要介质便是定子铁心冲落后的硅钢片内圆。通常会在转轴上直接压装有小型异步电机的转子铁心，大、中型异步电机的转子铁心需要借由转子支架安装到转轴上，一般情况下，大、中型异步电机的转子直径为 $300 \sim 400$ mm。

（2）转子绕组。转子绕组是转子电路的组成部分之一，转子绕组对旋转磁场进行切割，从而产生电流与感应电动势。基于此，电磁转矩得以形成，进而使异步电机得以旋转。绕线转子与笼型转子是转子绕组的两大类型。

（3）转轴。转轴一般用中碳钢来制作，其作用是让电机输出机械功率。另外，转轴也起到支撑与固定转子铁心的作用。

（4）气隙。气隙是电机磁路的重要组成部分之一，能够对电机性能产生巨大影响。要想制作出质量优良的异步电机，就需要气隙达到一定要求，即长度值不能过大，并且应均匀。气隙越大，励磁电流也越大，耗用的额外功率也越多，电机功率因数越低。为了使励磁电流尽量小，功率因数尽量高，气隙要求越小越好。通常来说，对于中小型异步电机，其气隙范围要求为 $0.2 \sim 2$ mm。

3.3.3 交流异步电机的性能特点

电动汽车内的交流异步电机具有以下特点：

（1）工作效率较高；

（2）结构简单、体积较小、质量轻；

（3）工作可靠、使用寿命长；

（4）制造成本相对较低；

（5）控制装置简单；

（6）可以轻易实现超出 10 000 r/ min 的高速旋转；

（7）当汽车低速行驶时，可以保持较宽的速度控制范围以及高扭矩。

可靠性对于汽车而言至关重要，异步电机不仅制作成本低廉，而且即便是在逆变器出现短路时，也不会产生反向电动势，从而避免了出现紧急制动的情况。因此，在大型高速电动汽车中，异步电机有着广泛的应用。从功率容量上看，三相笼型异步电机的覆盖面相对较广，可以小到零点几瓦，也可以大到几千瓦甚至更高。它采用液体冷却或空气冷却方式，具有较好的环境适应性，并且能够实现再生制动。与直流电机相比，当功率相同时，异步电机不仅重量轻大约50%，而且工作效率相对较高。

通常而言，由于异步电机是一种专门应用于电动汽车的驱动电机，不仅安装条件较为有限，对电机的要求也较高，即应小型轻量化。当驱动电机的运转速度高达 10 000 r/min 以上时，为了实现减速，绝大多数情况下采用了一级齿轮减速器。除此之外，当汽车遇到较为恶劣的行驶条件时，通常处于低速运行状态，这时就要求汽车具有高扭矩和在较宽速度范围内输出功率恒定不变的特性。因此，从设计角度出发，与一般工业中使用的驱动电机相比，电动汽车使用的异步电机所采用的新技术比较多。

在对驱动电机进行设计时，需要充分考虑多方面因素。出于对工作环境的考虑，驱动电机大多选择全封闭式结构。通过采用将定子铁心裸露在外的无框架结构和压铸铝的制造方式，可以使托座、框架等结构实现轻量化。采用水冷却定子框架的水冷式驱动电机，更易实现小型轻量化。当电动汽车高速行驶时，应当尽可能减少驱动电机的极数。电动汽车多采用2极或4极驱动电机，主要原因是汽车的高速运转会使频率升高，从而使得铁损不断增大。又因为采用2极时，需要线圈端部的长度要尽可能地长，驱动电机大多采用4极。除此之外，具有良好磁性的电磁钢板也被广泛应用，以达到有效减少铁损的目的。

3.3.4　交流异步电机的控制方法

异步电机本质上是一个多变量系统，有着多变量输入和多变量输出。同时它也是一个强耦合的多变量系统，主要源于其中的转速、磁通、频率、变量电流（电压）之间的彼此影响、相互作用。对于异步电机而言，其研究重点是如何有效地控制这个强耦合、多变量、非线性的复杂系统。

矢量控制、直接转矩控制、效率优化控制、自适应控制、变频恒压控制、转速控制等均属于对异步电机的调速控制。

1. 矢量控制

矢量控制一般即指磁场定向控制，对交流电机转矩与磁通进行解耦控制，在一定程度上可以改善交流传动系统的动态特性。在提高电动汽车驱动器的动态性能方面，磁场定向控制比变频调速控制受到了更高的关注。对于汽车来说，通过外加信号对电磁转矩进行准确控制有着较大难度，主要是由于系统的变参数特性，这种特性往往是强耦合、多变量、非线性的。基于磁场定向的控制原理，分别对异步电机的转矩电流与励磁电流加以控制，从而实现控制异步电机转矩的目的，这就是实现矢量控制的基本原理。

通过分解异步电机的定子电流矢量，得到转矩的电流分量（转矩电流）与磁场的电流分量（励磁电流），再对两个分量间的相位与幅值加以控制，就是控制定子电流矢量，这种控制方式被称为矢量控制方式。有速度传感器的矢量控制方式、无速度传感器的矢量控制方式以及基于转差率控制的矢量控制方式等，均为矢量控制。矢量控制是一种有效控制异步电机的方法，与直流电机有着相似之处，同样可以实现异步电机的高速转矩响应。

2. 直接转矩控制

以转矩为中心，对转矩和磁链进行综合控制，即直接转矩控制。与矢量控制有所差别的是，直接转矩控制既不需要使用解耦方式，也不需要在算法上对旋转坐标进行变换，只需要通过对交流异步电机的电子电流与电压进行检测，再按照瞬时空间矢量理论，对交流异步电机的转矩与磁链进行计算，并通过给定值与前两者的差值，即可对转矩与磁链加以控制。直接转矩控制异步电机系统的具体流程如图 3-22 所示。

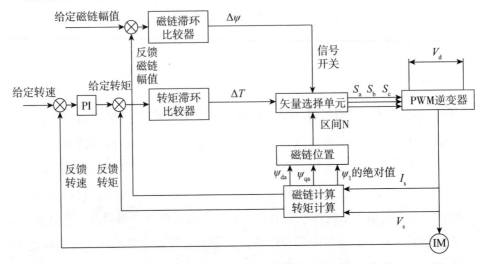

图 3-22　直接转矩控制异步电机系统的具体流程

直接转矩控制有其自身特点，如控制结构比较简单，只需要通过矢量概念来对三相交流电动机的数字模型加以分析，并对各物理量进行控制即可。无须其他控制方式的 PWM 脉宽调制信号发生器，仅需要在定子坐标系下对交流电动机的数字模型进行分析，从而实现对电动机转矩与磁链的控制。已知定子电阻便可估测直接转矩控制磁通所用的定子磁链，由此即解决了矢量控制技术中参数变化引起控制性能改变的问题。

从理论层面出发，与矢量控制相比，直接转矩控制具有明显优势，如结构的简单性与转子参数的鲁棒性。但是从技术层面上看，这种优越性很难充分体现出来，由于直接转矩控制的带负载能力与稳定转矩脉动的能力不足，低速转矩特性差，因此与矢量控制相比，其调速范围相对较窄，这在一定程度上制约了直接转矩控制在汽车领域的实际应用。

3.4　永磁同步电机

3.4.1　永磁同步电机概述

1. 永磁同步电机的基本结构

与交流异步电机相类似，永磁同步电机的基本结构也包括转子部分与定子部分。内埋式、嵌入式、瓦片式等都属于永磁同步电机的转子结构，而三相绕组与铁心则共同构成了永磁同步电机的定子。从结构上看，永磁同步电机与交流异步电机极为相似；从构成材料上看，永久磁铁是永磁同步电机转子的构成材料，二者有所不同。

2. 永磁同步电机的特点

（1）调速范围较宽。当永磁同步电机在低速下运转时，由于其转子无须励磁，因此它具有较宽的调速范围。

（2）瞬态特性比较好。主要表现在响应速度快、转动惯量低等方面，究其原因在于永磁同步电机采用的高性能永磁材料所独有的特性使得电机的体积较小。

（3）机械特性表现优异。永磁同步电机具备较强的承受能力，主要表现为电机不会因负载变化而导致电机转矩受到太大扰动。

（4）在电动汽车的再生制动中，永磁同步电机得到了广泛应用，并且可以充当反向发电机使用。

（5）制作成本较高，车辆启动操作较为困难。

3. 永磁同步电机的原理

从工作原理上看，交流异步电机与永磁同步电机没有区别，同样是定子绕组通入三相正弦交流电而产生旋转磁场。此时的转子永磁体磁场会与旋转磁场彼此作用，从而产生电磁转矩，拖动转子同步旋转，通过位置传感器对转子磁钢位置进行实时读取，转变为电信号，以便于对逆变器功率器件开关加以控制，并对相位与电流频率进行调节，使转子磁动势与定子磁动势能够保持稳定的位置关系，由此产生恒定的转矩。通常来说，负载决定着定子绕组中的电流大小。

3.4.2 永磁同步电机应用

1. 比亚迪

以比亚迪电动汽车为例，其采用了无刷永磁同步电机，通过采集电机旋变信号来进行工作。该电机采用的冷却方式是水冷方式，温度传感器、旋变传感器、定子及转子就是其主要组成部分。该无刷永磁同步电机具有多种功能，既可以在车辆制动或滑行过程中进行能量转换，同时还可以驱动汽车向前或向后行驶。

比亚迪秦 EV 与 e5 具有相同的技术参数，表现为最大输出转速 12 000 r/min，峰值转矩 310 N·m，驱动电机额定功率 80 kW。对于比亚迪全新一代唐 DM 车型，它在车辆的前轴与后轴分别独立布置了两台电机，其中，前电机的最大输出转矩为 250 N·m，最大输出功率为 110 kW；后电机的最大输出转矩为 380 N·m，最大输出功率为 180 kW。前电机与后电机均采用水冷的冷却方式。

2. 吉利帝豪 EV300/EV450

同样采用永磁同步电机的车辆还包括吉利帝豪 EV300 和 EV450，

其具体的电机参数包括：重量均为 55 kg、峰值转矩分别为 240 N·m（EV300）和 1 250 N·m（EV450）、峰值转速分别为 11 000 r/min（EV300）和 12 000 r/min（EV450）、额定转矩均为 105 N·m、额定功率均为 42 kW。

3. 丰田

以丰田汽车为例，丰田混动系统 THS Ⅱ 同时带有发电机 MG1 和电动机 MG2，二者均采用永磁同步电机，都具有高效、轻型、紧凑的特点，主要作用是提供再生制动和驱动车辆。

动力驱动桥是由复合齿轮式驱动机构与两个电动 / 发电机一起进行封装而成的。

一般情况下，MG_1 和 MG_2 所使用的转子能够产生磁阻转矩，这一现象是由于转子中存在 V 形布局的高磁力永久磁铁。另外，其定子的制成部分含可承受高压的电动机绕组线束以及低铁心耗损的电磁钢板。由此可见，即使是在紧凑结构中，MG_1 和 MG_2 也可以实现高转矩与大功率。

通常来说，要想驱动 MG_2，就需要 MG_1 对动力电池进行充电，以实现向 MG_2 供电。除此之外，要想改变发电机的转速，可以通过对发电量的调节来实现，对传动桥无机变速功能的有效控制也可以通过 MG_1 来实现。与此同时，发动机的启动同样可以依靠 MG_1 来完成。

车辆再生制动过程中，车辆实现动能至电能的转换及电能存储均需要借由 MG_2 来实现。为了降低工作时产生的热量，MG_1 和 MG_2 采用了相同的冷却方式，即水冷的冷却方式。

3.5 无刷直流电机

3.5.1 无刷直流电机的组成

作为典型的机电一体化产品之一，无刷直流电机由多个部件组成，包括控制器、逆变器、位置检测器、电机本体，因此，它亦可视为自控式变频同步电机系统或自同步电机系统，具体如图 3-23 所示。要想实现转子磁极的位置信号检测，就离不开位置检测器，而开关信号的产生，需要通过控制器得以实现，即对转子位置信号进行逻辑处理而产生的开关信号能够触发逆变器的功率开关器件，电机转矩因此产生。而转矩的产生是以一定的逻辑关系将电源功率分配给电机定子的各相绕组来实现的。

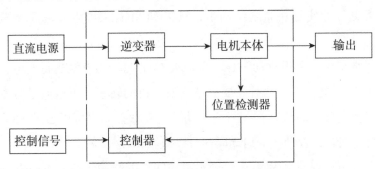

图 3-23　无刷直流电机系统的组成

1. 电机本体

普通有刷直流电机是无刷直流电机设计思想的灵感来源，二者的主要区别在于直流电机转子与定子的位置互换。其中，定子为电枢，有多相对称绕组；而转子促使气隙磁通的产生，其结构为永磁结构。转子位置检测器与逆变器取代了过去的直流电机的机械换相器与电刷。从本质上看，无刷直流电机是一种永磁同步电机。永磁电机是无刷直流电机的电机本体，因此永磁无刷直流电机成为无刷直流电机的别称。

与感应电机、普通同步电机相比，无刷直流电机的定子结构没有任何差别，三相对称绕组常嵌于铁心之中。绕组可以接成星形接线或三角形接线，并与逆变器中的各开关管逐一相连。

高剩磁密度、高矫顽力的稀土永磁材料都是无刷直流电机采用的制作材料，高矫顽力包括钕铁硼（NdFeB）与钐钴（SmCo）等，其中，应用广泛的有以下三种形式。

（1）环形磁极。将一个整体稀土永磁环套于铁心之外，对圆环磁铁进行径向充磁，在功率较小、体积较小的永磁无刷直流电机中应用得尤为广泛，从转子制作角度来看，该结构工艺性较好。

（2）嵌入式磁极。将矩形稀土永磁体嵌入铁心之中，使其产生较大的磁通铁心，这种形式对制作材料及制作技术有一定要求，需采用不锈钢轴或者进行隔磁处理。

（3）表面式磁极。将径向充磁的瓦片形稀土永磁体粘贴于铁心外表面，为了降低电机制造成本，有时在拼装成瓦片形磁极时，也需要采用矩形小条。

在电动汽车驱动中，除了普通的内转子无刷直流电机之外，在驱动电动汽车时还可以采用外转子结构，在轮毂中装入无刷直流电机。

2. 逆变器

要想实现电流形式的转换，即由直流电转换成交流电，需要使用逆变器。与普通逆变器相比，从本质上看，无刷直流电机的逆变器是一个"自控式逆变器"，要对输出频率进行调节，就需要触发转子位置信号对其加以控制，并不能独立调节。对于无刷直流电机来说，其关键优势表现在自控式逆变器的采用上，电机不会出现失步与振荡的情况，电机转速和电机输入电流频率都能时刻保持同步。

非桥式与桥式是逆变器电路的两种类型，而对于定子绕组而言，既能够连接成三角形连线，又可以连接成星形连线，因此，对于逆变器主电路与定子绕组来说，它们有着多种不同的组合方式。

目前，功率 MOSFET 或 IGBT 等全控型器件被广泛应用于无刷直流电机的逆变器主开关的制作中，为了提高系统可靠性，已经有部分主电路选取了智能功率模块（IPM）与集成的功率模块（PIC）。

对于无刷直流电机的定子绕组来说，无论是其逆变器、连接方式还是相数，都有不同的选择，具体地说，三角形与星形是绕组的两种不同连接方式，全桥型与半桥型是逆变器的两种不同类型，此外相数也有着一定的区分。电机性能往往因组合方式的不同而有所差异，这种差异也同样体现在制作成本上，对于每一位应用系统的设计者而言，这都是需要进行仔细思考的问题。目前，在电动汽车中应用最广泛的是星形联结三相桥式主电路结构。

3. 位置检测器

对定子绕组的转子磁极位置信号进行检测，逆变器就能够准确获取正确的换相信息。其中，无位置传感器检测与有位置传感器检测是位置检测的两种检测方式。

通常来说，转子与定子两个部分共同组成了转子位置传感器，其中电机本体与转子同轴，从而有效地实现了对电机本体转子磁极位置的跟踪；在电机端盖或电机本体上固定定子，从而有效实现转子位置信号的输出与检测。一般情况下，编码器、正余弦旋转变压器式、接近开关式、光电式、电磁式、磁敏式等均为转子位置传感器的种类。

对于无刷直流电机来说，为了实现对电机转子位置的检测，在电机系统中安装了机械式位置检测器，然而这样的操作无形中提高了电机的制造工艺要求，限制了无刷直流电机的应用范围，使其系统可靠性有所降低，而位置检测器的存在客观上也促使系统的体积与制作成本有所增加。

因此，越来越多的业界人士将目光聚焦在了无刷直流电机的无转子位置检测器的控制方式上。

在检测无机械式位置检测器转子位置时，为了准确获取转子位置信息，需要对与转子位置相关的物理量进行检测与计算，从而间接地得到所需信息，其方法多种多样，如瞬时电压方程法、定子三次谐波检测法、续流二极管工作状态检测法及反电势检测法等。

4. 控制器

无刷直流电机的稳态运行以及促使各种功能的实现都离不开控制器，其主要功能包括以下几点。

（1）向驱动电路提供各开关管的选通信号与斩波信号，从而使电机的停车及正反转控制得以实现，需要对正反转和停车信号、PWM 调制信号、转子位置检测器输出的信号进行逻辑综合。

（2）产生 PWM 调制信号，从本质上可以实现电机的开环调速，给定速度信号往往会使电机电压做出相应的响应，从而实现自动调整。

（3）对电机进行电流闭环调节与速度闭环调节，使系统具有良好的静态性能与动态性能。

（4）实现故障保护功能，故障包括欠电压、过电压、过电流与短路等。

全数字控制系统、数模混合控制系统、基于专用集成电路的控制系统以及分立组件加少量集成电路构成的模拟控制系统为控制器的主要形式。

3.5.2　无刷直流电机的基本工作原理

无刷直流电机系统如图 3-24 所示，通过该图可以对无刷直流电机的工作原理进行说明，电机本体的电枢绕组为三相负载星形联结，电机本体与位置检测器在同一电机轴上，位置信号经由控制电路实现逻辑变换，从而促使驱动信号得以产生，再由驱动电路对驱动信号进行隔离放大，然后由该信号实现对逆变器功率开关管的控制，从而使电机的各相绕组根据规定顺序正常运行。

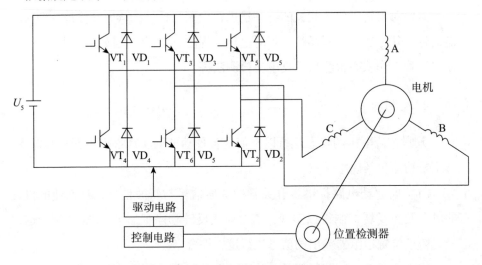

图 3-24　三相无刷直流电机系统

当转子旋转至图 3-25（a）所示的位置时，经过控制电路对由转子位置检测输出的信号进行逻辑变换，从而驱动逆变器，进而实现 VT_1 与 VT_6 的导通，也使得 A、B 两相绕组通电，其具体的流通过程是由电源正极流出电流，后经 VT_1 陆续流向 A 相绕组和 B 相绕组，此时流出的电流会经 VT_6 再次回到电源负极。图 3-25（a）展示的是定子绕组在空间产生的磁动势，此时的电机转子在转子与定子的磁场作用下，沿着顺时针方向运转。

从空间上看，当转子每转过 60° 电角度时，逆变器便会像上次情况一样地进行一次变换，VT_1、VT_6—VT_1、VT_2—VT_3、VT_2—VT_3、VT_4—VT_5、VT_6—VT_1、VT_6 便是转子功率开关导通的次序。在这一过程中，由于一直受顺时针方向的电磁转矩影响，转子始终沿着顺时针方向运转。当转子在图 3-25（a）至图 3-25（b）的 60° 电角度范围内进行运转时，由于受到磁场的影响，转子始终沿着顺时针方向运转，而图 3-25（a）中 F_a 的位置便是在一定空间范围内，定子合成磁场保持静止的位置。要想促使定子合成磁场由图 3-25（a）的 F_a 位置跳跃至图 3-25（b）中的 F_a 位置需要符合一定的条件，即转子磁场连续旋转 60° 电角度，到达图 3-25（b）所示的 F_a 位置。由此可见，从空间角度出发，定子合成磁场实际上是一种跳跃式的旋转磁场，而非连续旋转磁场，具体来说，其步进角为 60° 电角度。

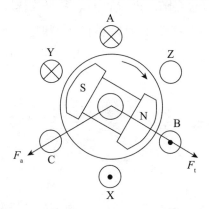

（a）VT$_1$、VT$_6$导通，A、B两相通电

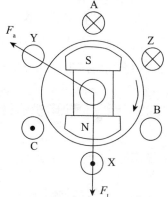

（b）VT$_1$、VT$_2$导通，A、C两相通电

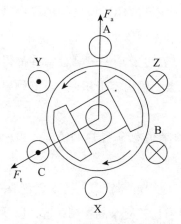

（c）VT$_3$、VT$_2$导通，B、C两相通电

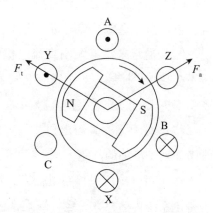

（d）VT$_3$、VT$_4$导通，B、A两相通电

图 3-25　无刷直流电机结构示意图

从空间角度出发，要想促使定子合成磁场的磁状态进行一次跃变，只有当转子转过 60° 电角度、定子绕组发生一次换流时才能实现。由此可见，电机共有六种磁状态，每种状态有两相导通，转子旋转 120° 电角度与每相绕组的导通时间相对应。这便是无刷直流电机中广泛应用的一种工作方式，即两相导通星形三相六状态。

由于定子合成磁势每隔 60° 电角度便会向前跳跃一步，在此期间，每当转子旋转时，转子磁极上的永磁磁势也会随之进行旋转，从平均速度上看，二者之间没有差别，基本保持一致，而从瞬时速度上看，却是有所差别的，其相对位置会随着时间的变化而变化，因此在定子与转子相互作用的过程中会同时产生脉动分量与平均转矩。

3.5.3 无刷直流电机的性能特点

1. 无刷直流电机的性能

无刷直流电机的性能优良，主要表现为控制性能好、效率高、功率密度大，具体内容如下。

（1）高性能永磁材料在无刷直流电机中的应用，促使其优势得以显现，包括惯性比高、转矩高、响应速度快、体积较小。

（2）通常来说，无刷直流电机的功率密度及功率较高，这些都得益于不存在转子损耗。对于感应电机而言，要想输出容量相等，就必须要具备功率更大的逆变器与整流器。

（3）对于无刷直流电机来说，由于不存在转子发热的情况，也就无须考虑转子冷却的问题。

（4）对于感应电机系统而言，虽然其应用范围较广，技术比较成熟，但是该系统仍然存在一定的缺陷，包括具有比较复杂的控制系统，以及非线性的本质。永磁同步电机与无刷直流电机都在一定程度上实现了技术的进步，具体表现为永磁同步电机对交流电机的定向控制进行了升级，即由转子位置定向控制取代了以往较为复杂的磁场定向控制，无刷直流电机则对转子位置控制进行了再升级，使其变得越来越简化，具体体现在取消了坐标变换。

2. 无刷直流电机与永磁同步电机

无刷直流电机与永磁同步电机相比，具有明显优势。

（1）当向无刷直流电机进行供电时，采用的是方波供电方式，从某种程度上可以提供比其他电机更高的重量比与转矩。在相同条件下，与其他电机相比，输出转矩要大 15%。在电动机中，与正弦变化的电动势和正弦波的磁场分布相比，梯形波的感应电动势与梯形波的磁场分布更易产生，基于上述原因，无刷直流电机的制作成本相对较低，结构也相对简单。永磁同步电机与无刷直流电机相比，无论是在制作成本上还是在构造方面都稍显逊色。出现这一情况的主要原因为电流是转子位置的正弦函数，因此系统对部分部件提出了较高的要求，旋转变压器或光电编码器的分辨率必须要高。

（2）对于无刷直流电机的控制来说，其控制器的制作成本不高，并且比较容易控制，其主要原因为与正弦波电流与电压的变频器相比，方波电流比电压的变频器的结构简单许多，因此控制操作相对简便。

3. 无刷直流电机与有刷直流电机

由于以往的机械换向器被电子器件所取代，因此传统有刷直流电机的许多问题均在无刷直流电机中得以解决。总的来说，相较于有刷直流电机，无刷直流电机具有如下几个特点。

（1）使用寿命长，可靠性相对较高。轴承及其润滑系统是电机工作期限长短的决定性因素。一般来说，有刷直流电机的使用寿命相对较短，在温度相对较高的情况下，有刷直流电机仅能工作几分钟，而无刷直流电机的工作寿命一般有数十万小时。

（2）修理与维护成本相对较低。

（3）对无线电的抗干扰能力较强，与电气接触时不会产生火花。

（4）在不良介质与高真空环境中，机器仍然可以正常运转。

（5）在高转速的情况下，电机仍然可以正常运转，对于高速无刷直流电机来说，其最高转速可达 100 000 r/min 以上。

（6）机械噪声相对较低。

（7）在定子上安置发热的绕组，一方面易于提高功率密度，另一方面可以促使温度监控与散热得以实现。

（8）从总体成本角度来看，由于要与特定的电子换向线路进行配套使用，使得成本有所增加，但是从控制角度来看，其操作的灵活性相对较高。

3.5.4　无刷直流电机的控制方法

从无刷直流电机的工作角度出发，在一种"自控式"变频方式下，即在位置检测器控制逆变器开关通断的方式下，逆变器可以自动高效地完成逆变器的变频工作，并且无须控制与干预控制系统的正常运转。通过对电机的转矩进行控制便可实现对电机转速的控制，要想实现对转速的调节，可以对直流侧电压进行相应调节。

要想实现对输入无刷直流电机的平均直流电压的调节，往往需要采用脉宽调制（pulse－width modulation）的调节方式，促使 PWM 脉冲的占空比发生改变，从而促使调速的目的得以实现。

对于无刷直流电机系统而言，转速、电流双闭环控制的直流调速系统是其经常采用的一种系统，系统原理图如图 3-26 所示。其中，电流调节器用 ACR 来表示，而转速调节器则用 ASR 来表示，其实现往往采用的是 PID 算法。其中的内环为电流环，而外环则为转速环。在一定条件下，转矩与电流成正比，因此，从本质上看，电流环调节便是电磁转矩调节。转速调节器（ASR）同时引入转速给定信号 n^* 与转速反馈信号 n，而输出信号可以被用以电流信号的参考值 *i**，一同与电流信号的反馈值送至电流调节器（ACR），而此时输出的信号又可作为电压参考值，在与给定载波进行比较之后，促使 PWM 调制波得以形成，使得逆变器的实际输出电压得以控制。根据正反转指令信号与位置检测器的输出信号确定导通相，是逻辑控制单元的主要任务。被确定用以进行导通的相，并不会总在进行导通，PWM 输出信号有时还会对其进行控制，将 PWM 信号与换相信号结合在一起，并将二者送入逆变器的驱动电路，便是逻辑"与"单元的主要任务。

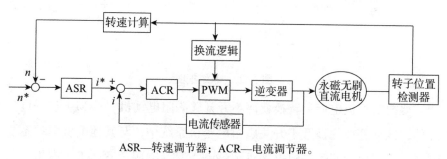

ASR—转速调节器；ACR—电流调节器。

图 3-26　无刷直流电机系统原理图

3.6　开关磁阻电动机 SRM

开关磁阻电动机调速系统本质上是一种机电一体化的高新技术，其特点是集合了制作、设计技术、现代电磁理论、电力电子技术、数字技术及现代微电子等多项技术，是最新一代的无极调速系统，其技术更是超越了变频调速系统无刷直流电动机调速系统，既具有直流调速系统的优点，同时也兼备了交流调速系统的优点。

3.6.1　开关磁阻电动机系统的组成

开关磁阻电动机系统通常有四大组成部分，包括转子位置检测器、控制电路、功率变换器及开关磁阻电动机（SRM），如图 3-27 所示。功率变换器与控制电路置于控制器之内，而在电机的一端则安装着转子位置检测器，开关磁阻电动机与国产 Y 系列感应电动机相比，无论是在外形上，还是在座号、功率上，都不存在任何差别。

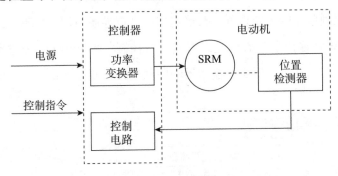

图 3-27　系统框图

要想实现机电能量转换就离不开开关磁阻电动机（SRM）这一重要部件，该部件往往被置于开关磁阻电动机系统中，与其他电机驱动系统形成鲜明对比。开关磁阻电动机（SRM）是变磁阻（双凸极）电机，通过对普通硅钢片进行叠压，可以制成转子与定子的凸极。定子极上绕有集中绕组，而转子上既无永磁体亦无绕组，径向相对的两个绕组连接在一起，便是"一相"。从开关磁阻电动机角度出发，一方面，转子与定子的极数搭配组合方式多种多样；另一方面，其相数结构的设计也有着不同的形式。就目前来说，其应用较为广泛的是三相（6/4）结构与四相（8/6）结构。其主要特点表现为制作成本高、主开关器件较多、结构相对复杂，基于此，使其步距角减小、相数增多，有利于减少转矩脉动。

3.6.2　开关磁阻电动机的工作原理

四相（8/6）结构开关磁阻电动机原理图，如图 3-28 所示。为了达到设计简单的目的，在图 3-28 中，仅将 A 相绕组及其供电电路画出。通常来说，"磁阻最小原理"是电动机遵循的运行原理，具体来说，就是磁通总是要沿着磁阻最小的路径闭合，铁心往往具有不同的形状，而要想促使磁场的轴线与铁心的主轴线相重合，其一定是在最小磁阻位置。

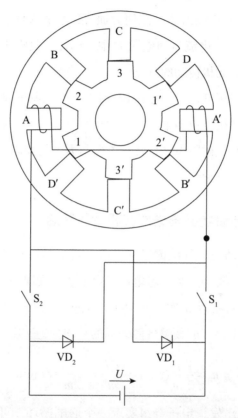

图 3-28　四相（8/6）结构开关磁阻电动机原理图

　　在图 3-28 中，当定子 D-D' 极励磁时，定子轴线 D-D' 重合的位置成为 1-1' 的转动方向，此时电感最大的当属 D 相励磁绕组。假设将起始位置设为图中转子与定子所处的相对位置，那么按照一定顺序分别向 D→A→B→C 相绕组通电，转子以逆时针方向进行连续旋转；相反，假设按照一定顺序分别向 B→A→D→C 相通电，那么转子以顺时针方向进行连续旋转。此外，图 3-25 表明，无论主开关器件 S_1、S_2 处于导通状态还是关断状态，都会有电流分别通入 A 相绕组或电源 U，从而实现电能的吸收。具体来说，当主开关器件 S_1、S_2 处于导通状态时，直流电源会流入 A 相绕组，从而成为电能被其所吸收，而当主开关器件 S_1、S_2 处于关断状态时，流经 A 相绕组的电流便会通过二极管 VD_1、VD_2 实现电流的继续流通，并将这一电流返回电源 U 中。因此，具有再生功能与系统效率高是开关磁阻电动机传动的特点。

通过以上分析可知，开关磁阻电动机调速控制的基本原理如下：通过对开关磁阻电动机绕组中电流脉冲的宽度及其与转子的相对位置和幅值的调节来实现对开关磁阻电动机转矩方向与大小的控制，其中二者间的相对位置为关断角、导通角。

3.6.3　气隙磁场的推进速度和转子转速

开关磁阻电动机的气隙磁场从本质上看也是一种跃进式磁场。由上述内容可以看出，每当开关磁阻电动机定子绕组实现一个通电循环，气隙磁场向前跃进的相数为 m 次，共 180°，也就是 1/2 r。因此，当 f_1 是功率变换器的切换频率时，n_1 便是气隙磁场的平均推进速度，公式为

$$n_1 = \frac{1}{2}\frac{f_1}{m}(\text{r}/\text{s}) = \frac{60 f_1}{m} = \frac{60 f_1}{2m}(\text{r}/\text{min}) \qquad （3-31）$$

从转子角度出发，定子绕组实现一个通电循环，可以理解为与反应式步进电动机相类似，转子转过（$1/Z_r$）转，气隙磁场转过 1/2 r，因此转子转速 n 为

$$n = \frac{2}{Z_r} n_1 = \frac{60 f_1}{m Z_r}(\text{r}/\text{min}) \qquad （3-32）$$

3.6.4　开关磁阻电动机的特点

开关磁阻电动机的主要特点如下。

（1）电动机结构简单、成本低、效率高，可用于高速运转。与笼型感应电动机相比，开关磁阻电动机的结构更加简单。一般来说，在具体制造与使用过程中，不会出现与笼型感应电动机相类似的情况，如铸造不良、断条等。开关磁阻电动机转子的机械强度极高，当机器以每分钟上万转超高速运转时，电动机仍然可以处于稳定运行状态，这便是开关磁阻电动机的优势所在。从定子角度出发，它的集中绕组数量较少，因此其绝缘结构相对简单，制造过程也不会太过复杂。

（2）启动转矩大，启动电流低。对于部分机械来说，其应用频率相对较高，包括正反向转换运行的机械、频繁起停的机械以及重载启动的机械。

（3）可控参数多，调速性能好。要想对开关磁阻电动机加以控制，就需要特定的运行参数与方法，其中相绕组电压、相电流幅值、相关断角、相导通角在电动汽车中的应用较为广泛。要想实现对开关磁阻电动机的灵活操控，其可控参数必须要达到一定要求。一般来说，不同的参数值和不同的控制方法，都需要充分考虑电动机的情况与电动机的运行要求，也就是可以使其工作效率最高、出力最大等，还可以在一定程度上，促使各种不同功能的特定曲线得以实现。

开关磁阻调速电动机也存在一定的劣势，主要表现为以下两个方面：第一，虽然电机本身存在一定的转矩脉动，但是从稳定性上看，其转速与转矩相对较差；第二，电动机运行时的噪声相对较大，其噪声与容量成正比，容量越大，噪声问题越严重。

作为最新一代的无级调速系统，开关磁阻调速电动机仍有需要改进与提高的部分，需要对其进行深度开发与研究。

对单相异步电动机而言，其本身具有两个绕组，分别为主绕组与副绕组，其中主绕组仅能产生脉振磁场，却不能产生启动转矩，因此，在启动的过程中，要想产生旋转磁场，就需要与副绕组共同使用以产生启动转矩。在单相异步电动机启动后，即便副绕组突然断电，其电机仍然会产生转矩，并且能够确保转子不停地运转。

单相异步电动机的启动方法大致有三种，分别为电阻分相法、电容分相法与罩极式。具体来说，当启动转矩偏小时，其启动电流便会偏大，这便是电阻分相法；而当启动转矩偏大时，其启动电流反而偏小，便是电容分相法。若当副绕组启动后，可与主绕组持续同步运转，那么便可称其为电容电动机，其主要特点为过载能力强、功率因数高。与前两种方法的启动转矩相比，罩极式电动机的启动转矩相对较小。

直流与交流分别是伺服电动机的两种类型。直流伺服电动机从本质上看就是一台小型他励直流电动机。通常而言，励磁控制与电枢控制是直流伺服电动机的两种类型。而在电动汽车领域，电枢控制的市场使用率相对较高，是因为其机械特性和调节特性的线性度好，并且从客观角度看，其转速与控制电压成正比例关系，但是却不可避免地存在一定的死区。

要想消除打转现象，对交流伺服电机转子电阻便会有较高的要求，即电阻必须大，具体来说，幅相控制、相位控制与幅值控制是三种常用的控制方法。

磁滞式同步电动、反应式同步电动机与永磁式同步电动机是微型同步电动的三种主要类型。具体来说，对于永磁式同步电动机的转子而言，永久磁铁是其主要制作材料；对于反应式同步电动机的转子而言，软铁磁是其主要的制作材料。与其他同步电机相比，前两者必须将启动绕组置于转子之上，此时不存在启动转矩。对于磁滞式同步电动机而言，硬磁是其主要的制作材料，要想产生磁滞转矩就必须发挥其磁滞作用，对于该电机而言，启动过程无须启动绕组的参与即可自行启动。

从本质上看，步进电动机是一种同步电动机，也就是说，当人们向电动机输入一个脉冲信号时，电动机便会将该信号转换为角位移，促使步进电动机向前进一步，角位移与脉冲数之间是正比例关系。步进电动机具有的功能包括自锁、短时间内的反转、制动与启动。只要步进电动机不失步，误差积累的情况便不会发生在角位移上。

可旋转的变压器，又称旋转变压器，本质上是一种控制电机。根据输出电压可以将旋转变压器大致分为两种，即正余弦旋转变压器与线性旋转变压器。对于正余弦旋转变压器来说，当它处于空载状态时，转子转角的正余弦函数便是其输出电压，当将电子负载置于旋转变压器时，输出电压便会发生畸变，要想对畸变进行纠正，就需要使用转子补偿与定子补偿。要想在一定转角范围内使输出电压与转角成正比，便需要对正余弦旋转变压器的线路连接进行微小改动，这便诞生了线性旋转变压器。

自整角机主要有两种类型，即力矩式与控制式。对于控制式自整角机而言，其负载不会被转轴直接带动起来，而是需要一个转换的过程，即由失调角转为和失调角成正弦函数的电压输出，经过电压信号的放大处理后，实现对伺服电动机的控制，从而带动从动轴旋转；力矩式自整角机与控制式自整角机有所不同，其负载可以被转轴直接带动起来，从而实现角度的远距离传递。

测速电动机分为直流与交流两种类型。在恒定磁场中，直流测速发电机输出电压与转速之间的关系为正比例关系，而接触电阻、温度的变化与电枢反应是产生误差的主要因素。对于直流测速发电机来说，它的负载电流、转速与非线性误差成正比例关系，即当前两者的数值逐渐增大时，后者的所产生的数值也会随之增大。

空心杯转子是交流测速发电机的常用转子类型。当转子的制作材料是电阻较大的非磁性材料时，其非线性的误差通常较小，因此被广泛应用于发电机中；当转子制作过程中选材不当或生产工艺技术水平较低时，客观上会产生剩余电压误差，要想对其进行补偿，可以通过有效利用补偿电路来实现。

直线电动机可以直接产生直线运动，也有直流与交流之分。为了扩大运动范围，通常会将电枢制作得稍长一些，而将磁极制作得稍短一些，通常情况下，人们会将直线电动机制作成双边型，从而清除单边磁拉力。

从本质上看，无刷直流电机就是一台同步电动机，但是在某些特殊情况下，可以让其成为一台直流电动机，也就是将转子位置传感器、逆变器以及无刷直流电动机整合在一起的情况下。从转速与转矩的方程式上看，普通直流电动机达到的技术参数，在无刷直流电动机上也同样可以实现。因此，无刷直流电机一方面具有交流电机维护简便、运行可靠与结构简单等优点，另一方面也具有直流电动机的特性。

开关磁阻电动机本质上是一种磁阻电动机，这种电动机的特点主要表现为定子与转子都是凸极结构，并且还是一种定子单边励磁。之所以被称为"开关磁阻电动机"，主要在于变频电源是电子电流的供电源，电动机应当在连续开关模式下开展工作。开关磁阻电机具有自身优势，包括启动电流低、启动转矩大、效率高、成本低、结构简单。但是对于开关磁阻调速电机而言，其具有一定的劣势，包括噪声较大，有一定的转矩脉动。因此，该类型的电动机尚处于深度开发与研究阶段，需要进一步升级改造。

3.7 轮毂电动机

3.7.1 轮毂电机的驱动方式

从使用角度出发，轮毂电动机大致可以分为两类，即减速驱动与直接驱动。

电机在减速驱动方式下通常处于高速运转的状态，在性能方面没有过多的要求，选择普通内转子电机即可。当将减速机构放置于车轮与电机之间时，能够在一定程度上实现减速，增加转矩。减速驱动的显著优势包括：可以保证汽车在低速行驶的情况下，依然可以平稳前进，获得较大转矩；重量轻、体积小；在高速运转状态下，电机的效率比与功率都比较高。此外，减速驱动也具有一定的劣势，如行车时噪声比较大，散热能力较差、使用寿命较短、齿轮磨损较快。基于此,对于需要频繁起停操作、需要较高过载能力、追求越野性能的车辆,减速驱动方式的应用较为广泛。

转子被直接安装于轮毂上,便是外转子,对于电机来说,在直接驱动方式下,外转子的应用较为广泛。通常来说,电机在低速时可以提供相对大的转矩,在一定程度上保证车辆顺利起步。除此之外,汽车电机如果具有较宽的调速范围,说明该车具有良好的动力性能。无论是在响应速度上还是在工作效率上,直接驱动都有较大的改进与提高,除此之外,其驱动结构与轴向尺寸也有了较大改观:紧凑、简单的驱动结构,较小的轴向结构等。但不可否认的是,直接驱动也有劣势,如,电机效率通常会受到负荷电流的影响,主要表现为当其负荷超出一定范围时,其效率的下降速度十分惊人,其原因主要是电机效率峰值区域过小;当汽车负载较大、爬坡、迎风行驶以及起步时,车辆本身需要的电流较大,对永磁体及蓄电池的损坏较大。因此,在负荷较轻以及道路平缓等情景下的车辆,直接驱动的应用较为广泛。

3.7.2　轮毂电机的优缺点

1. 轮毂电机的优点

(1)供电系统灵活,底盘布置更加便捷。由于轮毂电机在电动汽车中主要采用电动轮驱动形式,可以省去机械传动系统,因此汽车车厢的空间可以变得更大,其底盘设计也更为灵活。此外,电动汽车的超级电容、动力蓄电池、燃料电池以及三者的组合在进行供电系统设计时,均能体现出超强的灵活性,并且目前仅需要通过电缆便可实现软连接,而无须用传统的机械传动系统。

(2)更为优质的汽车底盘制动控制性能。对于使用轮毂电机驱动形式的电动汽车而言,其应用技术的先进性得到了充分体现,主要表现在两个方面：第一，能够单独有效地对该类型电动汽车的各电动轮进行控制。第二，汽车的底盘也可以通过对驱动电机的控制来实现主动控制，因此此类控制的精度较高，并且控制响应速度也比较快；同时，由于每一个驱动轮都有与其相对应的独立控制器，因此使得其对底盘的控制功能得以实现，假设将轮毂电机应用于每一个驱动轮上，那么便可以实现最佳的控制效果。

（3）在一定程度上实现驱动力的最优分配。无论是两个驱动轮的汽车，还是四个驱动轮的汽车，对其驱动力的调节均可单独完成，因此通过对各驱动轮的转矩利用效率进行计算与分析，能够得到更为经济的驱动方式。

（4）底架结构与以往相比更加简化，从一定程度上可以使车身造型及整车总布置的设计自由度得以增加。假设可以实现对车身功能与底架承载功能的分类，那么便可以促使更加系列化与多样化的同底盘不同车身造型的产品涌现，进而促使新车型的开发成本降低，缩短开发周期。

2. 轮毂电机的缺点

（1）使用轮毂电机汽车的簧下质量较大，因此整车的操控性相对较低。

（2）与以往相比，轮毂电机虽然在一定程度上实现了技术突破，如汽车制动能量回收技术的出现，但是由于目前汽车的制动能力尚有需要提升的部分，在实际应用中仍然离不开液压制动系统。

3.7.3　轮毂电机的工作原理

对于电动汽车而言，轮毂电机属于一种创新技术，又称内置电机、集成轮胎电机，无论是从结构还是技术上，都实现了新突破，其具体优势主要表现为车辆的控制精度更高、动力更强，将电机直接集成于车轮内从而节省了车辆内部空间。此类集成设计不仅能够对车辆重量进行合理分配，同时还能够提高车辆的最高速度，提高操控性，这是由于轮毂电机可以实现对每个轮胎的独立控制，从而可以提供更好的制动力与牵引力。

基于电磁感应理论，可以对轮毂电机的工作原理进行如下阐述。当电动机的线圈流入电流时，便会产生一个磁场。该电动机中的磁铁便会与该磁场相互作用，从而促使磁体产生一种磁力作用，实现电动机的旋转。要想实现对电动机旋转方向与速度的精确控制，就需要改变电流的方向与大小。

通常来说，车辆轴承、转子、定子、外壳等组成了轮毂电机。

要想实现对电机的有效保护，防止外部环境对其造成损害，就需要设置电机的保护壳，即外壳。电机集成于轮胎内部，可以有效抵御各种恶劣环境对其造成的影响，如温度变化、水分、道路碎片。通常来说，电机的静态部分是定子，其内部包含了电线圈。当电流流经该线圈时，电流的变化产生了磁场。而电机的旋转部分是转子，一般内含电线圈或磁铁。当上述二者之间相互作用时，便会产生力的作用，从而实现车轮的转动。轴承主要发挥着对转子的支撑作用，同时还在一定程度上使其能够顺畅旋转。由于轴承必须承受重载与高速旋转，因此，在进行轴承的设计与选择时，需要特别强调轮毂电机的耐用性与性能。

轮毂电机技术具有巨大市场潜力，但是从技术层面来看，仍然面临着一些挑战。以散热问题为例。车辆在行驶过程中，势必会产生巨大的热量，为了有效防止电机过热，就必须要研发出一套科学的散热系统。但是，由于电机通常集成于轮胎之内，要想设计出一套科学的散热系统并使其能够真正地应用于实际，存在一定难度。除此之外，还有一个需要解决的问题，那便是轮毂电机的耐用性。由于轮毂电机的行驶环境通常都比较恶劣，因此它应当具有较强的抗磨损能力与抗应力。除了上述两个问题，轮毂电机的成本问题也是必须考虑的因素。虽然与传统电动汽车驱动方式相比，轮毂电机无论是设计还是制造都有较高的成本，制作过程也更为复杂，但是随着规模化生产的出现以及科学技术的不断发展，轮毂电机的制造成本势必会越来越低。

第4章　电动汽车动力电池

4.1　动力电池的概念及分类

4.1.1　动力电池的概念

动力电池的定义目前尚未统一。动力电池这一叫法是从潜艇等动力机械应用领域中产生的，一直沿用至今。全球电动汽车行业的基本规定是：能为电动汽车的启动行驶提供驱动力量的电池都叫作动力电池，包括新兴的锂离子电池、传统的镍氢电池和铅酸蓄电池等。一些消费类电子产品，如笔记本、手机等，所使用的大多为锂电池，但这种锂电池不同于电动汽车使用的动力锂电池，动力锂电池技术是为电动汽车提供动力和保证电动汽车行业稳健发展的关键性技术。《电动汽车术语》（GB/T 19596—2017）定义动力电池（traction battery）为，给电动汽车动力系统提供能量的蓄电池。

4.1.2　动力电池的分类

无论是混合动力电动汽车还是纯电动汽车，都涉及多种类型的动力电池。动力电池被广泛用于人类生产生活的多个领域、多个方面，可以按照工作性质及使用特征、反应原理等进行分类。

1. 按照电池的工作性质及使用特征分类

以电池的工作性质及其表现出来的使用特征为依据进行分类，通常可将动力电池分成以下四类。

（1）一次电池。一次电池也叫"干电池""原电池"，这类电池放电后只能废弃，不能再次蓄电复原，仅能使用一次，所以叫一次电池。这类电池很难发生可逆反应或者其本身反应不可逆，不能再次充电利用。这类电池主要有锌汞电池、锌锰电池、银锌电池。

（2）二次电池。二次电池的别名为"蓄电池""充电电池"，是一种在放电之后，可以充电循环使用的电池，这类电池可以通过充电，复原电池内部的活性物质，使其再次放电，从而达成反复使用的目的。从这一角度上看，这类电池实质上就是一种储存化学能的装置：当用直流电向电池充电时，电能会转化成化学能储存在电池内部；放电时，电池内部发生反应，化学能转化成电能供人们使用。这类电池有镍镉电池、锂离子电池、铅酸蓄电池、镍氢电池等。目前，这四类电池都已经应用于电动汽车的动力系统中。

（3）储备电池。储备电池也叫"激活电池"，该电池的电解液不与其中的正、负极活性物质直接接触，需要在使用前通过临时注入电解液或者其他方式来激活电池。这是因为电池的正负极活性化学物质通常会自放电或变质，由于电解液的隔离基本排除了这种化学反应，从而延长了电池的储存时间。这类电池有铅高氯酸电池、钙热电池、镁银电池等。

（4）燃料电池。燃料电池的别名为"连续电池"，即只要向电池内持续注入活性物质，就能使电池持续放电。这类电池的本身只作为一个载体，可将之看作一个反应容器和能量转化器的综合体，需要用电时，仅需将外部的反应物不断输送到电池内部，就可以产生源源不断的电流。这类电池包括肼空气燃料电池和氢燃料电池等。

需要注意的是，上述分类方式并没有将某种电池体系的划分彻底限制为上述四类电池中的某一种，正确的观点是，某种电池体系可结合实际使用的需要，设计成对应类型的电池。例如锌银电池，就可以根据需要设计成一次电池，或者二次电池，或者储备电池。

2. 按照电池的反应原理分类

从电池反应原理的角度上，可将电池划分为以下三大类。

（1）化学电池。这类电池的放电需要通过电池内部物质的化学反应实现。从工作性质上看，可将电池划分为燃料电池、原电池、储备电池、蓄电池等；从电池特性上看，可将电池划分为高功率电池、防爆电池、高容量电池、免维护电池以及密封电池等；从电解质内容上看，可将电池划分成中性电池、酸性电池、固体电解质电池、有机电解质电池、碱性电池、非水无机电解质电池等。

（2）物理电池。这类电池的放电需要通过物理吸附、热、光等物理能量发电的方式实现，如飞轮电池、超级电容、太阳能电池等。其中，超级电容是在混合动力电动汽车与纯电动汽车中应用得较为广泛的一种物理电池。

（3）生物电池。这类电池的放电需要通过生物化学反应来实现，如生物太阳电池、酶电池、微生物电池等。在车用动力中，生物燃料电池有十分广阔的应用前景，目前人们对氢化物燃料电池和以氢为燃料的电池这两个方面的研究已经步入重要的发展阶段。

4.2　动力电池的结构与原理

动力电池是新能源汽车不可缺少的核心部件，了解电动汽车常用的各类动力电池，有助于更好地了解电动汽车。

4.2.1　动力电池结构组成

1. 单体电池型号与规格

在电池的组成中，有充放电等功能且与 PCM 板连接起来的成品，叫作电池单体，未组装的电池则叫作电芯。

根据《含碱性或其他非酸性电解液的二次电池单体和电池：便携式锂离子二次电池单体或电池》（IEC 61960-3—2017）的规定，电池单体命名规则如图 4-1 所示。

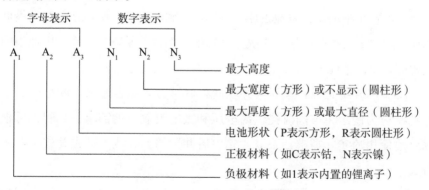

图 4-1　电池单体命名规则

命名为 ICR 18650 的电池，是指直径 18 mm、高度 65 mm 的圆柱形锂离子电池，也称为 18650 电池。

命名为 ICP 503450 的电池，是指厚度 5 mm、宽度 34 mm、高度（长度）50 mm 的方形电池。

2. 动力电池组合方式

通过串联或者并联的方式，将电池单体组合成电池模块，再通过串联或者并联的方式，将若干个电池模块组合成电池组，并在此基础上增设电量电压监控装置、电池控制器，然后封装起来，就能制成动力电池，为电动汽车提供其需要的电流与电压。

（1）串联。通过串联的方式，将 n 个电池单体联结成电池模块时，电池模块的电压在理论上是电池单体电压的 n 倍，但电池模块与电池单体有相同的容量。如果电池模块的容量不同于电池单体的容量，那么电池单体的最低容量会直接影响甚至在一定程度上决定电池模块的容量。从理论上讲，电池模块的内阻是电池单体的 n 倍，但由于各个电池单体并不完全一致，通常会比这一数值稍大。

（2）并联。为满足工作对大电流的需要，电池通常会以并联的方式联结起来。如果通过并联的方式将 m 个电池单体组合成电池模块，那么电池模块的容量在理论上是电池单体容量的 m 倍，此时双方的电压一致。如果电池模块中的各个电池单体没有形成一致的电压，则电池单体的最低电压会对电池模块的电压产生决定性影响。另外，从理论上看，电池组的内阻应是电池单体的 $1/m$，但实际内阻往往会比理论数值略大。

（3）串并结合。将串联与并联两种联结方式结合起来，就可以满足电池模块为使用主体同时提供高电压和大电流放电的需求，其间，可根据电池使用的实际需求，采取"先串后并"的方式或者"先并或串"的方式。

在动力电池中，锂离子电池最为常用，纯电动汽车动力系统采用的就是锂离子电池。

3. 锂离子电池的组成

锂离子电池是一种新型高能电池，它在 20 世纪得以成功开发，目前市场上很多热门的电动汽车所使用的就是锂离子电池。从构成上看，锂离子电池包括隔膜、安全阀、正负极、电解液等，电解质与正负极在制作工艺与选材上的差异造就了电池的不同性能。

（1）正极。锂离子电池的正极使用了能吸附和藏纳锂离子的材料，在发生放电反应时，锂转化为锂离子，脱离电池正极，储存在蓄电池的阴极中。

（2）隔膜。锂离子电池内的隔膜是一种高分子薄膜，它经过特殊工艺制作成型，有微孔结构，锂离子可从这些微孔中自由通过，而电子无法通过。隔膜材料通常为聚烯微多孔膜，如 PP、PE 或者二者的复合膜。

（3）负极。材料选择电位应尽量接近锂电位的可嵌入锂化合物，如金属氧化物、合成石墨碳纤维、天然石墨等各种碳材料。

（4）电解液。电解液是溶解有六氟磷酸锂的碳酸酯类溶剂，聚合物使用凝胶状电解液。

（5）外壳。外壳分为钢壳、铝壳、镀镍铁壳、铝塑膜等。电池的盖帽是电池的正负极引出端。

4.2.2　动力电池的原理

在电池工作时，两个电极上发生的化学反应，只有在产生的电子能通过连接两电极的外电路时，反应才能持续发生。通常动力电池两电极表面会通过发生化学反应不断产生电子，这一过程叫作氧化还原反应。正、负极之间发生氧化还原反应是动力电池充放电的主要原理。电池极柱上连接无源电路元件，使电子被电池负极释放，通过外部电路元件转移到正极，在此过程中外电路会产生电流，电池发生放电行为。在电池放电时，电子从外部电路流向电池正极，发生还原反应；电子在此过程中从负极释放，流向外电路，发生氧化反应。如果将高于电池端电压的电源提供给动力电池，就会导致电流反向流回电池中，这就是向电池充电的过程。在充电过程中，电池的电子会从正极流向外电路，产生氧化反应；而流至外电路的电子又会流向负极，发生还原反应。以上就是动力电池的工作原理。

无论哪一种化学电池，其两个电极之间都会在充放电时发生氧化还原反应，电子也会在其间进行释放和获得两个过程。通过以下反应式，可以对电池正负两极之间的氧化还原反应做出解释：

$$a\mathrm{A} \xrightleftharpoons[\text{放电}]{\text{充电}} c\mathrm{C} + n\mathrm{E}^+ + n\mathrm{e}^- \tag{4-1}$$

式（4-1）所示是电池正极的反应。电池充电时，处于正极的物质 A 发生氧化反应，产生物质 C，同时将电子释放到外电路上，将阳离子释放到电解质中。电池在放电过程中发生的反应正好与之相反，电子会被电池正极上的材料吸收，与离子结合，生成物质 A：

$$b\mathrm{B} + n\mathrm{E}^+ + n\mathrm{e}^- \xrightleftharpoons[\text{放电}]{\text{充电}} d\mathrm{D} \tag{4-2}$$

式（4-2）所示是电池负极的反应。电池充电时，处于负极的物质 B 与外电路中的电子、电解质中的阳离子发生反应，产生不带电的物质 D。将这一过程反过来就是电池的放电过程。

动力电池驱动电动汽车的工作模式是：电池先向电机提供能量，使后者产生驱动力，电池在此过程中放电；从外部电源向电池中输送和储存能量的过程就是电池充电的过程。

本书将以生活中常见的化学蓄电池铅酸蓄电池为例，对电池充放电过程中发生的氧化还原反应做出具体分析。无论是混合动力电动汽车、纯电动汽车还是传统汽车，铅酸蓄电池都是最优选的汽车低压电气附件电源。

二氧化铅（PbO_2）是铅酸蓄电池的正极材料，海绵状纯铅是负极材料，蒸馏水与纯硫酸（H_2SO_4）按照一定比例配制得到的溶液是其电解质材料。

图 4-2 所展示的是铅酸蓄电池的放电过程，当无源电子器件与外电路连接时，处于电池正极的二氧化铅会与产生于负极、经过外电路过来的

离子与电子发生还原反应，形成硫酸铅。将电池用作电源时，从正极向负载、再向电池负极的流动路线就是电路的方向路线。

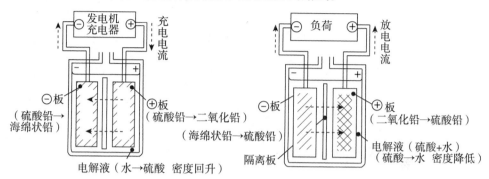

图 4-2　铅酸蓄电池的工作原理

放电时正极的反应式为

$$PbO_2（固）+4H^+（水溶液）+SO_4^{2-}（水溶液）+2e^- \longrightarrow PbSO_4（固）+2H_2O（液）$$

$$（4-3）$$

此时，固态铅作为负极材料，放电时，铅发生氧化反应，将电子释放到外电路，具体反应式为

$$Pb（固）+SO_4^{2-}（水溶液）\longrightarrow PbSO_4（固）+2e^- \qquad （4-4）$$

电池的充电与放电是正好相反的两个过程。将外部电源与电池两端连接，电流会流入电池，这一过程中会反向发生化学反应，硫酸铅经反应重新转化成二氧化铅与铅。在充电过程中，电池的正极向外部电源释放电子，电子通过外部电源电路进入电池负极，就完成了电流从外电源向电池正极的流入过程，实现了电能向电池中的输送与化学能形式的转化和储存。电池正极在整个充电过程中的反应过程公式为

$$PbSO_4（固）+2H_2O（液）\longrightarrow PbO_2（固）+4H^+（水溶液）+SO_4^{2-}（水溶液）+2e^-$$

$$（4-5）$$

负极在电池充电时获得电子的总化学反应式为

$$PbSO_4（固）+2e^- \longrightarrow Pb（固）+SO_4^{2-}（水溶液）\qquad （4-6）$$

综合以上，铅酸蓄电池在充放电时总的化学反应式为

$$\underset{\text{二氧化铅}}{\overset{\text{正极}}{PbO_2}}+\underset{\text{硫酸}}{\overset{\text{电解液}}{2H_2SO_4}}+\underset{\text{海绵状铅}}{\overset{\text{负极}}{Pb}} \underset{\text{充电}}{\overset{\text{放电}}{\rightleftharpoons}} \underset{\text{硫酸铅}}{\overset{\text{正极}}{PbSO_4}}+\underset{\text{水}}{\overset{\text{电解液}}{2H_2O}}+\underset{\text{硫酸铅}}{\overset{\text{负极}}{PbSO_4}} \qquad （4-7）$$

下面以锂离子电池为例，做进一步阐述。

1. 锂离子电池的工作原理

锂离子电池作为一种可以充电反复利用的电池，主要依靠锂离子在正负极之间的转移流动来为使用主体供应能量。在充、放电过程中，两个电极之间的 Li^+ 往返嵌入和脱嵌。Li^+ 会在电池充电时，从正极脱嵌，经过电解质嵌入负极，使负极达到富锂状态，这一过程会在电池放电时反向发生。应用锂元素作为电极材料的电池，即锂离子电池通常代表现代高性能电池。

向电池充电时，电池的正极产生锂离子，锂离子经过电解质向电池负极运动。电池的负极通常由层状结构的碳构成，有很多微孔，锂离子在到达负极后，会嵌入碳层的微孔中，嵌入量越大，电池的充电容量越高。

2. 锂离子电池的应用

目前，锂离子电池是可充电类型电池中最常用的一种，由于其具有良好的循环性能、无记忆效应、高能量密度、自放电率低等特点，在电动汽车领域与各类电子设备中得到了广泛应用。

（1）便携式电子设备。在很多便携式电子设备中，如笔记本电脑、无人机、手机、数码相机、平板电脑等，都有很多应用锂离子电池的例子。这些设备长时间的续航使用，需要具有高能量密度的电池提供持续的支持，而且要求电池的重量与体积尽可能小，锂离子电池完全能满足以上需求。

（2）电动汽车。随着人们对可再生能源与环保能源的关注度日益提升，电动汽车的需求量也在不断增长。锂离子电池因其较长的使用寿命与高能量密度，成为为电动汽车供能的理想选择，锂离子电池也因此成为众多电动汽车制造商的首选。

（3）储能系统。随着风能、太阳能等可再生能源的应用越来越广泛，人类社会对储能系统提出了更高的要求。在储能系统中，锂离子电池的应用范围不断扩大，其储存可再生能源与平衡电网负荷的作用越来越被重视。

（4）医疗设备。可植入心脏的除颤器、心脏起搏器等医疗设备，也应用了锂离子电池。在锂离子电池的强大支持下，这些设备能在工作时获得稳定、持续的电力。

（5）航空航天。锂离子电池在航空航天领域也得到了重点关注和应用，它能为飞机、空间探测器等提供稳定、持续的电力支持。

4.3　电动汽车动力电池的基本参数

电池参数与整车的爬坡、加速、续驶里程等主要性能息息相关。化学电池的参数作为其性能表征，有助于人们对电池的荷电状态、电压、功率、循环寿命、能量密度、放电深度、容量、功率密度、能量等有具体的了解。

4.3.1　电压

动力电池的电压分为电动势、端电压、终止电压、开路电压、工作电压、额定电压和充电电压等。

1. 电动势

动力电池的电动势，也叫理论电压，或电池标准电压，指电池的正、负两极在其断路时呈现的电位差。电池的电动势可以从电池体系热力学函数自由能的变化计算得出。

2.端电压和终止电压

动力电池的端电压，表示电池接通负载后，电池正、负两个电极之间形成的有效电压，用 V_t 表示。电池充满电时，其电极间的端电压达到最大值，用 V_{FC} 表示；随着电池的不断放电，端电压的数值不断减小，电池最终停止放电的电压值就是终止电压，用 V_{cut} 表示。在电池放电过程中，电池的端电压与放电状态的关系如图 4-3 所示。

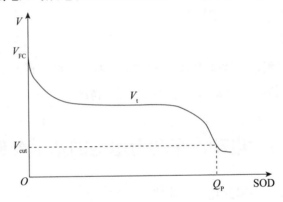

图 4-3　电池的端电压与放电状态的关系

3.开路电压

动力电池的开路电压，指在电池无负荷的情况下，也就是开路状态下，电池两极之间的内电压。开路电压与电池的电动势不同，可以实际测量。电池的充放电历史（即记忆效应）、温度、荷电状态等因素都能影响开路电压的实际数值。

4.工作电压

动力电池在某种负载状态下，实际的放电电压就是其工作电压，通常表示为一个电压范围。例如，锂离子电池的工作电压为 2.75 ～ 3.60 V，镍氢电池的工作电压为 1.1 ～ 1.5 V，铅酸蓄电池的工作电压为 1.8 ～ 2.0 V。

5. 额定电压

电化学体系公认的动力电池工作时的标准电压就是其额定电压，也叫公称电压。例如，铅酸蓄电池的额定电压为 2 V，锌锰干电池的额定电压为 1.5 V，镍镉电池的额定电压为 1.2 V。

6. 充电电压

在动力电池充电时，外电路直流电压对电池充电的电压就是充电电压，充电电压通常比电池的开路电压大，且有一定的范围限制。例如，锂离子电池的充电电压为 4.10 ～ 4.20 V，镍镉电池的充电电压为 1.45 ～ 1.50 V，铅酸蓄电池的充电电压为 2.25 ～ 2.50 V。

7. 电压效率

动力电池实际输出的电压与电动势的比值就是电压效率。只有电池的电极活性材料才具有较高的电化学活性，同时为其搭配高电导率特征的电解质体系，并将体系的接触电阻与固相电阻尽可能减小，才能有效提高电压效率。

4.3.2　内阻

电流流经动力电池内部时受到的阻力就是内阻。通常情况下，电池在充满电和充电状态下的内阻值越大，电池自身的耗能越高，使用效率就越低。充电电池只有很小的内阻，只有使用专门的仪器才能对其内阻值做出较为准确的测量。

在放电过程中，电池的内阻值会不断升高，但在充电过程中，内阻值会不断降低。在电池充、放电的过程中，内阻的变化会导致端电压数值的变化。因此，在放电时，电池的端电压数值比电动势低；在充电时，电池的端电压数值比电动势高。

4.3.3 容量和比容量

在完全放电状态下，动力电池电极的通电材料释放的电荷数量就是电池容量，用符号 C 表示，单位是 A·h。放电电流的大小、放电终止电压、充电电压都与电池的容量密切相关。单位体积或单位质量的电池释放的电量叫比容量，对应体积单位叫体积比容量，对应质量单位叫质量比容量。

4.3.4 能量和比能量

在一定放电条件下，动力电池对外做功输出的电能就是动力电池的能量，单位为 W·h，其可以通过电池的平均工作电压与放电容量的乘积计算出来。电池的能量大小代表的是电池做功能力的大小，可以反映放电过程中电池转换能量的量度，对电动汽车的行驶距离有直接影响。

动力电池的比能量包括体积与质量两个方面，体积比能量指电池单位体积输出的能量，也叫作能量密度，单位为 W·h/L；质量比能量指电池单位质量输出的能量，单位为 W·h/kg。体积比能量通常用来比较不同系列电池的性能。比能量作为衡量电池质量水平的指标，对电动汽车的续驶里程、整车质量有直接影响，比能量的高低是评价动力电池供能效果能否支持该电动汽车的行驶距离达到预定里程的重要指标。

4.3.5 效率

动力电池是一种能通过充电将电能转化成化学能储存起来的能量储存器，需要用电时，电池可以将储存起来的能量转化为电能释放出来，这个可逆的电化学转换过程通常存在一定的能量损耗。电池的能量效率与容量效率一般用来表示电池的效率。依据能量守恒定律，当输出阻抗、电池组电量一定时，电池组输出的能量主要有两个消耗方向：一是供应给电机控制器，经转化变成有效动力；二是作为热耗消失在电阻中。电机控制器的等效输入阻抗与电池组输出阻抗的比例，可以反映两部分能量的比率，电池组的阻抗越小，产生的热耗损失就越低，就会产生越高的输出效率。

动力电池的效率涵盖电池能量的输出效率与充放电效率两个方面的数值，在没有特殊说明的情况下，本书提到的动力电池效率指的都是能量输出效率，也叫电能效率，指电池放电输出的能量与充电输入的能量的比值。

4.3.6　功率和比功率

电池在一定放电条件下，在单位时间内输出的能量，就是动力电池的功率，单位为 kW 或 W。电池的单位体积或单位质量的功率就是其比功率，单位为 W/L 或 W/kg。若电池有较大的比功率，证明单位体积、单位质量的电池在单位时间内输出了较多的能量，即该电池放电的功率较大。因此，评价电池是否有良好的性能，可以通过其比功率的高低来判断。

4.3.7　荷电状态

荷电状态，即人们常说的剩余电量，它可以表示动力电池当前拥有的电量值，电池的荷电状态可用其剩余电量与实际容量或额定容量比值的百分数来表示，这一参数是人们在实际使用电池的过程中最关心但也最不容易得到的电池参数。测量电池的电压、内阻、电流等的变化，可以推算出电池的剩余电量。但截至今日，任何算法或公式都无法得到统计数据的有效支持，荷电状态总是呈现为非线性变化。

4.3.8 储存性能和自放电

在开路状态时，电池在一定温度、湿度等条件下储存一段时间后，其主要性能参数的变化，如是否发生渗液现象、容量是否下降、电池的外观是否发生变化等，可以用动力电池的储存性能概括。无论哪种化学电池，即便在没有接触外部电路的情况下，设置为开路状态，经过一段时间的带电解液的湿储存或者不带电解液的干储存后，其容量都会自动降低，这就是自放电现象。

在储存期间，动力电池虽然没有释放电能，但电池内部的自放电现象一直存在。即便对电池进行干储存，也会因为密封不严，空气、水等物质进入电池内部，使处于热力学状态不稳定部位的电池的正负极活性物质构成了微电池腐蚀机理，会自动发生缓慢的氧化还原反应，使能量白白消耗掉。

如果对电池进行湿储存，电池自放电的现象将更明显。对此，可通过预先剔除原材料的有害杂质，或使用纯度较高的原材料，或在溶液中加入缓蚀剂，或将氢过电位较高的金属加入电池负极金属板栅中等方法，来抑制氢的析出，降低电池的自放电反应，减少电池在储存时的能量消耗。

4.3.9 寿命

动力电池的寿命分为储存寿命、使用寿命和循环寿命。

1. 储存寿命

动力电池自放电的大小可以表示其储存寿命，简单来说，电池的储存寿命就是电池储存至某规定容量时的天数。从电池制成到开始使用的这一段期间，可以存放的最长时间（单位为年）就是其储存寿命。电池的有效期是指包括使用期和储存期在内的总期限。如上所述，电池的储存环境分为干储存与湿储存两种，因此其储存寿命分为与之对应的两种概念：干储存寿命、湿储存寿命，需要明确的是，这两个概念仅针对不同储存环境下电池的自放电大小，并不代表电池在实际使用过程中的可用期限。

2. 使用寿命

动力电池实际使用的时限就是其使用寿命。一次电池的使用寿命一般指额定容量一定时的工作时间，受放电倍率大小的直接影响。而二次电池的使用寿命则分为湿搁置使用寿命与充放电循环寿命两种。

3. 循环寿命

在一定条件要求下，动力电池能达到的最大充放电循环次数就是其循环寿命。规定电池循环寿命的同时，还应规定电池进行充放电循环试验的制度，其中要包含对环境温度范围、放电深度、放电速率等的明确限制。

充放电循环寿命是一个重要参数，可用于衡量二次电池的性能。经历一次完整的充放电过程，就是经历了一个周期，或者说完成了一次循环。在某一充放电制度规定的约束下，电池容量降至某一规定值之前，该二次电池可承受的充放电次数，就是其充放电循环寿命，寿命的长短反映了电池性能的好坏。目前，在常用的二次电池中，铅酸蓄电池的充放电循环寿命为 200 ~ 500 次；镍镉电池为 500 ~ 800 次；锌银电池仅约 100 次；锂离子电池为 600 ~ 1 000 次。

二次电池的充放电制式、温度以及放电深度等条件都与其充放电循环寿命密切相关。放电深度指二次电池放出电荷的容量占额定容量的百分数。对电池进行"浅放电"，即减小放电深度，可以在很大程度上延长二次电池的充放电循环寿命。

4.4　电动汽车对动力电池的要求

4.4.1　电动汽车对动力电池的要求

1. 较低的不一致性

动力电池的不一致性主要体现为统一规格型号的单体电池组成电池组后，其内阻及其变化率、容量及其衰退率、电压、温度影响、荷电量、自放电率、寿命等参数都存在一定的差别。以对动力电池组性能的影响方式、产生影响的原因为依据，可以将这种不一致性分为容量、内阻、电压三个方面。

（1）容量不一致性。在出厂之前，按规定对动力电池组进行分选试验，能为单体电池初始容量具有较好的一致性提供保障。在使用过程中，可通过单独向电池单体充放电的方式，对单体电池的初始容量进行调整，减小其差异性。所以，电动汽车电池成组应用所面临的矛盾，并不仅是电池组中各个单体电池拥有不同的初始容量，而是在实际使用动力电池组的过程中，各单体动力电池的放电电流不一致与初始容量不一致，共同导致了其容量的不一致。

（2）内阻不一致性。内阻的不一致性会导致动力电池组中每个单体电池在放电时产生不同程度的热损耗、消耗不等量的能量，从而对单体电池最终的能量状态造成影响。

（3）电压不一致性。并联电池组中，各单体电池的相互充电是造成电压不一致的主要原因。当并联电池组中某一节电池的电压水平明显低于其他电池时，其他电池将会向该电池充电。在这样的连接方式中，处于低压状态的电池会在其他电池的支持下小幅增加容量，其他高压电池则会快速降低容量，由于在电池互充电的过程中会发生能量损耗，就会导致整体电池组的对外输出效果达不到预期。

因此，作为电动汽车的动力电池组，要使对外输出效果稳定、可靠，需要电池组各个单体电池具备较低的不一致性。

2. 比能量高

为了使电动汽车的续驶里程进一步提高，人们对动力电池的储能性能提出了更高的要求。由于电动汽车的重量有一定限制，其安装动力电池的空间也不能超过一定范围，这就要求动力电池的比能量较高。

3. 比功率大

为了在负载行驶、爬坡能力、加速性能等方面，使电动汽车具备与燃油汽车一较高下的资格，要求动力电池的比功率进一步提高。

4. 充放电效率高

动力电池中的能量循环需要经历充电——放电——充电的过程，为了保证整车效率，就必须尽可能提高电池的充放电效率。

5. 相对稳定性好

在频繁变化工况和快速充放电条件下，动力电池应保持相对稳定的性能，要求动力电池的充放电循环次数达到电动汽车动力系统的使用条件与相关标准。

6. 使用成本低

动力电池是电动汽车获取动力的主要来源，如果动力电池的维护操作烦琐、价格昂贵，则电动汽车就需要更换动力电池以继续使用，这样的做法无疑十分不划算。因此，除降低初始购买电池的成本之外，还可以通过延长电池更换周期、提升电池使用寿命的方式降低成本。

7.安全性好

安全性，即要求电池不会引发燃烧事故或发生自燃，在发生碰撞等事故时，也不会对车内的司机与乘员造成伤害。具体来说，动力电池的安全包括本质、主动、被动三个方面。其本质安全要求通过把控电池的设计环节与制造过程，对安全边界做出明确定义；其主动安全要求通过引入云平台、大数据以及人工智能等手段，对电池充电控制、电池管理、寿命预测、预警、评估技术水平等进行全面升级，重视做好电池系统这一前提；在其被动安全方面，现在有很多汽车企业通过增加隔热方式来避免发生模块热蔓延、整个包的热蔓延等各种热蔓延，通过将消防接口增设到电池上的方式来防止热蔓延。

4.5　电动汽车常用的动力电池

在广义层面上，电动汽车所使用的动力电池主要有三大类：化学电池、物理电池、生物电池。其中的前两类电池已经在电动汽车领域实现量产，生物电池则被视为电动汽车电池在未来的重要研究和发展方向。在当前电动汽车领域中，化学电池是应用得最广泛的类型，这类电池包括镍氢电池、燃料电池、铅酸电池、锂聚合物电池、锂离子电池等。目前市面上大部分电动汽车，如特斯拉、比亚迪、吉利、丰田普锐斯等，都是依靠化学动力电池为其提供驱动力量。

4.5.1　化学类动力电池

将化学能转化为电能并输出的电池，就是化学动力电池。这类电池有着悠久的发展历史。1859 年，法国科学家普兰特（Plante）发明的铅酸电池，是最早的化学电池，同时也是截至今日，技术最成熟、应用最广泛的动力电池类型。根据各不相同的应用领域、使用要求与特点，国内外对化学类动力电池的研发主要可分为以下四个阶段。

1. 第一代化学类动力电池——铅酸蓄电池

铅酸蓄电池是选用二氧化铅制作电池正极，选用海绵状铅制作电池负极，使用稀硫酸做电解液的一类酸性蓄电池。这类电池的工作实质上就是通过相互转化电能与化学能，吸收、储存和释放能量的过程。

时至今日，铅酸蓄电池已发展了 100 多年，技术十分成熟，同时还具有原材料易得、可靠性高、比功率能够基本满足电动汽车的动力性要求、价格便宜等优势。但这类电池具有比能量低和使用寿命短的缺点。比能量低，代表这类电池比性能与之接近的其他电池具有更大的体积和质量；使用寿命短，代表这类电池虽单价低廉，但使用成本过高。国内外将其应用定位在易于规划设置充电桩、路线较固定、速度不高的电动汽车辆上。截至目前，电动汽车常用铅酸蓄电池及其特点见表 4-1 所列。

表 4-1　电动汽车常用铅酸蓄电池及其特点

公司名称	铅酸蓄电池类别	特　点
日本 GS 公司	新型 VRLA 蓄电池	板间距很小，不会出现电解液分层，底部无脱落物堆积
德国阳光公司	胶体电解质电池	热容量大，温升小
美国 BPC 公司	双极性电动汽车用铅酸蓄电池	组合电压为 180 V，电池容量为 60 A·h，放电率比能量为 50 W·h/kg，循环寿命长
美国 Arias 公司	双极性电动汽车用铅酸蓄电池	有极小的欧姆电阻
瑞典 OPTIMA 公司	卷式电动汽车用铅酸蓄电池	容量可达 56 A·h，功率可达 56 kW，体积较小

2. 第二代化学类动力电池——镍氢电池

镍氢电池是一种直接将化学反应产生的能量转化为电能的装置，属于碱性电池。从结构上看，镍氢电池与铅酸蓄电池相似，主要包括电解液、隔板和正负极等部分。不同的是，镍氢电池选用镍氢化合物作为其正极板，选用储氢合金作为其负极板，使用的是碱性电解液。

镍氢电池充电时，正极上的 $Ni(OH)_2$ 转变为 $NiOOH$，由于质子在 $NiOOH/Ni(OH)_2$ 中镍氢电池充电时，正极上的 $Ni(OH)_2$ 转变为 $NiOOH$，由于质子在 $NiOOH/Ni(OH)_2$ 中的扩散系数小，该过程是氢氧化镍电极充电过程的控制步骤。在负极，析出的氢原子吸附在储氢合金表面，形成吸附态 MH_a，然后再扩散到储氢合金内部，形成金属氢化物 MH。原子氢在储氢合金中的扩散速率较慢，扩散系数一般只有 $10^{-8} \sim 10^{-7}$ cm/s，因此，氢原子扩散是储氢合金负极充电过程的控制步骤。过充电时，镍氢电池是正极限容，正极会产生 O_2，O_2 通过隔膜扩散到负极，而负极电势为负，在储氢合金的催化作用下又生成 OH^-，总反应为零。因此，过充电时，KOH 的浓度和水的总量保持不变。

放电时，镍氢电池内部的 $NiOOH$ 得到电子转变为 $Ni(OH)_2$，氢原子从金属氢化物内部游离出来，并在表面扩散，变成吸附态的氢原子，之后通过电化学氧化反应生成水。在负极放电的过程中，仍需对质子在正极、氢原子在负极的扩散过程进行控制。过放电时，正极上的 $NiOOH$ 已经全部转变成 $Ni(OH)_2$，这时 H_2O 便在镍电极上还原生成 H_2，而在负极上会发生 H_2 的电化学氧化，又生成 H_2O，这时电池总反应的净结果仍为零。但在过放电时，镍电极出现了反极现象，镍电极电势反而比氢电极电势更低。镍氢电池充、放电时正负极的充放电反应见表 4-2 所列。

表 4-2　镍氢电池正负极的充、放电反应

反应过程	正　极	负　极
充电	$Ni(OH)_2 + OH^- - e^- \longrightarrow NiOOH + H_2O$	$M + H_2O + e^- \longrightarrow MH + OH^-$
过充电	$4OH^- - 4e^- \longrightarrow 2H_2O + O_2^- \uparrow$	$2H_2O + O_2 + 4e^- \longrightarrow 4OH^-$
放电	$NiOOH + H_2O + R^- \longrightarrow Ni(OH_2) + OH^-$	$MH + OH^- - e^- \longrightarrow M + H_2P$
过放电	$2H_2O + 2e^- \longrightarrow 2OH^- + H_2 \uparrow$	$H_2 + 2OH^- - 2e^- \longrightarrow 2H_2O$
总反应	$MH + NiOOH \underset{充电}{\overset{放电}{\rightleftharpoons}} Ni(OH)_2 + M$	

相较于铅酸蓄电池，镍氢电池具有比功率高、比能量高、体积小、质量小、耐用、循环寿命长、可快速充放电、无污染、无记忆效应等优势。国外生产电动汽车用镍氢电池的公司有瓦尔塔公司、松下 EV 电池公司、三洋电机株式会社等。目前，国内开发的镍氢电池主要有 100 A·h 单元与 55 A·h 单元两种，功率密度大于 800 W/kg，比能量达 65 W·h/kg。电动汽车常用的镍氢电池及其特点见表 4-3 所列。

表 4-3　电动汽车常用的镍氢电池及其特点

国内外	公司名称	蓄电池特点
国外	美国 Ovonic公司	世界上众多汽车厂商都在使用，如丰田 Prius、本田 Civic、Insight
	德国 Varta公司	功率密度已达到 1 000 W/kg，充电功率相当高
	法国 Saft公司	4/5SF型高功率镍氢电池容量为 14 A·h，比能量为 47 W·hW/kg，功率密度高达 2 500 W/kg
国内	春兰动力电池汽车制造公司	能量密度高达 84.5 W·h/kg，放电性能强，循环寿命大于 1 300次
	湖南神州科技股份有限公司	目前，高功率 40 A·h 连续充电电池可达 4 C
	江苏奇能电池有限公司	产品稳定可靠，可广泛应用在电动汽车、助力车上

3. 第三代化学类动力电池——锂离子电池

锂离子电池的正负极分别选择能使锂离子 Li^+ 可逆的嵌入和脱嵌的化合物为材料，Li^+ 在电池的正负极之间反复嵌入和脱出，电池也因此成为具备储电与放电功能的高能二次电池。锂离子电池的正极材料通过发生还原反应实现放电，绝大部分由 $LiCoO_2$、$LiMn_2O_4$、$LiNiO_2$ 等过渡金属氧化物制成；电池负极则通过发生氧化反应实现放电，绝大部分采用锂—碳层间化合物 Li_xC_6；隔膜具有隔离正、负电极电子的作用；正、负电极之间的电解液是一种能运输离子的介质，是一种有机溶液。一个正极为 $LiCoO_2$、负极用石墨制成的典型的锂离子电池，电化学反应为

正极：$LiCoO_2 \longrightarrow Li_{1-x}CoO_2 + xLi^+ + xe^-$

负极：$6C + xLi^+ + xe^- \longrightarrow Li_xC_6$

电池反应：$LiCoO_2 + 6C \longrightarrow Li_{1-x}CoO_2 + Li_xC_6$

锂离子电池的工作原理如图 4-4 所示。充电时，电池从正极材料晶格中释放锂离子，锂离子通过隔膜与电解质溶液，流向负极并嵌入负极的碳层，负极的碳层具有很多微孔的多层结构，嵌入负极碳层的锂离子越多，电池充电容量就越高。放电时，锂离子从电池负极碳层的微孔中脱嵌，通过隔膜与电解质溶液，流向正极并嵌入晶格中，嵌入正极材料晶格中的锂离子越多，电池的放电容量就越高。锂离子在电池的整个充放电过程中，在电池的正、负极之间有序往返，不影响金属锂的充、放电，这一点从根本上解决了产生锂枝晶可能导致的安全性问题与电池循环性问题。

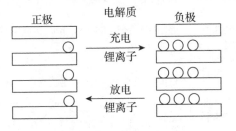

图 4-4　锂离子电池的工作原理

目前，锂离子电池是电动汽车领域中最常用的一类电池，虽然其发展时间并不长，但锂离子电池凭借其循环使用寿命长、能量密度高等特点，在电动汽车动力电池市场迅速占据了重要地位。锂电池类产品包括钴酸锂、聚合物、磷酸铁锂、锰酸锂、三元锂等，其中主要用于市面销售的电动汽车动力驱动的锂离子电池主要有两种：三元锂电池与磷酸铁锂电池。在质量、体积相同的情况下，锂离子电池的蓄电能力远远超过其他电池，是镍镉电池的 4 倍、镍氢电池的 1.6 倍。并且由于技术问题，目前仅开发了其理论电量的 20％ ～ 30％，拥有非常广阔的发展前景。同时，锂电池还是一类真正不污染环境的绿色环保电池，与其他电池相比，在电动汽车供能方面更有优势。自 20 世纪 90 年代起，我国就开始了对锂离子电池的研究开发，现已取得突破性进展，并研制出了拥有完全自主知识产权的锂离子电池。表 4-4 为电动汽车主流的动力锂电池及其特点。

表 4-4　电动汽车主流锂动力电池及其特点

电池材料	电池供应商	制造商	电动汽车型	性能描述
NCM （镍钴锰）	Litcel、 Kokan、 NEC Lamilion	日产	Cube	性能好
NCA （镍钴铝）	Johnson Controls-salft、 GALA、 Mat-suslaita、 Lishen Panasonie	丰田 梅赛德斯 迈尔斯 特斯拉	Prius、 S400 Blue、 XS500、 Model S	安全且成本低
LFP （磷酸铁锂）	BYD、A123、 Systens、GAIA、 Valence、LI Teach	比亚迪、北汽 克莱斯勒 通用、雪佛兰	F3DM、 200C、 Volt EV150	能量密度低
LMO （锰酸锂） 石墨负极	GS Yuasa、Litcel、 NEC Lamilion、 Conpact Power（LG）、 Sanyo	三菱、日产 雪佛兰、本田 福特、雷诺	MiEV Leaf Volt、 Civie Foens、 Zoe/Fluence	功率和能量密度高
LMO （锰酸锂） 金属负极	EnerDel、Ltair Nano	现代、土星	Elantra、 Vue	成本高

4. 第四代化学类动力电池——燃料电池

燃料电池（fuel cell）是一种直接将氧化剂与燃料中的化学能转成电能的发电装置，在工作时，需要将氧化剂与燃料分别送入燃料电池中来实现电能的转化与释放。从外表上看，燃料电池也有电解质、正负极等结构，与蓄电池相似，但其结构与工作原理完全不同于普通电池。从其性质上看，燃料电池并不是一种"储电"装置，而是一种"发电"装置，其活性物质并不储存在电池内，而是在电池外，需要用其发电时，仅需持续向其提供氧化物与燃料即可，因此燃料电池具有无限的容量。该电池通过化学反应分解燃料来释放能量，再转成电能输出，被叫作燃料电池。

燃料电池是一个复杂的系统，其组成包括水管理系统、氧化剂和燃料供给系统、控制系统、热管理系统等部分。燃料电池含有两个电极，分别是阳极与阴极，由具有渗透性的薄膜构成，电解液则分别注满这两个电极。在工作时，阳极作为燃料入口，是输入氢气等燃料的地方，阴极作为氧化剂入口，是输入空气、氧气等氧化剂的地方。

以氢氧燃料电池为例，阴阳极反应式为

阳极：$H_2 \longrightarrow 2H^+ + 2e^-$

阴极：$2H^+ + 2e^- + \frac{1}{2}O_2 \longrightarrow H_2O$

电池总反应：$2H_2 + O_2 \longrightarrow 2H_2O$

经过催化剂的作用，电池的阳极分解氢原子，产生电子与氢质子。其中，电子通过外电路流向阴极，形成电流，氢质子则进入电解液中，被吸引到"氧"所在的薄膜的另一边。在阴极，电子、氢质子、氧在催化剂的作用下，发生反应生成水分子，这正是水电解反应的逆过程，所以说，氢氧燃料电池唯一的排放物就是水。借助这一原理，只要保证持续供应氧气与氢气，就能通过燃料电池持续放电。

鉴于燃料电池寿命长、无污染、运行平稳、能量转换效率高的优点，被业界共同认定为值得未来汽车行业大力开发与应用的最佳能源。即便是现在的电动汽车市场，燃料电池电动汽车也并不遥远，日本正式开始量产销售的丰田 FCV 就是世界首款燃料电池电动汽车，该车配备了两个燃料堆，这两个燃料堆的压强高达 70 MPa，该车输出功率为 122 ps（约90 kW），单次燃料添加仅需 3 min，远远快于传统电动汽车的充电速度，另外，其续驶里程可达 700 km，能满足绝大部分的日常生活与通勤的需求。

4.5.2　物理类动力电池

物理类动力电池对电能的储存与供应是依靠物理变化实现的。目前，化学电池以上述各种优点占据了电动汽车动力电池领域的主流地位，但物理电池也以环保、节能、清洁的物理特性占有一席之地。

随着技术的快速发展，物理电池的价格不断降低，应用前景越来越广阔。常见的物理类动力电池主要包括太阳能电池、超级电容和飞轮电池。

1. 太阳能电池

太阳能作为一种具有庞大储量的清洁能源，太阳每年向地面输送的能量相当于 4 亿吨煤，约为每年世界耗能的 1.5 万倍。太阳能电池由光电半导体薄片制成，它利用材料与太阳光的相互作用发电，因此也被叫作"光电池"。由于太阳能资源具有可持续利用的特性，发展太阳能电池成了解决世界范围内环境问题与能源危机的一条重要途径。

太阳能电池以其半导体材料具备的光生伏特效应为基础，直接将太阳的辐射转成电能。尽管太阳能电池材料不同，光谱响应的范围也不同，但是都应用了相同的光电转换原理。如图 4-5 所示，如果单独将 N 型或者 P 型半导体放在阳光下照射，化学键就会通过电子释放光的能量，产生电子 - 空穴对，之后电子又会在很短的时间内被捕获，空穴与电子"复合"。但是，如果将 P 型和 N 型材料相接，在晶体界面处就会形成 PN 结。此时，界面层 N 型材料中的自由电子和 P 型材料中的空穴由于正、负电荷互相吸引，N 型材料中的电子会扩散到 P 型材料中，使得 N 型区形成一个正的空间电荷区；而 P 型材料中的空穴会扩散到 N 型材料中，使得 P 型区形成一个负的空间电荷区。这样，在界面处就形成了一个由 N 型区指向 P 型区的内建电场。PN 结内由光照产生的电子空穴对在内建电场作用下，N 区的空穴向 P 区运动造成 P 区大量正电荷的积累，而 P 区的电子向 N 区运动造成 N 区大量负电荷积累。如在电池两端引出金属电极，并用导线连接负载，只要光照不断，负载上就一直有电流通过。

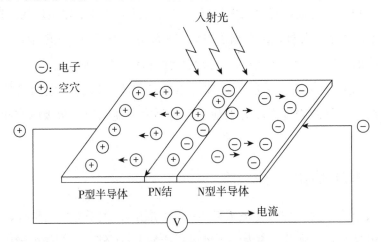

图 4-5　太阳能电池的光电转换原理

在政策的引导下，人们不断增强环保意识，太阳能汽车的发展逐渐成为社会共识。太阳能汽车的发展从起初的太阳能电瓶车、太阳能赛车，到如今的辅助蓄电池、天窗、太阳能空调等大批量地被安装和应用于普通汽车上，可见，太阳电池在汽车领域中的应用越来越广泛。福特公司生产的 C-Max Solar Energi 是一款典型的太阳能电池车，该车安装了晟博迩公司生产的容量为 300 ～ 350 W、面积为 1.5 m² 的 X21 太阳能电池组。同时，该太阳能电池车还采用了太阳跟踪技术与太阳能集中装置，整个系统能由东向西追踪太阳轨迹，还利用了类似放大镜折射光线的原理采集光能，尽可能多地获取太阳能。天气晴好时，该汽车采集一天的能量约为其 4 个小时插电式的充电量（8 kW）。在混合动力的支持下，该车可行驶约 998 km；依靠纯电力驱动则能行驶约 34 km。

2.超级电容

超级电容属于一种具有超级储电能力的新型储能装置，它介于传统电容器与蓄电池之间，可为用电对象提供强大的脉冲功率，因此还被叫作法拉第电容、双电层电容器以及黄金电容等。如图 4-6 所示的为超级电容的工作原理，主要借助电极表面快速发生和进行的氧化还原反应产生的法拉第准电容，或利用电解质或电极界面电荷分离形成的双电层来储存能量与电荷。由于在此过程中不发生化学反应，因此被划分为物理电池的范畴。

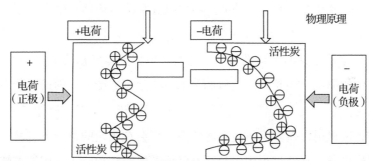

图 4-6　超级电容工作原理

相较于本书在上文中介绍的化学电池，超级电容具有以下几点显著优势：首先，超级电容的循环寿命远高于化学电池，可反复充、放电数十万次，而传统化学电池反复充、放电的次数最多仅为几千次；其次，在充、放电时，超级电容有极高的功率密度，可以在瞬间释放大量电能，满足更加宽泛的电动汽车用电需求；最后，超级电容有良好的工作环境适应能力，在 -40 ～ 65℃ 的室外温度下都可以稳定工作。

随着社会经济的不断发展，越来越多的人开始关注生态环境与绿色能源。作为一种新型储能器件，超级电容逐渐获得了更多的重视和应用。现阶段，超级电容也在电动汽车领域中得到了较为广泛的应用，可在电动汽车爬坡、启动和制动时为其提供辅助动力。由于超级电容具有能量转换效率高、耐充电、充电快的优点，同时具有高自放电率的属性，使其更适合用在混合动力电动汽车中。如果在回收电动汽车制动能量方面广泛采用更大容量的超级电容，将取得非常可观的节能效果。

3. 飞轮电池

20 世纪 90 年代，人们提出了飞轮电池的概念，这类电池用物理方法储能，打破了化学电池的局限。在物理学中，飞轮以一定角速度旋转时，会产生一定的动能，而该电池则可以将这种动能转化成电能。飞轮电池的系统主要由发动机、电动机、输入 / 输出电子装置、飞轮组成，它通常通过输入 / 输出电子装置连接外部大功率电气系统，从而有效降低了制造成本与能耗。

飞轮电池中含有电机装置。充电时，电机的运转形式类似于电动机，受外电源的驱动，飞轮在电动机的带动下发生高速旋转，即通过给飞轮电池"充电"供能的方式使飞轮以更快的速度旋转，实现了储能量的增加。放电时，电机仍保持发电机运转的状态，但会在飞轮的带动下，将电能输送到目标设备，在此过程中飞轮逐渐降低转速，将动能（机械能）转化成电能。飞轮电池系统只能进行单线程的能量转换，不能同时进行能量的输入与输出。

降低飞轮工作过程中损失的机械能是提升飞轮储能能力的关键，这部分机械能的损失是由飞轮的旋转摩擦阻力、空气摩擦阻力造成的。飞轮在高度旋转的过程中会受到旋转摩擦阻力的影响，为了降低这一阻力，飞轮电池系统采取了非接触式的磁浮轴承，具有极高的转速，可达200 000 r/min。飞轮电池的类型可按照减小空气摩擦阻力的不同方式，分为高速飞轮电池与低速飞轮电池。其中，高速飞轮电池主要通过降低其工作环境中的空气压力，使其受到的空气摩擦阻力减小，在应用了新型高强度复合材料后，高速飞轮电池的转速得以提高，体积与质量也都有了不同程度的降低，适合车载应用；而低速飞轮电池则通过提升飞轮质量，使空气摩擦阻力产生的影响降低。真空环境是飞轮电池的理想工作环境，但受技术限制，目前只能尽可能把空气摩擦阻力降低到使用者能接受的范围。

飞轮电池作为一种新兴的储能方式，具有很多传统化学电池达不到的优势，如质量小、充电快、能稳定且独立地输出能量、放电完全，非常适合混合动力汽车的应用。在车辆制动和正常行驶的过程中，飞轮电池可以同时为飞轮电池充电，以在车辆爬坡或加速时为其提供动力，为车辆在最优性能状态下的平稳运行提供保证，同时还能减小噪声、空气、燃料消耗造成的污染。通常情况下，飞轮电池的比功率在 5 000 ~ 10 000 W/kg，比能量可达 150 W·h/kg，使用寿命长达 25 年，根据电动汽车当前的能效比计算，飞轮电池可供电动汽车行驶 5 000 000 km。

目前，美国得克萨斯州立大学已经为电动汽车的供能研制出了对应的飞轮电池，在车辆需要时，电池可提供 150 kW 的能量，将满载车辆的速度提高到 100 km/h。美国飞轮系统公司也成功利用其最新研制的飞轮电池，将一辆克莱斯勒 LHS 轿车改造成了电动轿车，充满电后可行驶 600 km，仅需 6.5 s 就能使其速度从 0 km/h 增加到 96 km/h。

4.6　电动汽车动力电池存在的问题

在新技术的有力支持下，动力电池技术不断进步，已经取得了非常不错的成果，但仍在一定程度上对电动汽车的商业化运行有制约影响。为了进一步推广电动汽车的应用，最主要的就是需要攻克高性能动力电池技术方面的难题，使现有电池产品能够满足人们对电动汽车在动力性能、寿命等方面的要求。动力电池产品在现阶段主要面临以下问题。

（1）电池安全性有待提升。在发展新能源汽车的过程中，人们十分重视车用动力电池的安全性。目前，中小容量的动力电池已经在多个行业、多个种类的产品中得到了广泛的应用，且有着十分出色的表现。在如笔记本电脑、手机等各类便携式电子设备中，和一些电动自行车、小型电动工具上，多个类型的电池的平稳运行，为人们的生活、生产、出行等提供了极大的便利，电池产业的发展也十分迅速且日益成熟。

然而，人们尝试在需要高功率、大容量动力电池的设备时，如电网储能系统、电动汽车上应用的各种电池技术，总会产生各种新问题，尤其是高功率、大容量电池的安全性问题，暂未找到有效的解决方案。

电池内部储存着巨大的能量，一旦发生安全事故，这些能量就很可能在失控的状态下被迅速释放出来，引发火灾或爆炸。因此，电池的安全性问题至关重要。简单地说，容量越大的电池，其内部就能存储越多的能量，一旦失控，就可能造成越大的危害。例如，某电动汽车的动力电池发生故障，就有可能导致车辆自燃甚至爆炸，严重危害乘员生命财产安全，并且对车辆本身及其周围造成重大损害。这就是在设计与生产高功率、大容量动力电池的过程中必须严格把控其安全性的原因。

在电动汽车行业，很多科研机构与制造商始终在研究如何在最大程度上保证高功率、大容量动力电池在使用过程中的安全性，并且希望寻找或研发出更加可靠、安全的电池技术，在满足需求的同时，也为其安全性能提供保证，这不仅是电动汽车领域面临的重要挑战，也是发展新能源汽车必须解决的问题。

（2）电池容量有待扩大。除电池的安全性问题外，电动汽车领域应用动力电池亟待解决的另一个重要问题就是电池容量有限的问题。随着电池科技的不断发展，尽管已经取得了多个方面的进步与突破，但电池的容量至今仍对电动汽车的发展与使用有很大限制，如何尽可能地扩大电池的容量是电池科技发展需要解决的重要问题。

电池的容量对电动汽车的充电频率、行驶里程、续航里程有决定性影响。电池容量的大小，直接决定了电动汽车在一次充电后最大的行驶里程，因此，电动汽车行业的发展，电池容量的限制是瓶颈。

虽然电池制造商与科研人员在不断寻找提高电池容量与能量密度的可行方法，但并未取得实质性的突破。电池的安全性与能量密度的衡量、电池结构设计的挑战、电池材料的限制等，都可能导致电池容量与能量密度无法提高。

而在目前人们常见、常用的几种电池材料中，锂离子电池已接近其能量密度的理论上限，因此，人们必须寻找如锂硫电池、固态电池等新型电池材料，以挑战更高的能量密度，同时保持和增强电池在成本、寿命、稳定性、安全性等方面的优势。

电池的结构与设计也在一定程度上限制着其容量。材料、内部结构都与电池容量密切相关，改进电池内部结构，可以从一定程度上提升电池的容量，这要求对电池进行精密细致的工程设计与制造。

在提升电池容量的过程中，安全性也是必须考虑和重视的因素。电池所具备的能量密度越高，就越容易产生安全风险。因此，科研人员在研究如何提升电池容量的过程中，应尽可能保证电池的安全性，寻找二者的平衡。

（3）续航里程短。在现有电动汽车市场中，很多消费者会将电动汽车一次充电后的续航里程作为选择过程中的重要参考标准。目前，大部分电动汽车已经能够在一次充电后达到 100 ～ 300 km 的续航里程，这样的距离范围较适合短距离出行和日常通勤，不适合长途驾驶。在使用电动汽车时，必须对充电设施的覆盖范围做充分考虑，目前很多地区的相关设施还有待完善。

需要注意的是，并不是在所有条件下电动汽车都能实现 100 ～ 300 km 的续航里程，需要有优化的电池管理系统和适当的行驶速度相互配合。行驶速度过快，刹车、加速等操作得过于频繁，甚至不同季节、不同天气条件（如环境恶劣时会影响电池性能）等，都会影响动力电池的驱动和供能效果，从而影响电动汽车的续航里程。

令很多电动汽车用户及相关人员担忧的是，在一般行驶条件下，大部分电动汽车的续航里程通常只能达到 50 ～ 100 km，这意味着，使用者需要每隔一天，甚至每天，为电动汽车充一次电，无疑为使用电动汽车带来了很大的不便。

这些问题凸显了完善充电设施、提升电池技术的重要性。在全国适宜的地区建设充足的充电设施，降低每次充电的时间消耗，是进一步推广电动汽车大范围应用的重要环节；提高和改革电池技术，提高其能量密度，减少外部环境条件对其性能的影响，提高其耐用性是当前电池技术研发的重要方向。

（4）电池的循环寿命短。电动汽车在市场中发展的过程中，迫切需要解决的又一问题是电池技术的寿命限制。大多数普通蓄电池的充放电次数为 300 ～ 400 次，也就是说，用户在使用电动汽车一年多之后，电池的性能就会开始衰退，这也是很多用户难以接受的。甚至很多性能相对优越的蓄电池，也仅限于 700 ～ 900 次的充放电次数，即在理想的使用状态下，仅能保持四到五年的电池使用寿命。从这一点上看，电动汽车的寿命远远比不上燃油汽车的寿命，后者的使用寿命一般为十年以上。电动汽车只有更换电池才能实现其使用寿命的延长，这无疑增加了电动汽车使用的不便和维护成本。

在电池技术的改进上，不仅要提升电池的安全性与能量密度，而且要尽可能提高电池的循环充放电寿命，使电动汽车向燃油汽车的使用寿命看齐，从而提升电动汽车在汽车市场中的竞争力。

（5）电池体积和质量的制约。在电动汽车行业与电池制造行业，解决电池的体积与质量问题是当前面临的主要挑战。市场现有的大部分电动汽车电池的体积都达到了 550 L，电池的大体积必然会影响车辆内部的空间布局，尤其会挤占行李箱空间，会影响用户体验，尤其对需要运输大件物品或进行长途旅行的用户来说，使用非常不便。

除了车辆的使用便利性外，电池的质量问题还会影响车辆的性能。电池的质量大，代表车辆质量更大，这会对车辆的操控性与行驶效率产生较大影响。通常情况下，车辆质量越大，行驶所产生的耗能就越高，也就对电池有了更高的需求，由此形成恶性循环。

（6）电池价格昂贵。中等规模的电动汽车需要容量为 $30 \sim 100 \, kW \cdot h$ 的电池，达到这一容量标准的电池的价格会在 $3\,000 \sim 35\,000$ 美元，通常令用户难以接受。而一台燃油汽车的成本仅为几千美元，从这一角度上看，在长期使用的前提下，电动汽车并不具备价格优势。

用户购买电动汽车时，需要考虑的不仅是车辆本身的售价，还要对长期使用和维护（包括更换电池）的成本做出综合衡量。动力电池通常有 $3 \sim 5$ 年的使用寿命，这说明，当电池衰退到一定程度后，用户必须更换电池才能继续使用，这无疑是一笔巨大支出。因此，尽管在节能、环保等方面电动汽车有显著优势，但电池的高昂成本对电动汽车的推广无疑形成了巨大阻碍。这要求电池技术研发机构兼顾电池生产成本的降低与电池性能的提高，将电动汽车真正变成一种实惠经济的交通工具。

（7）环境污染严重。现有电池种类繁多，主要有镍氢电池、铅酸蓄电池、镍镉电池等。虽然应用这些电池能在一定程度上满足用户使用电动汽车的交通需求，但电池生产和废弃处理往往会对环境造成无法避免的影响。

目前，铅酸蓄电池的技术已经比较成熟，且具有经济、性能可靠的优点，但其受环境影响较大。铅是一种有毒的重金属，对铅的生产、开采、废弃处理都会对人类健康与生态环境造成危害。开采铅会对地质结构造成破坏，侵蚀土壤，还可能对地下水源造成污染。铅的生产需要排放含铅的废气，产生铅粉尘，对空气与土壤造成污染，危害人类身体健康。如果没有妥善处理废旧铅酸电池，其中的酸性物质与铅渗透到水源与土壤中，就会污染环境。

镍镉电池与镍氢电池在生产与废弃处理方面也需要考虑环境问题。

镍与镉都是有毒的重金属，其开采、生产都会影响周边环境。尤其是镉，有着很高的生态毒性和生物毒性。如果没有妥善处理废旧镍镉电池，很容易对环境造成严重的污染。

因此，尽管使用电动汽车具有良好的环保性，但不能因此忽视生产与处理废弃电池时对环境的影响。这要求电动汽车行业、电池行业在发展的同时，还要对电池的生产与废弃处理做出充分考虑，尽可能减少对环境的污染，建立完善的回收处理系统，对废旧电池做出妥善的环保处理。

4.7 电动汽车动力电池的测试

随着电动汽车的应用范围不断扩大，电机及整车驱动技术日趋成熟，性能也越来越可靠，但动力电池的成组应用问题对电动汽车的发展造成了一定制约。首先，动力电池组的实际储存时间、能量、漏电、自放电、容量、功率等性能参数会受环境因素的影响而发生波动；其次，电池组单体之间的内阻、电压、容量不同会对整个电池组的充放电效率、实际容量、寿命、功率等性能造成影响。在这些因素的影响下，动力电池组的各项参数，如比功率、比能量等常常达不到单体的原有水平，甚至其使用寿命远不如单体电池，缩短几倍至十几倍不等，这大大增加了使用和维护电池系统的成本，对电动汽车的推广应用及其产业化发展造成制约。因此，在实际使用时，应定期维护和测试电动汽车的动力电池。对不同类型的动力电池应使用不同的检测方法与性能指标，应区分好使用通用检测设备与专门检测设备测量的电池。下面以蓄电池为例，说明测量动力电池性能的一般方法。

4.7.1 动力电池充电性能测试

在测试蓄电池的充电性能时，要求参与试验使用的充电电源有稳定、可调节的充电电流和电压，并能对充电过程中的电流、电压变化与充电时长进行自动记录，以便获取蓄电池充电性能的各项参数。测试内容包括对被测试蓄电池的充电可接受电流、充电效率、耐过充电能力等。

1. 充电可接受电流

通过检测，了解各种荷电状态下的蓄电池的充电可接受电流，有助于为蓄电池快速充电方案的确定提供重要参数。然而，对这一参数的准确获取存在一定困难。在测试铅酸电池时，可结合定流充电至电解液开始冒气泡的时间，对其可接受电流值做出大致推算，这段时间越短，说明该充电电流值与其充电可接受电流越接近；如果这段时间很长，则说明该充电电流明显小于该电池的可接受电流；如果电解液在开始充电后很短的时间内冒出大量气泡，则说明该充电电流大于其充电可接受电流。如果在任一荷电状态下，蓄电池都有较大的充电可接受电流值，则说明该蓄电池有较强的接受快速充电的能力，这类电池在实际使用时不容易发生过充电。

2. 最高充电电压

通过测算在各种充电电流下蓄电池的最高充电电压，有助于对该电池充电性能的好坏做出可靠衡量，最高充电电压可通过电压表直接测量获得。如果有较高的充电电压，则说明该蓄电池在充电过程中发生了较为严重的极化现象（包括电化学极化、浓差极化、欧姆极化等），代表其充电效率低。

3. 充电效率

充电效率指蓄电池充入电量与充电电源耗能的比值，其中充入的电量即蓄电池内通过还原反应得到的化学能量。通过充电效率，也可以对蓄电池的充电性能做出较为可靠的衡量。向蓄电池中充入的电量一般用其释放的电量来度量，在充电过程中，根据充电时间与充电电流可得出充电消耗的总电量。

充电的方法、电流大小、充电时的环境温度等都会对蓄电池的充电效率造成影响，蓄电池本身充电可接受电流的大小同样会对其充电效率产生影响。通常情况下，蓄电池初期充电会有较高的充电效率，后期会因为充电极化现象加重而降低充电效率。

4. 耐过充电能力

在非正常充电情况下，蓄电池仍可以保持良好状态，这一能力就是耐过充电能力，通过这一能力，可了解蓄电池是否有良好的充电性能。测试蓄电池的耐过充电能力，应根据不同类型使用不同的测试方法与评价标准。例如，测试镍氢电池应要求充电 6 h 不爆炸，在 1 C 充电率标准下充电 90 min 无泄漏。

4.7.2 动力电池放电性能测试

不同的放电方式会造成蓄电池的放电性能存在差异。蓄电池的放电电流越大，其终止放电电压与端电压就会越低，蓄电池释放出来的电量就越少。另外，环境温度也会影响蓄电池的放电性能。可通过定电流放电法测试蓄电池的放电性能。

1. 定电流放电测试方法

应用定电流放电测试法测试蓄电池的放电性能时，需要一个能通过人工调节的放电电流，要求放电器能在放电时对放电电流自动控制。放电时，需要对蓄电池的端电压、放电电流、放电时间进行人工或自动记录。放电电流不同时，蓄电池会呈现出不同的放电特性，温度的变化也会影响蓄电池的放电特性，因此，在进行放电试验时，应对温度与放电电流值做好记录。蓄电池定电流放电性能测试电路如图 4-7 所示。

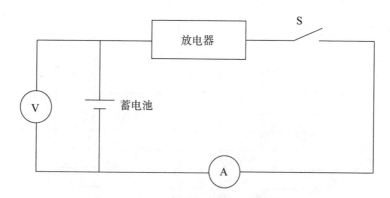

图 4-7　蓄电池定电流放电性能测试电路

2.蓄电池放电性能的评价方法

　　放电特性曲线（如图 4-8 所示）可用于反映整个放电过程中蓄电池的电压变化。常用中点电压表示蓄电池的工作电压，可通过对蓄电池允许放电中点时刻的放电电压来推算其中点电压，还可通过电压特性反映蓄电池的放电特性，电压特性指放电达到标称电压所用的时间与该蓄电池总放电时间的比值。当蓄电池的电压特性比较优越时，该电池就具备较高的输出功率；如果蓄电池在正常工作电压下有较长的放电时长，则更易充分发挥蓄电池的容量。

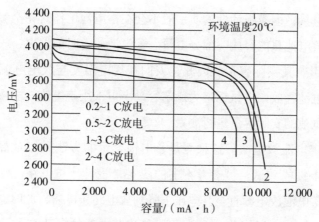

（a）不同电流下的放电特性曲线

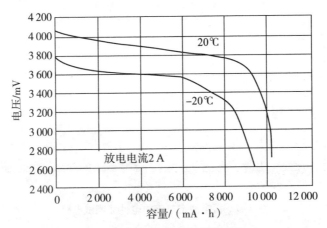

（b）不同温度下的放电特性曲线

图 4-8　蓄电池的定电流放电特性曲线

图 4-8 所展示的是某蓄电池进行定电流放电测试时，根据记录的各项参数来绘制的定电流放电特性曲线，从中可以看出，放电电流越大，蓄电池的放电终止电压和端电压就越低；温度越低，蓄电池的容量与端电压越低。

3. 动力电池容量测定

蓄电池的理论容量表示的是蓄电池极板活性物质全部参加电化学反应释放的电量，但极板活性物质一般不会在蓄电池工作时完全参与化学反应，因此蓄电池只能释放一部分电量。蓄电池放电时的温度、放电电流的大小都会影响其实际容量。因此，人们在规定温度与放电电流值的情况下，将蓄电池释放的电量标定为额定容量。可采用定电流放电法或者定电阻法对蓄电池的实际容量进行测量。

（1）定电流放电法。这种测量蓄电池容量的方法类似对蓄电池进行定电流放电性能测试，可参考本书的图 4-7 设计测试电路。以某恒定电流持续对蓄电池放电，直至其电压下降到放电终止电压，此时，用放电时间 t 与放电电流 I 的乘积（$C=It$）可计算出蓄电池的容量 C。

用不同大小的电流对蓄电池进行定电流放电，释放出的电量存在差异，因此应在标明蓄电池放电电流值的情况下说明其实际容量。例如，C_3 表示蓄电池以 3 h 放电率定电流（$I=C_3/3$）放电的容量，而以 20 h 放电率定电流（$I=C_{20}/20$）放电的容量则需用 C_{20} 表示。

如果在蓄电池进行定电流放电期间发生了停顿，最后测量得到的实际容量往往比正常持续放电至终止电压的结果偏高；蓄电池搁置时间较长也会比在搁置时间较短的情况下测量的实际容量偏高。

（2）定电阻放电法。在应用放电的方式测试蓄电池容量时，放电电流的大小不固定，但电路中电阻的值是恒定的。在开始进行定电阻放电时通常有较大的放电电流，之后蓄电池电动势下降，电流也随之下降。蓄电池容量 C 在定电阻放电过程中的值为

$$C = \frac{U_{av}}{R}t \tag{4-8}$$

式中：U_{av} 为蓄电池在整个放电过程的平均电压（V）；R 为放电过程的定值电阻（Ω）；t 为蓄电池放电时间（h）。

定电阻放电法与定电流放电法相比，前者测量得出的蓄电池实际容量并不精准，仅为近似值，但在测量负载固定的蓄电池时，采取前一种测量容量的方法，可以将该放电条件下，该蓄电池的放电能力更好地反映出来。

4. 动力电池电阻测定

蓄电池的内阻包括欧姆电阻与极化电阻（由电极发生电化学反应导致的）。其中欧姆电阻主要包括隔膜电阻、电解液电阻、各部分零件的接触电阻以及极板电阻。蓄电池内阻的大小会对其工作电压造成影响。

不同类型的蓄电池有不同的内阻值。铅酸电池仅有约 10 mΩ 的内阻值，内阻较小；镍氢电池的内阻为 15 ~ 50 mΩ。由于蓄电池属于有源元器件，且只有很小的内阻，因此无法用普通的万用表进行测量，可以用交

流电桥法、短路电流法、方波电流法、脉冲电流法、直流伏安法、交流阻抗法来测量。

对蓄电池内阻的实际测量，还可以通过各类专门的内阻检测仪完成。交流法测试蓄电池内阻是较常用的方法，即利用蓄电池可等效为一个有源电阻的特点，将一个恒定的交流电流（通常为 1 kHz，50 mA）施加到被测蓄电池上，之后采样收集其电压数据，再进行整流、滤波等处理，得出比较准确的内阻值。

5. 蓄电池荷电状态的检测方法

SOC 代表蓄电池的荷电状态，用于表示蓄电池的剩余电量。SOC 值可以反映蓄电池使用过程中的状态，但该参数会受到温度、极板活性物质老化、充放电倍率、自放电等因素的影响，与某些参数之间形成非线性关系，因此难以通过测量某个或某几个参数得出准确数值。截至目前，已经产生了多种测量 SOC 值的方法，但这些方法仅适用于对蓄电池的某种充放电情况的测量，这些方法具体如下。

（1）放电试验法。这种方法通过定电流放电的方式对蓄电池的 SOC 值进行估算。具体做法是：先通过定电流放电的方式将蓄电池电压降至终止电压，在蓄电池进行定电流放电之前的 SOC 值就是其释放的电量值，人们认定这种方法测算 SOC 值是最为可靠的估算方式。但用这种方式估算电动汽车上使用的蓄电池的 SOC 值没有实际意义，原因有以下几点。

①无论是对蓄电池进行能量管理，还是显示蓄电池在使用过程中的剩余电量，需要用到的都是当前的 SOC 值，放电试验法测试得到的 SOC 都是放电结束后得到的数值。

②当定电流放电电流不同时，释放的电量也会不同，只有在放电电流为某一数值时，使用该方法才能得到较准确的数据。当放电电流不同或对蓄电池进行变电流放电时，测量结果会产生较大误差。

③使用该方法测量需要停止蓄电池的工作，且测量时间较长。

（2）安时计量法。该测量方法需要通过积累蓄电池的放电电量，再按照以下公式计算得出 SOC 值为

$$SOC = SOC_0 - \frac{1}{C_N} \int_0^T \eta I \mathrm{d}t \qquad (4-9)$$

式中：SOC_0 为蓄电池充放电初始的荷电状态；C_N 为蓄电池的额定容量；I 为充放电电流；η 为蓄电池的充放电效率。

安时计量法比较简单，但在实际应用中存在以下问题。

①安时计量法本身无法得出蓄电池初始的 SOC 值，也不能准确计算出使用中的蓄电池充放电的荷电状态。

②在蓄电池工作时，如果不能准确测量电流，就会在计量充放电电量时产生较大误差，从而造成 SOC 误差，且时间越长、误差越大。

③使用安时计量法时，必须对蓄电池所具有的充放电效率做出充分考虑，而充放电效率会受电池自身的技术状况、充放电电流大小等因素的影响。

因此，只有在做好全部准备工作后，安时计量法才能对 SOC 值做出准确而又简便的测量。

（3）开路电压法。蓄电池在静止状态下的电动势与其开路电压数值相等。以铅酸蓄电池为例，其静止电动势与其内部使用的电解液的密度存在正比例关系，电解液密度又与蓄电池的放电程度存在线性关系，因此，可通过检测蓄电池的开路电压估算 SOC 的数值。锂离子电池与镍氢电池的开路电压与其 SOC 值之间具备的线性关系虽然比不上铅酸蓄电池，但也能对其 SOC 值进行估算。

在实际应用开路电压法进行测算时，要先解决需要长时间静置蓄电池的问题。通常情况下，蓄电池从充放电状态中的动态电动势恢复到静止电动势的过程长达数个小时，这给准确估算蓄电池的 SOC 值带来了困难。另外，使静置蓄电池恢复到静止电动势的最短时间也很难确定。

开路电压法常用于测量电动汽车驻车时的 SOC 值，但不具备较好的准确性。由于蓄电池在充电初期与末期使用开路电压法估算 SOC 值较为准确，因此常将其结合安时计量法使用来测量电动汽车蓄电池的 SOC 值。

（4）负载电压法。在蓄电池开始放电的瞬间，其端电压会立即从开路电压降至负载电压。如果保持其负载电流不变，则其 SOC 会与其负载电压一一对应，由此，可通过测量蓄电池的负载电压估算其 SOC 值。

负载电压法可对蓄电池的 SOC 值进行实时估算，且在蓄电池进行定电流放电时会估算出较为准确的 SOC 值。由于蓄电池在电动汽车上的负载电流无法保持不变，就难以通过负载电压估计出较为准确的 SOC 值，因此人们很少将其用于电动汽车蓄电池的 SOC 值估测上，但这种方式常用来判断蓄电池放电是否终止。

（5）内阻法。蓄电池有直流内阻与交流阻抗两种内阻，这两种内阻的数值都与 SOC 密切相关，可通过测量这两种内阻，估算蓄电池的SOC 值。

直流电阻能反映蓄电池自身阻碍直流电的能力，可通过蓄电池在短时间内电压变化与电流变化的比值得到直流电阻。在实际测量中，将蓄电池从开路状态到定电流充电或放电状态的电压差值除以电流值，即为蓄电池的直流内阻。蓄电池直流内阻的大小受计算时间长短的影响，若时间段短于 10 ms，则只能测到欧姆电阻；若时间较长，则内阻的变化又极为复杂。因此，要准确地测量蓄电池的内阻较为困难，这也是直流内阻法很少在实际中应用的主要原因。

交流阻抗代表蓄电池本身阻碍交流电的能力，它作为蓄电池电压与电流之间的传递函数，代表的是一个复数变量，可通过交流阻抗仪测量出具体数值。然而，由于温度对交流阻抗有较大影响，因此很少应用在实际中。

内阻法对蓄电池放电后的 SOC 值估计较为准确，在实际中可以与安时计量法配合使用，应用于电动汽车蓄电池的 SOC 测量。

第 5 章　电动汽车车载传感器

5.1　车载传感器简介

车载传感器是一个输入装置，通过车载传感器，汽车运行时动力总成运行参数、车身和舒适系统运行参数等工况信息，都会被转化成电信号传送至电子控制单元，再由电子控制单元以这些电信号为依据做出反应和决策，从而使汽车达到较佳的运行状态。可见，在汽车电子控制系统中，车载传感器的作用是至关重要的。

车载传感器的诞生最早可追溯到首辆汽车的产生，在 20 世纪 60 年代，汽车就已经有了几类传感器，如机油压力传感器、水温传感器等。电子技术的进步，使人们对汽车性能的要求也不断提高，当前已经出现的许多种类型的传感器都在汽车中得到了应用，如用于确定汽车各部分速度与位置的传感器、用于测定流体温度与压力的传感器、用于测定发动机负荷、爆震、断火含氧量的传感器，还有在防抱死制动系统中测车轮转速、轮胎气压的传感器等。

相较于燃油汽车，电动汽车在结构上发生了很大的改变，电动汽车的电力驱动系统代替了燃油汽车的燃油动力系统，电动汽车的能量源也是从动力电池中获取的。相较于传统燃油车，电动汽车的内部传感器也有了很大变化。在燃油车内大多是机械刚性信号，在电动汽车中则被电信号代替，同时还增添了电压及电流传感器。除此之外，为了能够更好地控制电机的输出电压与电流，也相应提高了传感器的检测精度。当然，电动汽车中也保留了传统汽车中的电子控制单元，但是对于安全管理系统及车身舒适系统传感器的要求更高了，车载传感器未来的发展方向是微型化、多功能、集成化和智能化。

（1）微型化指的就是把信号处理器、敏感元器件、数据处理装置都装在一个芯片当中，其除了有价格低廉、节省空间和可靠性强的特点之外，还能有效提升系统测试精度。

（2）多功能化指的是同一个传感器具有更多功能，它可以对两个或两个以上的特征及化学参数进行检测，这样一来，电动汽车就无须安装太多的车载传感器，系统的可靠性也会因此而提升。

（3）集成化指的是制作单片集成电路传感器，或者在硅片上制作分立小型传感器，如温度传感器、压力传感器、霍尔电路等。传感器集成化，在进行信号处理时会更加便捷，可以节约成本和空间，同时也会使传感器的使用性能得到提升。

（4）智能化指的是与集成电路结合后的传感器，会在功能上得到很大提升，汽车会更加智能化，更具舒适性。目前已经有了带有微型计算机的传感器，其智能化为电动汽车的使用提供了很大便利。

随着汽车技术的进步，不管是国内还是国外的企业，都把车载传感器技术作为发展的重点项目。传统机械化、应变片式的传感技术会逐渐向微型化、智能化的方向发展，对汽车的节能、安全性、环保等方面进行技术革新。

5.2　传感器技术基础

5.2.1　传感器的定义

传感器最大的作用就是测量，因此可将其看作测量装置或者是测量器件。那么发电机属于传感器吗？虽然它可以将机械能转换成电能，但是它并不具备测量的功能，所以，仅作为发电设备的发电机并不属于传感器。但是，如果用发电机的电量来测定机械转速，从某种角度说，发电机也具备了测量的功能，所以就可以将其称作测速发电机或者发电机测速传感器。

传感器到底是什么？至今国内外都还没有形成一个统一的定义。通过对绪论的解读，可以认为，人的五官就如同传感器，从而对传感器做出这样的定义：将特定测量信息按规律转换为可用信号的装置。这里的"特定测量信息"通常指的是非电量，表征物质特性及其运动形式的参数有很多，大致可分成两大类型，即电量与非电量。前者通常是指物理学中所说的电学量，如电压、电流、电容等；后者则是指除电量外的参数，如流量、压力、质量、转速、浓度、温度等。人们在生产生活中，或者是在科学试验中，都要测量电量与非电量。测量工具往往采用电子仪器或者是电工仪表，在进行实际测量时，大多数情况下是测量非电量，而传感器技术就是测量非电量的一种技术。

另外，在传感器定义中，还提到了"可用信号"一词，其意思就是方便传输和处理的信号。就当前的科技水平来说，这里的可用信号通常指的就是电信号。也正因为如此，才会有了传感器的狭义定义，即将外界非电量信息转换成与之有对应关系的电量输出装置。光技术发展普及后，人类可能会进入光子时代，此时便于处理、传输的信号就会是光信号。而传感器的定义又会发生改变，可能变成"将外界信息按规律转换成光信号的装置"。所以，传感器的概念是处于发展变化中的，科技的发展与进步会促使传感器出现新的定义，这也是为何传感器至今没有统一定义的原因。

传感器的一个重要作用就是"转换"，所以也会将其称为换能器、变换器等。在大多数情况下，这些叫法都是可以等同的，意思相差无几，但是在不同的技术领域里，传感器就会有不同的技术术语。比如在非电量电测技术中，传感器就会与工业测量相联系，在将非电量转换为电量时，就要将转换器件叫作传感器；如果传感器输出的是标准输出信号，就要将其称作是变送器；在超声波技术中则强调能量转换，如这种转换功能通过压电元件实现，就要将这种转换能量的器件叫作换能器；硅太阳能电池也属于换能器件，它是将光能转换为电能，但是这样的器件转换更加注重转换效率，因此会将这类器件称为转换器。

5.2.2 传感器的物理定律

这里所说的传感器的物理定律，是指在传感器的设计和使用过程中所必须遵循的物理定律，它们都是物理学的基本定律，可分为四大类：守恒定律、统计法则、场的定律和物质定律。

守恒定律指的是物理量会随时间、空间移动，但是总量不变的定律。如能量守恒定律、电荷守恒定律等。传感器在进行能量转换时一定会遵循守恒定律。

统计法则指的是分子、原子、电子等与能被直接观察的宏观世界相结合的定律，如热力学第二定律。统计法则通常和传感器的工作状态有关。

场的定律指的是磁场、电场、重力场等矢量场的时间、空间变化规律。这些规律可由物理方程得出，物理方程可以为传感器的工作提供数学模型。基于场的定律获得的传感器叫作结构型传感器。

物质定律是表征各种物质本身内在客观性质的定律，如欧姆定律、胡克定律等。这些客观性质往往通过物理常数进行描述，传感器的性能也会取决于这些常数的大小，如胡克定律中的弹性系数 k 和欧姆定律中的电阻 R。利用半导体物质法则——压阻、热阻、光阻、湿阻等效应，可分别做成压敏、热敏、光敏、湿敏等传感器件。基于物质定律构成的传感器称为物性型传感器。

下面将举例说明结构型传感器和物性型传感器的区别。

结构型传感器是基于场的定律制成的，物性型传感器则是基于物质定律制成的。比如，电容式传感器，它属于一种结构型传感器，是基于静电场定律制成的；压敏传感器，它属于一种物性型传感器，是基于半导体材料的压阻效应制成的。下面将比较电容式传感器和压敏传感器这两种传感器。

电容式传感器的构件有固定极板和活动极板。设极板间距为 d，极板的有效长度为 l，极板宽度为 b，则极板面积为 $l \cdot b$，这样一个电容器的电容为

$$C_0 = \frac{\varepsilon_0 \varepsilon_r lb}{d} \qquad (5-1)$$

式中：ε_0 为表征电容器性质的常量；ε_r 为常数。

当电容式传感器的活动极板发生位移 Δl 时，电容器的极板有效面积将减小为 $(l - \Delta l)b$，这时，电容器的电容变为

$$C = C_0 - \Delta C = \frac{\varepsilon_0 \varepsilon_r (l - \Delta l)b}{d} \qquad (5-2)$$

化简得

$$\frac{\Delta C}{C_0} = 1 - \frac{l - \Delta l}{l} = \frac{\Delta l}{l} \qquad (5-3)$$

则输出灵敏度为

$$S = \frac{\Delta C}{\Delta l} = \frac{C_0}{l} = \frac{\varepsilon_0 \varepsilon_r b}{d} \qquad (5-4)$$

由此可见，决定电容式传感器输出灵敏度的条件有极板的尺寸 b、极板间距离 d 以及极板间介质的性质 ε_0。构成传感器的具体物质材料不会对其输出灵敏度产生影响。

压敏传感器基于半导体材料的压阻效应构成。这里的压阻效应指的是对半导体材料施压时，不仅会使材料发生变形，材料的电阻率 ρ 也会改变（如图 5-1 所示）。除了外加压力会影响电阻率 ρ 以外，半导体材料的性质也会对电阻率 ρ 造成影响。比如，半导体硅片是制作压敏传感器的材料，在硅片中掺加硼或磷杂质，或者掺加的杂质量不同，都会影响压敏传感器的特性。压敏传感器属于物性型传感器，因此其特性与构成物质的性质关系紧密。

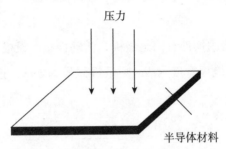

图 5-1　压阻效应

通过比较可知，结构型传感器的特性不会受到构成型传感器的物质的性质影响，其特性主要由结构参数所决定。物性型传感器则相反，其特性取决于构成物质的性质。在大多数情况下，由于结构型传感器的性能不会受构成物质的性质的影响，所以其性能更加稳定，在高温、低温等环境变化下也不会受到影响。如今在工业测量等领域对结构型传感器进行了广泛的应用，不过要想获得性能很好的结构型传感器，就需要先进的技术水平及高成本的投入。与之相比，物性型传感器却以物性物理学为依托，凭借半导体技术的发展迅速壮大。生产物性型传感器就如同生产集成电路（IC）一样，产量变大，成本随之降低，这也使得物性型传感器在应用市场占比逐渐扩大，成为传感器未来的重要发展方向。

5.2.3　传感器的组成

敏感元件、传感元件和其他辅助部件共同组成了传感器（如图 5-2 所示）。

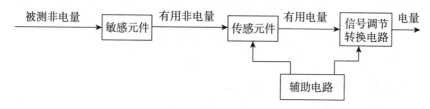

图 5-2　传感器的组成框图

敏感元件：直接感受被测非电量，并按一定规律转换成与被测非电量具有确定关系的有用非电量。

传感元件：又称变换器，将敏感元件输出的有用非电量直接转换成电量。

信号调节与转换电路：把传感元件输出的电信号转换为便于显示、记录、处理和控制的有用电信号。

辅助电路：包括电源等环节。

从传感器的组成上来看，结构型传感器和物性型传感器之间存在一定差异。

结构型传感器通常由两个主要部分组成，一是敏感元件，二是传感元件。通过敏感元件，被测非电量可以被转换为有用非电量，然后再通过传感元件，将有用非电量转换为有用电量输出，如图 5-3 所示。

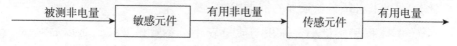

图 5-3　结构型传感器的组成框图

相比结构型传感器，物性型传感器的组成更为简单一些，如图 5-4 所示。它只有一个传感元件，通过传感元件，可以将被测非电量直接转换为有用电量。比如，对于半导体压敏传感器来说，被测非电量"压力"作用在传感元件上时，传感元件直接将它转换为电阻（率）的变化，即直接转换成了有用电量输出。

图 5-4　物性型传感器的组成框图

5.2.4　传感器的性能与要求

传感器具有多种性能，如动态响应特性、静态特性、耐久性、适应性、结构紧凑性等。对于电动汽车来说，最应强调的是有效控制驱动电机，因此需要传感器具备对转子、转速、电池电压和电流进行精准检测的功能。具体来说，电动汽车传感器应满足的要求有以下几点。

（1）环境适应性。电动汽车工作温度为 $-40 \sim 80\ ℃$，变化范围比较大，汽车通过的道路质量也有很大差异，同时考虑到暴雨、烈日等气候条件的影响，要求传感器要具备良好的耐温、耐震、耐寒性能，同时也要具备较好的防水性。

（2）可批量生产。很多产品都是批量生产出来的，电动汽车也不例外，而在一台汽车上可能需要几十甚至几百个传感器，因此，传感器也应是可以批量生产的。

（3）高精度。要求具有高精度的电压及电流传感器、转速传感器。

（4）可靠性高。要求传感器即便是在条件恶劣的情况下，也能正常工作，要求其必须具备很强的抗干扰性。

（5）体积和质量小。体积与质量较小，不管是安装还是以后调试，都会更加方便，同时也能减轻汽车的质量。

（6）符合有关技术标准的要求。

5.3　速度传感器

5.3.1　速度传感器定义

速度传感器，顾名思义，就是用来测量物体速度或者是物体速度变化的器件。人们对于速度的定义，往往是物体在一定时间内的移动距离。速度传感器除了可以对汽车、火车、高铁等的线速度进行检测以外，还能对机器部件、设备等的转速进行检测。

速度传感器可以对物体的移动进行检测，再将检测内容转换成可以被读取的信号，如电压、电流变化，读取设备通常是计算机或微处理器。像电压、电流变化这样的信号经过处理分析以后，就能对物体速度进行监控了。速度传感器的应用在汽车、工业生产线、运动科学等领域都具有重要作用。

5.3.2　速度传感器的工作原理

速度传感器的类型及应用决定了它的工作原理。下面笔者将简述五种常见速度传感器的工作原理。

（1）光电速度传感器。光电速度传感器是以光电效应为依据运行的，由光源和光电二极管组成。光源会发出光，旋转的编码盘会将光打断，这样一来，编码盘会出现透光和遮光的区域。当光电二极管接收到的光线被编码盘上的遮光区打断时，它会产生一个脉冲。通过测量脉冲就能确定物体的速度。

（2）磁性速度传感器。磁性速度传感器的工作主要依靠磁阻效应或霍尔效应。如果磁性传感器有磁性物体靠近，磁性传感器的磁场就会因此而改变，从而使传感器的电阻或电压发生改变。对这些变化进行测量就可以对物体的速度进行确定。

（3）霍尔效应速度传感器。霍尔效应传感器通过检测通过它的电流与它所在磁场之间的垂直力来工作。如果传感器附近的磁性物体发生移动，其磁场就会发生改变，从而引起霍尔电压发生改变。测量霍尔电压就能确定物体的速度。

（4）雷达速度传感器。雷达速度传感器的工作原理是发射无线电波，同时对反射频率进行测量。移动物体反射的频率会在多普勒效应的影响下发生变化，对这一变化进行测量，就可以确定物体速度。

（5）超声波速度传感器。超声波速度传感器的工作原理是发射超声波，然后对反射回来的波的延迟进行测量。假如物体处于移动状态下，反射回来的波的延迟就会产生变化，可通过测量这种变化来确定物体速度。

5.3.3　舌簧开关式发动机转速传感器

前面已经介绍了速度传感器的定义和工作原理，为了深入理解速度传感器的多样化应用，特别是在汽车行业中的重要应用，下面将重点讨论一种特定类型的速度传感器 —— 舌簧开关式发动机转速传感器。这种传感器的设计和应用是基于速度传感器的基本概念和工作原理的一种延伸和具体化。通过深入探讨舌簧开关式发动机转速传感器，不仅能够更好地了解速度传感器在实际工作中的具体应用，还能够明白如何将理论原理转化为满足特定工程需求的技术解决方案。这一部分内容的讨论，将使人们对速度传感器的功能、应用范围及其在现代工业和汽车领域中的不可替代性有更加深刻的认识。

1. 结构与工作原理

舌簧开关式发动机转速传感器可以安装在组合仪表中，也可以安装在分电器内部，其作用是对发动机转速进行检测。舌簧开关触点的制作材料为强磁体，舌簧开关触点不与大气直接接触，其容器内充满惰性气体。

其工作原理是：曲轴转 2 圈，分电器轴转 1 圈，分电器中的磁铁随之转 1 圈。如果磁铁靠近舌簧开关，触点会受磁力线的影响而带有磁性，这种磁性和磁铁近侧极性是一致的，在舌簧开关触点磁性的吸引下导通开关。磁铁随分电器轴转动后，磁极远离或只有一端靠近舌簧开关时，触点不受磁力线的影响，触点分开。这样，两个舌簧开关在分电器轴上的磁铁作用下，相互以 180° 的相位差进行通、断变换，把发动机转速信号输入 ECU。

2. 检测

舌簧开关式发动机转速传感器主要检测的是信号输出端子有没有产生脉冲信号，以下为具体的检测步骤（如图 5-5 所示）。

从发动机上取下分电器，用万用表电阻挡检测，将两表笔放进信号输出口，转动分电器轴，仔细观察是否会出现导通、断开状态交替出现的情况。倘若没有出现这种情况，就要更换传感器。

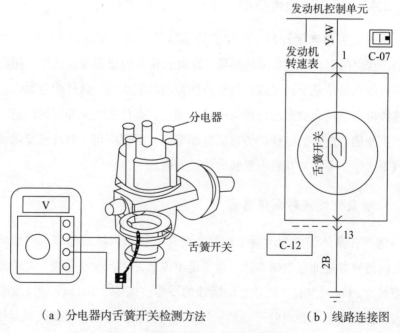

（a）分电器内舌簧开关检测方法　　　　（b）线路连接图

图 5-5　舌簧开关式转速传感器的检测

还有一种阻断形式的舌簧开关式发动机转速传感器，如图5-5（a）所示，为了满足舌簧开关的闭合操作状态，就要将磁铁安装于同一个转动轴上，通过磁铁的转动或者齿轮的转动隔断磁通。齿轮的齿在磁铁和舌簧管的中间位置时，磁通会离开簧片，触点就会弹开，如图5-5（b）所示。

5.4　转向传感器

转向传感器诞生于20世纪90年代中期，其作用是对轴的旋转角位移量和方向进行检测，所以，从本质上讲，转向传感器属于角度传感器，也可以称作位置传感器。在工业应用中，角度传感器还叫数字解码器，可通过电磁、电容、光学等测量原理设计实现。

5.4.1　电磁转向传感器

根据电磁感应原理制作的位置传感器是当前应用最为广泛的位置传感器，常见的有感应式位置传感器、Hall式位置传感器等，此外，还有一些位置传感器是基于磁阻效应与磁致伸缩原理制成的。这样的电磁式位置传感器可以很快完成对部件相对位置的测量，部件之间是隔开的，也就不会产生摩擦。此外，这样的传感器更加牢固，可以应用于对环境要求较高的汽车之中。下面对几种电磁转向传感器做进一步介绍。

1.磁致伸缩式转向传感器

物质在晶体弹性变形后出现磁道变化，就叫作磁致伸缩。磁致伸缩式转向传感器是通过电磁方法（通常是电流脉冲）产生沿着波导管传播的压缩波原理而工作的。波导管磁场处的压缩波以约2 800 m/s的速度通过与接收器相隔某个距离的可移动永久磁环向接收器传播，并在接收器处引起磁通量的变化，从而在感应线圈上感生电压脉冲。测量电压脉冲的移动时间，可获得磁环的移动距离。目前使用这种技术的传感器的位置行程已超过 7.5 m。

2. 磁阻效应式转向传感器

磁场会对铁镍合金的电阻系数产生很大影响，有的传感器正是利用了这一性质，产生了磁阻效应。由镍和铁混合制成薄膜导磁合金，镍和铁分别占 81 % 和 19 % 的比例，基于磁阻效应制作了磁阻效应式转向传感器。对于该场强的磁场，电阻的变化率均为 2.5 %，场强越大，电阻就会越小，二者呈现非线性关系，接近于余弦平方函数关系。

在硅基层镀上导磁合金薄膜，可集成信号调节电子电路与传感器。倘若桥式传感器结合磁道归零法，就可以获得高精度传感器，如在传感器上环绕伺服驱动线圈，可以将传感器控制在电阻恒定状态。还有一种结构是两个选择"螺旋旋转柱"式薄膜元件，它们的方向必须是相反的，将元件做成矩形导磁合金薄膜，覆盖于一根与长轴成 45° 角的短铝条上，然后串联在一起互为镜像，就可以得到分压器。

3. 可变磁阻式转向传感器

可变磁阻器件依靠磁阻变化进行工作。磁通的产生源于磁动势，磁动势又取决于磁阻，所以，磁阻变化，磁通也会随之发生改变，从而产生感应电压。感应电压一般是双极脉冲，基于法拉第定律，电压大小与磁通变化率之间成正比关系，即

$$U = \frac{\mathrm{d}\varPhi}{\mathrm{d}t} \tag{5-5}$$

可变磁阻式转向传感器在汽车应用中的优势在于结构简单、成本不高、工作温度跨度大。可变磁阻式转向传感器主要的功能是对齿轮或槽轮的速度和位置以及曲轴、凸轮轴等进行检测，绕有感应线圈的易磁化磁芯

利用钴化钐（Sm_2Co_{17}）等永磁材料进行磁化，用感应线圈的感应端靠近齿轮，齿轮会因为经过传感器而引起磁通量的改变，最终在线圈内会形成感应电压信号。还有一种结构，利用同轴磁棒改变磁路的性能，该结构更适合对开槽或开孔的感应轮进行检测。在低磁阻状态下，因为检测槽或孔的感应器在工作时只能在很小的空间内进行，所以，它比轮齿传感器更不容易被磁场干扰。

5.4.2 电阻器转向传感器

电阻器转向传感器，作为现代汽车转向系统中的关键组件之一，发挥着至关重要的作用。这种类型的传感器主要利用电阻的变化来检测和测量方向盘的转角和转速，进而为汽车的转向控制系统提供精确的输入信息。电阻器转向传感器的工作原理是电阻值随物理位置变化而变化的基本电学特性。当驾驶员转动方向盘时，传感器内的可移动部分（通常是滑动触点或旋转轴）会相应地移动，导致通过感应元件（如电阻器）的电流的路径发生改变。这种改变随后会转化为电阻值的变化，通过电路转换成电压信号输出，以此来反映方向盘的位置和转动速度。

电阻器转向传感器的设计十分精巧，能够在极小的空间内提供高度精确的测量，在紧凑型和高性能汽车中很受欢迎。此外，这类传感器通常具有很好的耐用性和可靠性，能够在恶劣的汽车运行环境中保持稳定的性能。在实际应用中，电阻器转向传感器不仅可以用于提高驾驶舒适性，还对安全驾驶有着至关重要的作用。例如，在电子助力转向系统中，转向传感器提供的信息可用于确定助力电机时应提供的辅助力度，随着驾驶环境和车速的变化，动态地调整助力，以确保转向的轻便和精确，从而大幅提升车辆的操控性和安全性。随着汽车电子化水平的不断提高，电阻器转向传感器也在不断地进行技术革新。现代型的传感器趋向于采用更高精度的测量技术，以及更加复杂的信号处理算法，以满足自动驾驶和车联网等先进汽车技术的需求，电阻器转向传感器的基本原理和设计思想仍然是汽车传感器设计的理论基石，这一领域未来还将探索更多新的可能性，为汽车提供更加安全、舒适和智能的驾驶体验。

5.5　电压 - 电流传感器

电动汽车中没有了燃油动力系统，取而代之的是动力电池，而在电动汽车的很多模块中，如汽车电子、变频器、IGBT 分流模块等，都广泛采用了检测电压、电流的传感器。尤其是在动力电池系统中，为了获得电池的实时余量以及检测电池是否在正常工作，就必须对电池的电压、电流进行检测。当前用于检测电池电压、电流的传感器主要有两种，一种是霍尔元件式，另一种是分流电阻式。

5.5.1　霍尔元件式电压 - 电流传感器

霍尔元件是磁电转换器件，由半导体材料制成。在输入端通入控制电流 I_c，如果磁场 B 穿过该器件的磁感面，输出端就会产生霍尔电动势 V_H，V_H 与 I_c 和 B 之间的关系是正比例关系，即

$$V_H = K_H I_c B \sin\theta \tag{5-6}$$

式中：K_H 为霍尔元件灵敏度，是比例常数；θ 为磁感应强度 B 和元件平面法线之间的夹角。

霍尔电流传感器以安培定律为依据制作而成，也就是在载流导体附近产生正比于该电流的磁场，霍尔元件用于对该磁场进行测量。所以，电流的非接触测量也因此成为可能，测量获得霍尔电动势的大小以后，通过绝缘隔离转换，就可以知道载流导体电流的大小。

1. 霍尔电流传感器的检测原理

通电螺线管的内部有磁场，磁场的大小和导线电流之间是正比关系，

所以，可以用霍尔传感器对磁场进行测量，以求得电流的大小。这种检测方法的好处是不和被测电路发生电接触，不会对被测电路产生影响，不会对电源功率造成消耗。把霍尔传感器插到标准圆环铁心的缺口中，圆环上缠绕着线圈，电流通过线圈就会有磁场产生，在霍尔传感器中就会输出信号。

因为磁路与霍尔器件的输出之间的线性关系良好，所以通过霍尔传感器输出的电压信号 U_o，就可以获得被测电流 I_1 的大小，即 $I_1 \propto B_1 \propto U_o$。如果被测电流 I_1 是额定值，把 U_o 定标为等于 50 mV 或 100 mV，就制成了霍尔直接检测（无放大）电流传感器。

2. 霍尔磁补偿原理

霍尔磁补偿电流传感器的工作原理如图 5-6 和图 5-7 所示，当一次主电路的被测电流为 I_1 时，将产生磁通 ϕ_1，再由二次补偿线圈通过电流 I_2 来产生磁通 ϕ_2 进行补偿，从而保持磁平衡状态，霍尔元件负责对零磁通进行检测。从图 5-7 可以看出，$\phi_1 = \phi_2$，$I_1 N_1 = I_2 N_2$，$I_2 = I_1 N_1 / N_2$。当补偿电流 I_2 流过测量电阻 R_m 时，在 R_m 两端转换成电压，作为传感器测量电压 U_o，即 $U_o = I_2 R_m$。

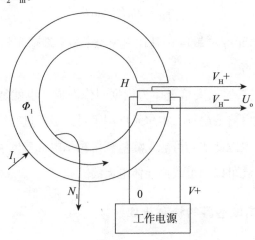

图 5-6 霍尔电流直接检测原理

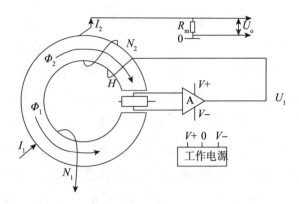

图 5-7　霍尔磁补偿原理图

相比直接检测模式，霍尔磁补偿原理具有一定的优势，它不仅测量精度高，响应时间也很快，在检测弱小电流时极具优势，当前已经制成了额定电流输入从 0.01 A 到 500 A 等一系列规格的电流传感器。但在磁补偿式电流传感器中，磁环上缠绕了很多补偿线圈，所以就会使成本提高，工作时消耗的电流也会因此增大。

3. 磁补偿式电压传感器的工作原理

为了测量毫安级的小电流，由 $\phi_1 = I_1 N_1$ 可知，N_1 变大，ϕ_1 也会随之增大，也就是说，匝数越多，获得的高磁通也会更大。通过该原理制成的小电流传感器，不仅能检测毫安级的电流，还能对电压进行检测。

与电流传感器不同的是，在测量电压时，电压传感器的一次侧多匝绕组通过串联一个限流电阻 R_1，再并联在被测电压 U_1 上，得到与被测电压 U_1 成比例的电流 I_1。二次侧工作原理同电流传感器一样，当补偿电流 I_2 流过测量电阻 R_m 时，在 R_m 两端转换成电压作为传感器的测量电压 $U_o = I_2 R_m$。

5.5.2　分流电阻式电流传感器

在电动汽车驱动系统中，工作电流往往为 1 ~ 100 A，可能会在短时间内达到 200 ～ 300 A，车辆在启动时的电流可能会达到 1 500 A。在电池和电源管理系统中，也会出现极端电流的情况。想要精确检测大电流值，要使用分流电阻式电流传感器，这是一种高性能直接式电流检测技术，它以分流器为基础，以高精密微阻值电阻和分流器为核心。分流器是一种精密电阻，它阻值很小且可以通过大电流，如果有直流电流通过，电阻两端就会出现毫伏级别的小的电压降。用毫伏级电压表对该电压进行测量，然后根据欧姆定律求得电流，大电流测量就完成了，因此，电流表其实也是电压表。在对 20 A 以上的大电流进行检测时，往往会采用分流电阻式电流传感器。

当前用于电动汽车上的电流传感器大多数都是分流电阻式电流传感器，它是由德国的伊萨贝棱特公司生产的。总结该传感器的特点，主要有以下七点。

（1）寄生电感小于 0.1 nH。

（2）能做到很小阻值的电阻，最小为 4 μΩ。

（3）持续的负载功率为 500 W。

（4）针对微小阻值的电阻，低温度系数最小可达 10 PPM/K，远远优于目前的同类产品（约 150 PPM/K）。

（5）采用负温度系数，温度越高，电阻越小。

（6）5 000 h 的持续测试，保证了性能的稳定。

（7）四引线技术保障了信号的精确度及电阻本身的损耗。

5.6　温度传感器

温度传感器用于汽车的历史很长，在汽车中最早应用传感器是对发动机温度进行检测。目前在电动汽车中，温度传感器的应用依然非常广泛，在汽车各系统和部件上都会安装温度传感器，用于对温度的精确检测，这样才能更准确、更稳定地对各个系统进行控制。当前广泛应用的温度传感器有热敏电阻式、金属热电偶式和热电阻式三种类型。

温度的变化会引起陶瓷半导体材料电阻值的变化，热敏电阻的工作原理正是利用这一特性，热敏电阻式温度传感器的优点就在于灵敏度高、成本低、结构简单、响应特性好。根据电阻温度的不同，可将特性热敏电阻式温度传感器分为负温度系数（NTC）、正温度系数（PTC）和临界温度系数（CTR）三种（如图 5-8 所示）。在电动汽车领域，NTC 热敏电阻应用得最广泛，随着温度不断升高，电阻也会不断减小。

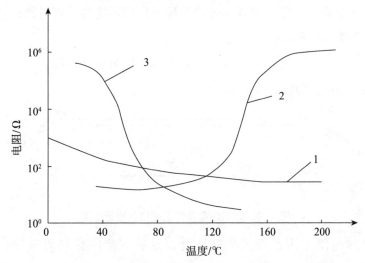

1—负温度系数（NTC）；2—正温度系数（PTC）；3—临界温度系数（CTR）。

图 5-8　热敏电阻的温度特性

金属热电偶式温度传感器是一种广泛用于工业生产和科学研究的温度测量设备，它依赖于热电效应——两种不同金属或合金接触点在温度变化时产生电压变化的物理现象。这种特性使得热电偶能够测量从极低到极高的温度范围（−270 ～ 2 500 ℃），具体工作温度取决于热电偶的类型和材料。热电偶的一端由两种不同的金属丝（通常称为热电极）焊接形成测温结，另一端连接测量设备。当测温结和另一端（参比端）之间存在温度差时，就会产生一个与温度差成比例的电压信号。这个电压信号随后被转换成温度读数。热电偶的类型多样，包括 K 型、J 型、T 型、

E 型、N 型、S 型、R 型和 B 型等，每种类型根据其构成材料的不同而具有不同的特性和应用范围。热电偶具有健壮、响应速度快和能够测量的温度范围宽等优势，非常适于恶劣环境和快速变化的温度条件。热电偶在化工生产、金属加工、电力生产、食品加工和科学研究等领域有着广泛的应用。使用热电偶时需要注意几个方面。首先，热电偶的测量精度受到多种因素的影响，包括热电偶的类型、安装位置和使用环境。其次，热电偶的输出需要通过专门的仪器（如热电偶温度计或数据采集器）进行校准和读取。长期使用或在极端条件下使用可能导致热电偶材料的退化，从而影响测量精度。

把拥有不同性质的金属导体 A 和金属导体 B 连接成闭合回路，就会形成热电效应，如图 5-9 所示。

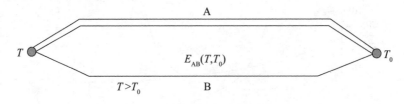

图 5-9　金属热电偶式温度传感器原理图

导体电阻会因温度变化而变化，这种现象叫作热阻效应。据实验结果可知，在一般情况下，电阻温度每升高 1℃，电阻值就会增加 0.4 %～ 0.6 %。热电阻的测量精度较高，温度特性稳定，且无热电偶的参照端误差。

热电阻式温度传感器主要包括铂电阻和镍电阻两大类。其中，铂电阻因其优的温度稳定性、良好的线性特性以及在极宽温度范围内的可靠性而被广泛使用。常见的铂电阻有 Pt100 和 Pt1000，名称中的数字表示在 0 ℃ 时的电阻值（分别为 100 Ω 和 1 000 Ω）。这些传感器可以在 −200 ～ 850 ℃ 提供精确的温度读数，适用于实验室和工业环境。热电阻传感器的设计允许它们在恶劣的环境条件下运行，包括高湿度、化学腐蚀和机械振动等。此外，热电阻传感器的响应时间较快，能够迅速反映温度变化。由于这些特点，热电阻式温度传感器在化工、制药、食品加工以及能源管理等行业中，成为监测和控制过程温度的首选设备。热电阻式温度传感器具有众多优点，但在使用时需要注意，其测量精度可能受到安装方式、电线长度和测量电路的影响。因此，在设计和安装温度测量系统时，选择合适的传感器型号并正确安装、布线至关重要，否则无法获得准确可靠的温度读数。

典型温度传感器的特点见表 5-1 所列。

表 5-1　典型温度传感器的特点

传感器类型	优　　点	缺　　点
热敏电阻式	可以对小部位的温度进行测量 可缩短滞后时间 灵敏度高 不能忽略导线电阻造成的误差 测量机构简单且价格低廉 信噪比高，经济性好	非线性严重 抗振动性能差
金属热电偶式	可测量很小部位的温度 可缩短滞后时间 耐振动与冲击 适于测定温度差 测定范围宽	需要标准触点 标准触点与补偿导线有误差 常温下需进行修正才能得到较高精度
热电阻式	适用于对大范围平均温度的测量 不需要标准触点 相比于热电偶，常温时的测量精度较高	滞后时间难以缩短 如果振动严重，可能会造成破损 受导线电阻的影响，需要修正

电动汽车应用的温度传感器大部分都是负温度系数热敏电阻式，这样的传感器成本低、结构简单、灵敏度高、测量误差小，因此在汽车电子控制系统中的应用十分广泛。

下面通过两个实例做进一步介绍。

1. 热敏铁氧体温度传感器

热敏铁氧体温度传感器的主要组成部分有壳体、热敏铁氧体、舌簧开关以及永久磁铁（如图 5-10 所示）。在舌簧开关的电磁回路中安装两个环状的铁氧体和永久磁铁。随着温度的改变，铁氧体磁性也会发生改变，从而使舌簧开关导通或者是断开。这样的传感器通常用于对油压警告灯、汽车散热器的电动风扇等进行控制。

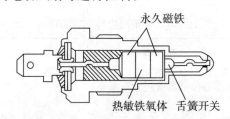

图 5-10 热敏铁氧体温度传感器

如图 5-11（a）所示，当实际温度低于设定温度时，热敏铁氧体会变成强磁性体。磁力线会产生吸引力，使舌簧开关触点闭合，舌簧开关导通。图 5-11（b）是当实际温度高于设定温度时的状态，此时由于热敏铁氧体没有被磁化，磁力线平行通过舌簧开关的触点，从而产生排斥力使触点打开。

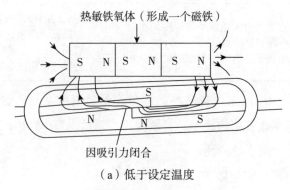

（a）低于设定温度

图 5-11 热敏铁氧体温度传感器的工作状态

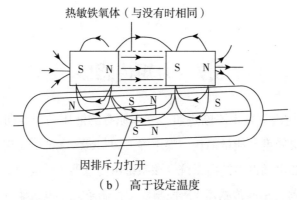

（b）　高于设定温度

图 5-11　热敏铁氧体温度传感器的工作状态（续）

2. 空调系统温度传感器

通过汽车空调系统，可以对车厢进行制冷、加热、排风、换气等操作，从而使乘客的乘车体验更好，同时也有助于缓解驾驶人员的疲劳，从而使行车安全得到保证。要想自动调节车内温度，就要先了解车外温度，然后以测量到的车外温度为依据对压缩机的启停进行控制。

（1）环境温度传感器。环境温度传感器也叫车外温度传感器或大气温度传感器，通常安装于散热器前面的位置，或者是安装在前保险杠内。由于环境温度传感器对环境变化十分敏感，因此，通常会将其包在注塑树脂壳中，从而防止环境变化对其造成影响。对于车辆外部环境温度的检测，环境温度传感器是非常关键的传感器之一。

（2）车内温度传感器。负温度系数热敏电阻是车内温度传感器的主要元件。车内温度传感器通过抽风管与空调管路相连。鼓风机工作的时候，会因空气流速产生负压，同时会有一些空气从车内温度传感器流过，此时温度传感器就能对车内温度进行测量。如果车内空气温度升高，电阻值就会下降；反之，电阻值也会因车内空气温度的下降而升高。

5.7　力矩传感器

随着电动汽车技术不断进步，汽车原有的液压动力转向系统在安装布置、操纵灵敏度、能量消耗、噪声等方面都已经无法满足电动汽车的要求，需要安装电动助力转向系统。该系统由传感器（转向力矩传感器、转向角度传感器、车速传感器），控制器（控制单元、电机驱动单元）和执行机构（电减速器）等部分构成。前面就曾介绍过转向角度传感器与车速传感器，力矩传感器的重要性也不容忽视，它是 EPS 系统中不可或缺的器件。驾驶员在进行转向操作时，方向盘会产生力矩及转角，通过力矩传感器，就可以对力矩以及转角的大小、方向进行探测，再把获取的信息转换成可输入控制单元的数字信号，经过控制单元的处理，就可得到与行驶工况相适应的力矩，再发出驱动指令，电机的输出转矩通过传动装置的作用而得以实现助力。

根据测试元件是否接触旋转部件，可将力矩传感器分成两种类型，一种是接触式，另一种则是非接触式；基于力矩传感器不同的工作原理，还能分成霍尔式、磁阻式、光电式、电感式等多种类型。近些年来，在电动汽车转向系统中应用比较广泛的是霍尔式力矩传感器和磁阻式力矩传感器。

5.7.1　霍尔式力矩传感器

霍尔式力矩传感器是基于霍尔效应原理工作的，驾驶员转动方向盘时会产生力矩，将这个力矩转换成电信号，再将电信号传输到转向控制单元中。霍尔式力矩传感器的组成部分主要包括环形磁铁、定子 1、定子 2、霍尔传感器等（如图 5-12 所示）。

在转向力矩传感器上，转向输入轴通过扭力杆与转向机构主动齿轮相连接。其测量原理如下。转向输入轴上有个 16 极环形磁铁，磁铁会和转向输入轴一起旋转。转向机构主动齿轮上有定子 1 和定子 2，它们会和转向机构主动齿轮一起旋转。在初始位置的时候，定子上的齿会在环形磁铁上南极和北极二者之间的位置。霍尔传感器刚性连接壳体，因此不会一同旋转。

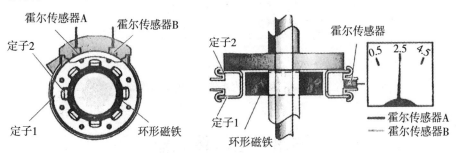

（a）定子位于两极之间　　　　　　　　　（b）无电压产生

图 5-12　霍尔式力矩传感器的测量原理

霍尔式力矩传感器属于非接触式传感器的一种，转向力矩会直接对两个定子间的磁通量强度与方向进行量度，两个霍尔传感器负责测量。以转向力矩大小为依据，霍尔传感器的信号会在零位和最大位置之间变动。

5.7.2　磁阻式力矩传感器

在转向轴中安装扭杆，就是为了准确地感应到驾驶员的转向意图。要想对转动力矩进行测量，就要在扭杆上安装磁阻式力矩传感器，可以对扭杆上多极磁轮的磁场进行测量。多级磁轮转动会影响磁阻式力矩传感器的阻值，进而影响输出电压。变化的输出电压在电路放大后会被输送至控制单元，然后以获取的信号为依据对力矩进行计算。磁阻式力矩传感器的测量原理如图 5-13 所示。

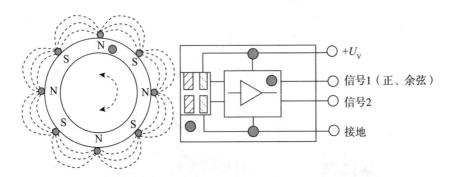

图 5-13　磁阻式力矩传感器的测量原理

5.8　电流传感器

电流传感器的工作是以电磁感应原理为依据，测量时会将一次侧的大电流转换成二次侧的小电流。电流传感器包括闭合的铁心和绕组，电流传感器一次绕组匝数很少，串联在需要测量的电流线路中，因此其经常有线路的全部电流流过。电流传感器的二次绕组匝数较多，与测量仪表和保护回路串联。电流传感器处于工作状态，其二次回路是闭合的，所以测量仪表和保护回路串联线圈的阻抗很小，电流传感器的工作状态接近短路。

5.8.1　传统电流传感器

传统的电流传感器属于电流互感器，它所获取的电流信号可直接在电流表中显示，还可以和控制设备相连接以对控制设备的运行进行控制，此外，也可以接入保护设备中。现存的进行电流检测的互感器由封闭的铁心以及缠绕于铁心的初级和次级线圈构成，其工作原理和小型变压器类似，电流互感器测量电流的线路如图 5-14 所示。

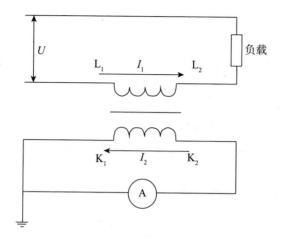

图 5-14　传统电流互感器的测量线路图

在图中，L_1、L_2 为一次绕组，K_1、K_2 为二次绕组，一次绕组与被测电路串联，二次绕组接电流表。由于电流表内阻很小，电流互感器工作于近似短路的状态，如果略去磁化电流不计，可以认为

$$K = \frac{I_1}{I_2} \approx \frac{w_2}{w_1} \tag{5-7}$$

即常数 K 与一、二次绕组的匝数之比 w_1/w_2 有关。必须指出，电流互感器存在变比误差（也称为电流误差）和相角误差。

1. 变比误差

虽然电流互感器铭牌上的 K 是额定变比，但 K 不是常数，互感器的工作状况会对其造成影响，影响 K 的主要因素有电流大小、负载阻抗的性质以及负载阻抗的大小。

磁化电流 $\dot{I}_0$ 的磁势平衡方程式是

$$\dot{I}_0 w_1 = \dot{I}_1 w_1 + \dot{I}_2 w_2 \tag{5-8}$$

当电流互感器的负载变化范围不大时，$\dot{I}_2$ 的减少将会使 $\dot{I}_0$ 增加，铁心内相应的磁通和二次侧绕组的感应电动势 E_2 会加大，E_2 增加会使 $\dot{I}_2$ 有一些增加，从而保持 K 不变。但如果负载阻抗增加太多，K 将无法维持不变，从而形成误差。

2. 相角误差

理想状态下，i_1 与 i_2 的相位差为 $180°$，但是由于内阻抗和磁化电流的影响，i_1 和 i_2 的实际相位差为 $180° \pm \delta$，δ 就是相角误差。

5.8.2　新型电流传感器

1. 光电电流传感器

（1）光电电流传感器的工作原理。

光电电流传感器以法拉第效应为依据运行。在磁场中放置铅玻璃、重火石玻璃等透明磁光材料，当平面线偏振光穿过这些材料的时候，偏振光在外磁场作用下使偏振面发生旋转，偏振面的旋转角度 θ 正比于磁场强度 H 沿光传播线的线积分 $\mathrm{d}l$。

$$\theta = VH\,\mathrm{d}l \qquad (5-9)$$

式中：V 为费尔德（Verdet）常数，不同物质的费尔德常数不同，并且与光波波长及温度有关。对均匀磁场有

$$\theta = VHL \qquad (5-10)$$

因偏转面旋转角与磁场之间呈正比例关系，所以仅测得 θ，就能求得一次电流。

下面以阿西布朗勃法瑞公司（ABB）的 $132 \sim 420\,\mathrm{kV}$ 等级断路器配套的光电式电流传感器为例，具体介绍该传感器的工作原理。传感器分为三个组成部分，即激光发射部分、光路部分和光接收部分。LDE 会发出光信号，这些光信号会通过光纤传送至高电位的光学传感器中，在被测一次电流产生的磁场作用下，线性偏振光的偏振平面发生偏转，经过检偏器

转换成含有偏转角度信号的光强度信号，再通过光纤传送到低电位接收部分转变为电信号，最后经过一些处理得到被测电流值。

（2）光电电流传感器的技术特点。

①绝缘性能好。

②没有铁心，可避免出现磁饱和、铁磁谐振等问题。

③抗电磁干扰性能好，低压侧无开路高压危险。

④测量精度高，动态响应范围大。

⑤频率响应范围广。

⑥高安全性，没有因存油而产生的易燃、易爆等危险。

⑦体积小、重量轻、占地少，节约空间，性价比高。

⑧适应电力计量和保护数字化、微机化及自动化发展的潮流，科技含量高而且无污染。

（3）光电式电流传感器的误差特性。

①室温时的比率误差特性：在 400 A～5 kA 时，比率误差小于 ±1 %；在 45 kA（有效值）时，比率误差为 −6.6 %。

②温度特性：在 −20～85℃ 时，OCT（光学相干断层扫描技术）的电流比率误差为 −0.1 %～1.6 %；OCT 的角误差为 0.2 %～0.49 %。

当前 OCT 技术有两个发展方向，一个是有源型，另一个则是无源型。前者是利用空心线圈、传统 CT 加光纤传输，后者则利用全光纤 OCT 或者光学 OCT。几种光电传感器在各方面的差异见表 5–2 所列。

表 5–2　几种光电传感器的比较

类　别	有源 OCT	光学 OCT	全光纤 OCT
原理	电磁感应	法拉第磁光效应	法拉第磁光效应
最高精度	<0.2 %	0.2 级	0.2 级

续表

类　别	有源 OCT	光学 OCT	全光纤 OCT
产品化程度	易	较难	难
造价	低	较高	高
关键技术	高电压的电源获取	光学部件的加工	特种光纤制作
温度影响	小	较小	小
传感头体积	小	较小	小
传感器重量	轻	较轻	轻
抗震性	好	一般	好

2. 霍尔电流传感器

霍尔电流传感器是以霍尔效应为基础的磁敏式传感器。霍尔效应是在 1879 年由美国物理学家埃德温·赫伯特·霍尔在金属材料中发现的。然而，金属材料中的霍尔效应过于微弱，因而被人们所忽视。到了 20 世纪中期，半导体技术飞速发展，人们尝试用半导体材料做出了霍尔元件，这种元件展现出了非常明显的霍尔效应，自此，霍尔效应开始得到了人们的重视，同时也开始在多个领域得到应用，霍尔式电流传感器得以普及。测量精度高、测量范围广、响应速度快、工作频带宽等都是霍尔式电流传感器的优点，在电气隔离的情况下，它也能出色地完成电流测量任务，这也是它可以在电动汽车中被广泛应用的重要原因。

（1）霍尔效应。

霍尔效应是一种电磁效应，当导体中有电流通过时，由于载流子的运动，在垂直于磁场和电流方向的平面内会出现电势差，该现象被称为霍尔效应，这个电势差也被称为霍尔电势差，其原理如图 5-15 所示。

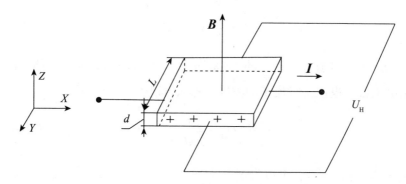

图 5-15　霍尔效应原理图

假设图 5-15 中的导体是 N 型半导体，导电的载流子是电子。在 Z 轴方向的磁场作用下，电子将受到一个沿着 Y 轴负方向力的作用，根据洛伦兹公式可以得知这个力就是洛伦兹力，其大小为

$$F_L = evB \qquad (5-11)$$

式中：F_L 为洛伦兹力；e 为电子电量；v 为运动电子的速度；B 为导体所处的磁场强度。

电子的聚集将产生静电场，即霍尔电场，该静电场对电子的作用力与洛伦兹力的方向相反，因此在宏观上的效果为阻止电子继续偏移，其大小为

$$F_E = eE_H = \frac{eU_H}{L} \qquad (5-12)$$

式中：F_E 为静电场对电子产生的作用力；E_H 为霍尔电场；U_H 为霍尔电压；L 为 Y 轴方向导体的长度。

当两种作用力的效果达到平衡时，也就是电子的聚集达到动态平衡，则有

$$evB = \frac{eU_H}{L} \qquad (5-13)$$

可以得到 $U_H = BLv$。假设流过该导体的电流为 I，那么有

$$I = \frac{\mathrm{d}Q}{\mathrm{d}t} = evnLd \qquad (5-14)$$

式中：Ld 为与电流方向垂直的 YZ 平面导体的截面积；n 为单位体积内的自由电子数，也就是载流子的浓度。那么可以得到

$$U_{\mathrm{H}} = \frac{IB}{ned} \qquad (5-15)$$

令 $R_{\mathrm{H}} = \frac{1}{ne}$，$K_{\mathrm{H}} = \frac{R_{\mathrm{H}}}{d}$，可以得到

$$U_{\mathrm{H}} = K_{\mathrm{H}}IB \qquad (5-16)$$

式中：R_{H} 为霍尔元件的霍尔系数；K_{H} 为霍尔元件的灵敏度。

金属导体内的载流子浓度比半导体内载流子浓度高，所以，使用半导体制成的霍尔元件的霍尔系数要大于使用导体制成的霍尔元件。霍尔元件的灵敏度除了和材料的霍尔系数有关以外，也和霍尔元件的几何尺寸有关：载流子浓度越小，霍尔元件越薄，灵敏度也就越高。如若载流子的浓度太小，就要施加高电压才能产生很小的电流。同样，元件越薄，它的输入电阻和输出电阻也就越大，所以要根据实际情况综合考虑。P 型半导体也存在霍尔效应，不过因其载流子大部分都是空穴，所以其霍尔电压的极性和 N 型半导体是相反的。

（2）霍尔元件的型号命名。

霍尔元件采用字母与数字组合的方式命名，以某一型霍尔元件为例，其名称中各字母与数字的含义如图 5-16 所示。

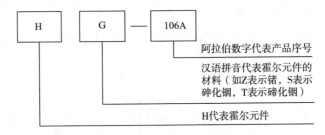

图 5-16　霍尔元件型号的命名方法

　　将霍尔元件与原边电路、放大处理电路、聚磁环等组合起来，就得到了霍尔电流传感器的大致结构。当前霍尔电流传感器中常用的传感器有两种，一种是开环式霍尔电流传感器，另一种则是闭环式霍尔电流传感器，这两种传感器的工作原理不同，适用场合也不一样，下面将分别进行介绍。

　　（3）开环式霍尔电流传感器。

　　霍尔元件最基础的应用就是开环式霍尔电流传感器，它其实属于一种开环控制系统，具有体积小、功耗低、质量小的特点。

　　通电导线周围会有磁场产生，在磁芯的作用下，磁场会聚集到一起，在磁芯某段开一段孔隙，固定霍尔元件在空隙之中，用它去感应磁通密度，通过传感器的电路部分对霍尔元件提供控制电流及为后续的处理电路提供电源。开环式霍尔电流传感器的结构如图 5-17 所示。

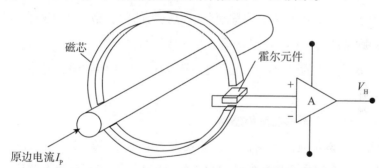

图 5-17　开环式霍尔电流传感器的结构

　　在磁滞回线的线性区域内，磁通密度和原边电流之间成正比，磁通密度和霍尔输出电压也呈正比例关系。所以，霍尔元件输出电压 V_H 和原边电流呈正比例关系。在考虑到偏移电压 V_{OH} 的前提下，测得的信号必须进行补偿处理，这样才能避免偏移电压和温度漂移影响测得信号的准确性。在小于 50 A 的电流测量中，最好采用多匝线圈，从而获得大的安匝数，以确保磁芯中感应的磁通密度能够被正常测量到。

　　开环式霍尔电流传感器可以在保证电气隔离的情况下，对直流电流、交流电流以及复杂的电流波形进行测量，对于超过300 A的电流测量来说，开环式霍尔电流传感器具有明显的优势，主要体现在插入损耗小。但是，开环式霍尔电流传感器只适合测量中频段带宽，响应时间比较久，功率带宽有限。它的最大测量电流取决于磁回路的材料和设计及调理电路的设计。

开环式霍尔电流传感器的整体精度仅为1%，在工作温度范围内，测量误差主要由五个因素构成。

①直流零点电压偏移（由霍尔元件的零点电压偏移及电路的零点电压偏移决定）。

②直流磁场偏移（由磁芯材料的剩磁决定）。

③增益误差（由控制电流、霍尔元件及磁芯孔隙决定）。

④线性度（由磁芯材料、霍尔元件及电路性能决定）。

⑤带宽限制（由衰减、相位偏移及电流频率决定）。

因温度的变化发生的偏移现象可以分为两种类型，一种是直流偏移，另一种则是增益偏移。磁芯的剩磁也会使测量结果产生误差，而误差大小也是取决于磁芯的磁化强度以及磁饱和程序，要想使磁偏移消除，就要进行去磁化。

（4）闭环式霍尔电流传感器。

闭环式霍尔电流传感器与开环式霍尔电流传感器都是根据霍尔效应原理运行的，但是在具体的结构与工作原理上，二者存在很大差异。闭环式霍尔电流传感器本质上是一种基于负反馈的磁平衡型自动补偿式电流传感器，所以，它具备负反馈系统所拥有的优势与特性。

①组成与结构。磁环孔隙中的霍尔元件、原边待测电流、聚磁环（包括磁芯、原边线圈、次级线圈）、放大处理电路、待测电阻等等组合在一起，便得到了闭环式霍尔电流传感器的大致结构，如图5-18所示。

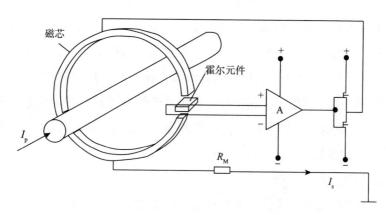

图 5-18　闭环式霍尔电流传感器的结构

②工作原理。当待测的大电流 I_p 穿过磁芯，在磁芯中就会产生聚集的磁通，霍尔元件就会感应到磁通，然后形成输出电压，后续的信号调理电路会使电压被放大，或者是得到补偿，通过功率放大电路，补偿电流 I_s 得以产生，电流 I_s 经过次级多匝线圈以后，会有一个和一次磁场反方向的磁场，通过两个磁场的抵消，霍尔器件所感应到的磁场是慢慢减小的，最后直至为零。这个时候，I_p 和 I_s 会产生相等的磁场，也就是说磁场会达到平衡状态，I_s 将处于稳定状态，霍尔元件处在磁平衡的状态。

通常该过程都是在 1 μs 的时间内完成，一旦原边电流发生改变，就会在磁通差的作用下使霍尔元件产生电流输出，次级线圈会很快对输出电流进行补偿。从宏观角度看，可以得到 $I_p N_p = I_s N_s$，即 $I_p = I_s N_s / N_p$，其中 N_p、N_s 分别是原边和次边的线圈匝数，在穿心式传感器中，N_p 为 1 匝。一般会将 N_s/N_p 称作匝数比，待测原边电流 I_p 往往较大，通过匝数比的变换，便可以从次级小电流的测量值得知初级大电流的值。

在次级线圈串联一个电阻，通过这个电阻，可以进行次级电流的测量。所以，该测量电阻上的电压波形就是原边电流的真实反映。

（5）霍尔电流传感器的特点。

霍尔电流传感器的性能非常好，下面列举了几个霍尔电流传感器的特点。

①可以对所有波形的电压和电流进行测量，同时还可以测量瞬态峰值参数，它的副边电路能够真实地反映原边电流的波形。这一优点是互感器无法与之相比的（因为普通的互感器一般只适用于 50 Hz 的正弦波）。

②精度高。霍尔电流传感器 / 变送器模块在工作区域内的精度通常优于 1 %，该精度适用于任何波形的测量，而普通互感器的精度一般为 3 % ～ 5 %，且只适合于 50 Hz 的正弦波形。

③线性度优于 0.5 %。

④动态性能好。霍尔电流传感器模块的动态响应时间一般小于 7 μs，跟踪速度 di/dt 高于 50 A/ μs。

⑤工作频带宽。工作频率范围是 0 ～ 20 kHz。

⑥体积和质量都比较小，安装起来非常方便，不会对系统造成损失。

霍尔电流传感器具有隔离主电路回路及电子控制电路的作用，是一种非常先进的传感器。它不仅集互感器、分流器的优点于一身，还弥补了二者的不足，如分流器不能隔离测量，互感器只适用于 50 Hz 的工频测量。霍尔电流传感器模块检测元件可以对交流、直流进行检测，甚至对于瞬态峰值也可以进行检测，所以，它可以取代互感器和分流器，成为被人们广泛应用于多个领域的新一代产品。

第6章 电动汽车变流器及其智能控制技术

6.1 直流电机的驱动电路

6.1.1 直流电机概述

在所有电机中，最早被人类发明并应用的就是直流电机，它包括两种：能转换机械能为电能的直流发电机与能转换电能为机械能带动负载的直流电动机。这两种类型实质上反映的是直流电机的两种相反的工作状态。因此，发电机与电动机在结构、基本工作原理、内在关系等多个方面都有相同之处。鉴于直流电动机具备较为优越的调速与启动特性，被广泛应用于各种自动控制系统。

依据结构形式，可将直流电机分为防爆式、封闭式与开启式三种；依据容量大小，可将直流电机分为大型、中型、小型三种；依据励磁方式，可将直流电机分为串励、并励、复励以及他励等。

1. 直流发电机的工作原理

直流发电机最简单的模型如图 6-1 所示，N 极与 S 极是在空间内固定着的两个永久磁铁，$abcd$ 是一个线圈，安装在能转动的铁磁圆柱体上，线圈的两端分别与两个圆弧形的铜片（换向片）相连，两者相互绝缘。其中，线圈与铁心的结合叫作电枢，当换向片与空间内静止不动的电刷 A、B 接触时，即可向外电路供电。

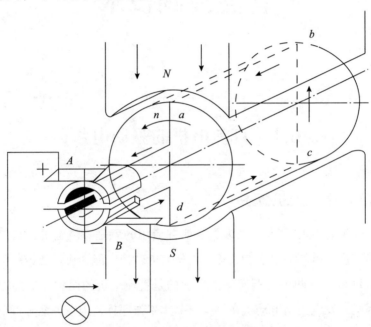

图 6-1　直流发电机模型示意图

当原动机以恒速 n 拖动电枢按照逆时针方向旋转时，线圈中会形成感应电动势。依据弗莱明右手定则，图 6-1 中线圈所呈现的是由 d 到 c、由 b 到 a 的电动势方向，也就是说，在该线圈中，高电位处于 a 点，低电位处于 d 点。电刷 A、B 在此时通过换向片分别连接线圈的 a、d 端，所以，A 是电动势的正方向，B 是电动势的负方向。当电枢转过 180° 后，高电位变为 d 点，低电位变为 a 点，电刷 A、B 此时分别连接线圈的 d、a 端，电动势的方向不变。如果将负载接入电刷 A、B 之间，就会产生电流 I 经过外电路负载，从电刷 A 流向电刷 B，在这一过程中，电流经过换向片与线圈 $abcd$ 形成闭合回路，电流在线圈中的方向是从 d 到 a。

由此可见，虽然在发电机工作时，线圈中会形成交变的电动势，但在换向片与电刷的整流作用下，会产生 A、B 极性恒定的直流电压。需要说明的是，在发电机的电枢铁心上，实际按一定规律缠绕和连接了很多线圈，它们共同构成了电枢绕组。经过上述对直流发电机工作原理的介绍，可以将直流发电机视作设计了换向器装置的交流发电机。

当原动机沿着逆时针方向、用恒速 n 拖动电枢旋转时，线圈 ab 和 cd 分别对不同磁极（N 与 S）的磁力线进行切割，感应电动势由此形成。感应电动势在每根导体中形成时的瞬时值为

$$e = Blv \qquad (6-1)$$

式中：B 为导体所处位置的磁通密度，单位为 Wb/m^2；l 为导体的有效长度，单位为 m；v 为导体切割磁力线的线速度，单位为 m/s。

对已制成的电机，l 为定值，若 n 恒定，则 v 亦是常值，即有

$$v = \frac{\pi D n}{60} \qquad (6-2)$$

式中：D 为电枢直径，单位为 m；n 为电枢每分钟旋转的周数，单位为 r/min。

2. 直流电动机的工作原理

直流电动机的结构与直流发电机的一样。当在电刷 A、B 间外接直流电源并且 A 为正极 B 为负极时，ab 中电流方向为由 a 到 b，cd 中电流方向为由 c 到 d，根据左手定则，电磁力矩沿逆时针方向。转过 180° 后，cd 转到 N 极之下，但电刷 A、B 经换向片分别与 d、a 相连，此时电磁力矩仍沿逆时针方向，电机在直流电源作用下产生恒定转矩，拖动负载沿恒定方向转动。

由此说明，经过直流电动机线圈的是交变电流，但电磁转矩有恒定不变的方向。在直流电动机中，多个线圈构成了电枢，这些线圈形成的电磁转矩呈一致的方向，这一点与直流发电机相同。

3. 电机的可逆原理

一台直流电机原则上能同时用作电动机与发电机，仅需满足其对应的外界条件即可。如果原动机以恒速拖动电枢旋转，就能将直流电动势从电刷端引出来，作为直流电源将电能提供给负载；如果将直流电压加在电刷端外，那么可以用电动机带动机械负载在轴上旋转，实现电能到机械能的转换。在电机理论中，这种同一台电机既发挥电动机的作用，又发挥发电机的作用的原理，叫作可逆原理。

6.1.2 直流电机驱动电路

1. 直流电动机电枢的调速原理

根据电机学可知，直流电动机转速 n 的表达式为

$$n = (U - IR) / (k\phi) \qquad (6-3)$$

式中：U 为电枢端电压；I 为电枢电流；R 为电枢电路总电阻；ϕ 为每极磁通量；k 为电动机结构参数。

根据式（6-3），控制直流电动机转速的方法主要有电枢控制法与励磁控制法两大类。其中电枢控制法是通过控制电枢电压达到控制转速的方法，这种控制法是目前大多数场合采用的主要控制方法。励磁控制法是通过控制励磁磁通达到控制转速的方法。这种方法在直流电动机转速较低时，会明显受到磁极饱和的限制；在转速较高时，又会受到换向器结构强度与换向活化的限制，且会形成较大的励磁线圈电感，无法得到较好的动态响应，因此并不常用。以下是在励磁恒定不变的情况下，通过脉宽调制

（PWM）来控制和调节直流电动机转速的方法。

在控制和驱动直流电动机的电枢电压的过程中，有两种使用半导体功率器件的方式：一是开关驱动方式，这种方式控制半导体功率器件在开关状态工作，通过 PWM 对电动机的电枢电压进行控制，以此控制电动机的转速；二是线性放大驱动方式，这种方式要求半导体功率器件在线性区工作，具有输出波动小、对邻近电路干扰小、控制原理简单、线性好的优点，但功率器件在线性区中工作，会造成严重的散热与低效率问题。

直流电动机 PWM 调速控制原理和输入输出电压波形如图 6-2 所示。

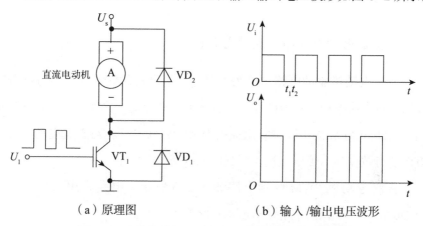

（a）原理图　　　　　　（b）输入 /输出电压波形

图 6-2　直流电动机 PWM 调速控制原理和电压波形

在图 6-2（a）中，当开关管的驱动信号为高电平时，开关管 VT_1 导通，直流电动机电枢绕组两端有电压 U_s。t_1 后，驱动信号变为低电平，开关管 VT_1 截止，直流电动机电枢两端电压为 0。t_2 后，驱动信号重新变为高电平，开关管的动作重复前面的过程。对应输入电平的高低，直流电动机电枢绕组两端的电压波形如图 6-2（b）所示。直流电动机电枢绕组两端电压的平均值 U_0 为

$$U_0 = (t_1 U_s + 0)/(t_1 + t_2) = (t_1 U_s)/T = D U_s \tag{6-4}$$

式中：D 为占空比，$D = t_1/T$。

占空比 D 表示在一个周期 T 里开关管导通的时间与周期的比值。D 的变化范围为 $0<D<1$。由式（6-4）可知，在电源电压 U_s 不变的情况下，电枢两端电压的平均值 U_0 取决于占空比 D 的大小，改变 D 值，也就改变了电枢两端电压的平均值，从而达到了控制电动机转速的目的，即实现 PWM 调速。

在 PWM 调速过程中有一个重要参数，即占空比 D，可通过定频调宽法、定宽调频法以及调宽调频法等改变占空比。采取其中的定频调宽法改变占空比时，需要在保持周期 T 或频率不变的前提下，使 t_1 和 t_2 同时改变。

2. 直流电动机电枢调速的电路设计

直流电动机驱动电路主要用于对直流电动机的转动速度与方向进行控制。对直流电动机转速的控制，有多种可选方案，比如，可采用两种小型号（8050 与 8550）三极管组成的 H 型 PWM 电路。对直流电动机转动方向的有效控制，可以通过改变其两端承载的电压来实现。

直流电动机 PWM 驱动电路如图 6-3 所示，电路采用功率三极管（8050 和 8550）以满足电动机启动瞬间的大电流要求。

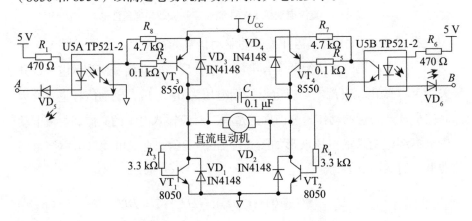

图 6-3　直流电动机 PWM 驱动电路

当 A 输入为低电平、B 输入为高电平时,晶体管功率放大器 VT_3、VT_2 导通,VT_1、VT_4 截止。VT_3、VT_2 与直流电动机一起形成一个回路,驱动电动机正转。当 A 输入为高电平、B 输入为低电平时,晶体管功率放大器 VT_3、VT_2 截止,VT_1、VT_4 导通,VT_1、VT_4 与直流电动机形成回路,驱动电动机反转。4 个二极管起到保护晶体管的作用。

功率晶体管采用 TP521 光耦器驱动,将控制部分与电动机驱动部分隔离。光耦器的电源为 +5 V,H 型驱动电路中晶体管功率放大器 VT_3、VT_1 的发射极所加的电源为 12 V。

6.2 母　　排

母排是一种可靠且高效的电气连接部件。目前,在各类电力电子系统中,叠层母排产品的应用已十分广泛。随着电动汽车在全球的推广,为了进一步满足电动汽车对超级电容、电池等储能系统日益增长的需求,人们相继生产出了为电容量身定制的母排产品与具有更高集成度的电池。

6.2.1 母排与叠层母排简介

在供电传输系统中,母排代表的是其中的导电材料,就是电柜中各分路电路与总控制的开关所使用的连接铝排或铜排。母排的表面进行了绝缘处理,可以作为导线在供电传输系统中发挥作用。叠层母排作为一种具备多层复合结构的连接排,也叫层叠母线、层叠母排、复合铜排、复合母排,被视作配电系统的高速公路。相较于烦琐、费时、笨重的传统配线方式,叠层母排作为一种现代的配电系统,具有易于设计、结构清晰、安装快速的优点。除此之外,其作为大功率模块化连接结构部件,因装配简洁快捷、低阻抗、可靠性好、有可重复电气性能、节省空间、抗干扰等特点在实际应用中发挥了重要作用。在电话交换系统、电力开关系统、电力牵引设备、电动设备的功率转换模块、电力及混合牵引、大型网络设备、发电系统、蜂窝通信、军事设备系统、大中型计算机、基站、焊接系统等各类系统中，叠层母排得到了广泛应用。

6.2.2　车载传统母排与叠层母排的比较

在主电路中，一般情况下，直流侧电容、开关器件的寄生电感等通常恒定不变，因此可通过降低主回路母线的分布电感对开关电压尖峰进行抑制。使用母排对直流侧支撑电容和开关器件进行电气连接的方式有两种：一是传统母排，一般为平行排列的铜板或铜条；二是叠层母排。传统母排与叠层母排性能的比较见表 6-1 所列。

表 6-1　传统母排与叠层母排性能的比较

项　目	传统母排	叠层母排
可安装性	需多次安装操作，容易出错	一次性安装，出错率低
总体成本	设备尺寸一般较大，结构紧凑性不好，整体成本高	结构紧凑，有利于减小设备整体尺寸，整体成本低
电感性能	杂散电感大	叠层结构紧密，杂散电感小
电容性能	电容设计无法优化	可通过改变叠层材料优化电容设计
使用寿命	铜基裸露，一般 3 年左右	包裹结构，一般 10 年左右

传统母排虽然具有易于实现、制作简单、能在一定程度上抑制电压尖峰的优势，但因其有强烈的互感，只适合用在性能要求较低、功率较大的场合中。将连接线组合成扁平的截面是叠层母排的优势，这样在电流截面相同时，会使其导电层的表面积增大，还能大幅降低导电层之间的间隔。受邻近效应影响，相反的电流流过相邻导电层时，其所产生的磁场会相互抵消，从而大幅降低线路的分布电感。另外，传统母排扁平的外形会大幅增加其散热面积，能有效提升其载流量。

6.2.3　叠层母排的结构及材料的选择

叠层母排由黄铜、紫铜、铝等导电材料与环氧材料、绝缘纸、薄膜等绝缘材料，按一层或多层叠加的方式组成。其中，绝缘材料在导电材料中逐层叠合，它们共同构造出一个多层复合结构的连接电路。叠层母排的分类有多种：依据边沿结构，可将其划分为灌封式母排、封闭式母排、开放式母排三种类型；依据其自身的结构形式，可将其划分为成型式叠层母排、平板式叠层母排。表 6-2 和表 6-3 分别列举了导电材料和绝缘材料的属性。

表 6-2　导电材料的属性

名　称	牌　号	密度 /(g·cm^{-2})	导电性能 /%	热导率 / [W·(m·K)$^{-1}$]
紫铜	T2/C1100	8.90	98.3	388
铝合金	1060/A1030	2.70	62.0	234
黄铜	H62/C26000	8.53	28.0	120

现阶段，牌号为 1060 的铝板或 T2 的紫铜板是电动汽车中常用的导电材料。

表 6-3　绝缘材料的选择

材　料	密度 / (g·cm^{-3})	热导率 / [W·(m·K)$^{-1}$]	介电常数 / (f=60 Hz)	介电强度 / (kV·mm^{-3})	阻燃等级	绝缘耐热等级
诺美纸	0.80～1.10	0.143	2.7	32	94V-0	220
聚酯薄膜	1.38	0.128	3.8	120	94V-0	105
环氧玻璃布层压板	1.60	0.240	4.6	40	94V-0	130
聚酰亚胺	1.42	0.094	2.8	173	94V-0	220

诺美纸具有优越的耐化学腐蚀性、阻燃性、耐热性、耐辐射性、耐火性和机械性能。聚酯薄膜的优势在于其价格低、吸湿性低、有良好的耐

化学腐蚀性和导电能力。环氧玻璃布层压板通常用于电气设备与机械制造，能在高温环境下保持稳定的电气性能与较高的机械强度。聚酰亚胺的优点是具备良好阻燃性、耐热性、耐辐射性、导电性。目前，车载叠层母排主要采用性价比最优的环氧玻璃布层压板作为绝缘材料。

6.2.4 叠层母排对于杂散电感的抑制原理及叠层母排的性能特点

1.叠层母排对于杂散电感的抑制原理

在换流过程中，开关器件可将电流的快速变化视作瞬间的高频电流。在邻近导体层中，导体的高频电流会因为邻近效应的影响形成镜像电流。当地平面路径与两个导通层之间的信号路径按照层叠的方式放置且导体层的间距远比导体的宽度小很多时，两个导体层上的高频电流就会在集肤效应的影响下，相互靠近，最终在内层邻近表面聚集起来，形成一对有相反方向的电流。此时，导体的部分高频磁场会相互抵消，这种现象与两个导体层之间的杂散电感被抑制有一致的效果。产生于导体层之间的镜像电流有以下两种分布情况：一种如图6-4（a）所示，信号有独立衡路径；另一种如图6-4(b)所示，信号与邻近地平面之间的往返路径，即非平衡路径。

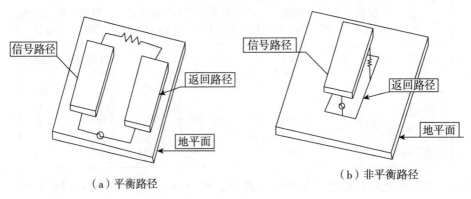

（a）平衡路径　　　　　（b）非平衡路径

图6-4 平衡路径和非平衡路径

在处于非平衡路径的条件下时，信号电流与其对应的镜像电流所辐射形成的磁场会相互抵消。因此，电流回路面积会在非平衡路径下达到最小值。信号电流与其对应的镜像电流之间会形成非常小的回路杂散电感。将地面路径与信号路径设置成等大时，就构成了叠层母排。

基于前文中探讨的路径的选择与比较方面的内容可知，只有满足以下条件，才能达到在应用过程中降低杂散电感的效果。

（1）同一高频电流要在换流回路中流过所有铜排导体，最后完成一个完整的换流过程。

（2）所有铜排导体都需要在换流回路中，以叠层结构的方式设计和分布形成非平衡路径。

对于两电平全桥拓扑电路连接母排，可简化换流回路为两块直流母线铜排的组合。基于基尔霍夫电流定律，在正负母线铜排上流经的电流始终方向相反、大小相等，即满足上述（1）中提到的要求；其结构上只要层叠设置正负母线铜排，就满足上述（2）中提到的要求。由此说明，对于两电平全桥拓扑的换流回路，其主路电气连接，可以将其结构设计为叠层母排的形式来实现，以此可以降低杂散电感在回路中的应用效果。

2. 叠层母排的性能特点

叠层母排具有很多优点，其主要的性能特点如下。

（1）能降低尖峰电压、减少杂散电感，使系统的安全性、可靠性得到有效提升。因杂散电感（寄生电感）产生的尖峰电压会造成通断时能量在IGBT中聚集，从而造成电压突变，平行平面的独特设计有助于将低感母排的杂散电感降至最低。在电流方向相反、大小相等的正负连接叠层母排上，由于在母线中经过了方向相反的正负电流，线路中的差模杂散电感被抵消掉。

（2）具有电感弱、阻抗低、发热少的特点。圆形导体的阻抗最大，平板形导体的阻抗最小。降低阻抗会使器件的功率损失与阻值随之降低。

叠层母排具有距离小、面积大的特点，能将自感降到最低。

（3）抗干扰能力强，可靠性高。受静态功率转换器或开关动作等的干扰，有时会产生杂讯，由于正常信号的存在状态也是通模形式，所以器件无法对叠加在一起的正常信号与这些干扰做出细致分辨。而母排因为其杂讯比电缆小很多，所以常表现出良好的抗干扰性。

（4）改善了散热性能。采用平行平面设计的方式有效增大了叠层母排的表面积，使其连接集中，有利于其进行散热，使其能够承受电路中更高的电流值，大大提高了其载流能力。

（5）整体简洁、紧凑，降低了总体成本，便于模块化设计，具有较强的安装防错能力，大幅减少配线错误，有效提高了安装效率。

叠层母排将在交通领域（如电动汽车、机车）、功率转换领域（如风电变流器、太阳能逆变器）、计算机领域（如大型主机、服务器）、通信领域（如配电系统、通信基站）、电动汽车充电站、UPS 电源柜等多个领域的多个方面得到广泛应用。叠层母排量身定制的模块式结构为现场服务与安装都提供了很大便利，使产品具有更高的安全性与可靠性，能以更低的电压降承载更高的电流，并使之成为未来行业发展的趋势。

6.3　电压型 PWM 变频电源机器控制方法

6.3.1　用于直流－交流变换的电压源型逆变器和电流源型逆变器

异步电动机作为电动汽车和混合动力汽车的主要动力来源需要稳定的供电，一般会选择燃料电池、蓄电池等直流电源。直流电源的端电压基本恒定，这就要求异步电动机必须安装一个直流－交流（DC/AC）逆变器来实现电压和频率的转变，这类逆变器根据使用储能元件的不同可以分为两类：电压源型逆变器和电流源型逆变器。

1. 电压源型逆变器

在图 6-5（a）中的直流环节，通过大电容使整个直流电压的波形较为稳定，理想情况下可视为内阻为零的恒压源，采用 MOSFET 或 IGBT 开关器件得到波形为阶梯波或矩形波的输出交流电压，这类逆变器称为电压源型逆变器。

2. 电流源型逆变器

在图 6-5（b）中的直流环节，通过大电感使整个直流电流的波形较为稳定，理想情况下可视为恒流源，采用逆阻型开关器件得到波形为阶梯波或矩形波的输出交流电流，这类逆变器称为电流源型逆变器。

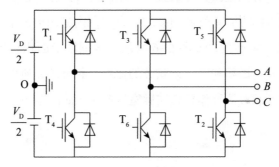

（a）电压源型逆变器

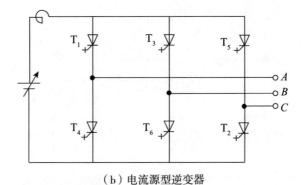

（b）电流源型逆变器

图 6-5　电压源型逆变器与电流源型逆变器的电路结构

6.3.2 直流－交流变换电源的脉宽调制方法

如图 6-5（a）所示的两电平电压源型逆变器可以通过脉宽调制方法实现对输出电压大小的控制和调节，还能消除低次谐波，调节输出电压的波形，具体做法是在输出电压的每个周期中不断进行开关器件的通断转换。脉宽调制方法主要包含以下两种。

1. 正弦波脉宽调制

将逆变器控制器中输出电压的正弦波（基波分量）作为期望波，将等腰三角波（频率比期望波高）作为载波，将与期望波幅值、频率（相位）一致的正弦波作为调制波，将载波和调制波的交点作为逆变器开关器件的通断时刻，就可以得到正弦调制波的半个周期内呈两边窄中间宽的一系列等幅、不等宽的矩形波，如图 6-6 所示。根据波形面积相等原则可以得出每一个矩形波的面积和对应正弦波的面积是相等的，所以可将两者视为等效的。这种调制方法称作正弦波脉宽调制（sine pulse width modulation，SPWM）方法。

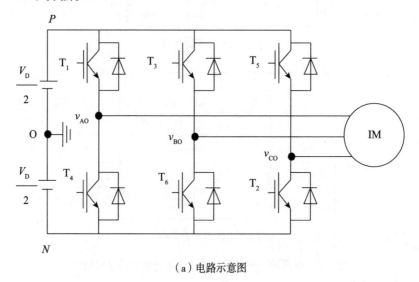

（a）电路示意图

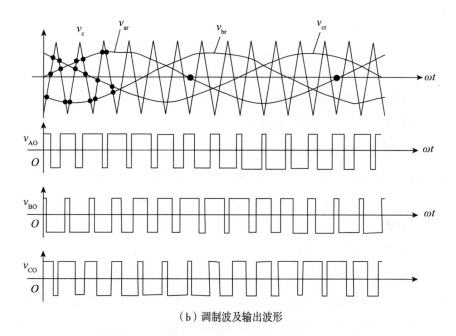

（b）调制波及输出波形

图 6-6　三相逆变电路及 SPWM 方法的电压输出波形

图 6-6（b）中三角形高频载波电压 $v_c(t)$ 的幅值为 V_{cm}，频率为 f_c，三相调制参考信号正弦电压 v_{ar}、v_{br}、v_{cr} 分别为

$$v_{ar}(t) = V_{rm} \sin \omega_r t$$
$$v_{br}(t) = V_{rm} \sin \left(\omega_r t - 120° \right) \qquad (6-5)$$
$$v_{cr}(t) = V_{rm} \sin \left(\omega_r t + 120° \right)$$

式中：ω_r 为调制参考波 v_r 的角频率，$\omega_r = 2\pi f_r = 2\pi f_1$；$f_r$ 为正弦调制参考电压的频率，f_1 为输出电压基波的频率，前者决定后者，所以两者相等；V_{rm} 为调制参考波电压的幅值。

由上式可以得出，幅值 V_{rm} 与频率 f_r 共同决定了 v_{ar}、v_{br}、v_{cr} 的数值大小。参考信号正弦电压与双极性三角形高频载波电压 $v_c(t)$，相比较，会产生一系列驱动信号 $V_{G1} \sim V_{G6}$，实现对 $T_1 \sim T_6$ 的控制。因此，开关器件的通断瞬间就会得到控制电压源型逆变器输出的三相交流相电压 v_{AO}、v_{BO}

和 v_{CO} 的瞬时值。

在图 6-6（b）中，比较 $v_{ar}(t)$ 与 $v_c(t)$ 可以得出以下几种情况：当 $v_{ar} > v_c$ 时，V_{G1} 为正值，代表 T_1 导通，得出 $v_{AO} = V_D / 2$，此时 v_{AO} 为正脉波电压；当 $v_{ar} < v_c$ 时，V_{G1} 为负值，代表 T_1 关断，T_4 导通，得出 $v_{AO} = -V_D / 2$，此时 v_{AO} 为负脉波电压。所以，逆变电路输出的相电压 v_{AO} 为与驱动信号 V_{G1} 波形相同的双极性脉波电压。同理可得，当 $v_{br} > v_c$ 时，V_{G3} 为正值，T_3 导通，$v_{BO} = V_D / 2$，v_{BO} 为正脉波电压；当 $v_{br} < v_c$ 时，V_{G3} 为负值，T_3 关断，T_6 导通，$v_{BO} = -V_D / 2$，v_{BO} 为负脉波电压。这里需要注意，逆变电路输出的相电压 v_{BO} 比 v_{AO} 要滞后 120°，v_{CO} 比 v_{BO} 要滞后 120°，即比 v_{AO} 滞后 240°。

三相电压型逆变电路包含三个桥臂，每个桥臂上有两个开关管，如 A 相桥臂上包含开关管 T_1 和 T_4，该电路在工作时每个桥臂上只有一个开关管会导通，如 A 相桥臂上导通的非 T_1 就是 T_4，因为两者的驱动信号是互补的，即整个逆变电路在工作时会时刻保持三个开关管导通。根据图 6-6（a）可知，$v_{AB} = v_{AO} - v_{BO}$，这属于单极性脉波电压。

SPWM 方法不仅可以在模拟电路中实现，也可以通过数字控制器或者微处理器实现，其特点如下。

（1）可以实现线电压最大化输出。由前面的内容可知，三相电压 v_{AO}、v_{BO}、v_{CO} 的调制都是独立的，每一相可输出的电压的最大幅值为

$$V_{\text{phase,max}} = V_D / 2 \qquad (6-6)$$

由于线电压幅值为相电压幅值的 $\sqrt{3}$ 倍，进而得出线电压的最大幅值为

$$V_{\text{line, max}} = \sqrt{3}V_D / 2 \approx 0.866V_D \qquad (6-7)$$

显然，应用 SPWM 方法可以保证逆变电路对直流电压的有效利用率最高可达 86.67%。

（2）电路中每个开关器件在一个调制周期内仅发生一次开关行为，损耗较小，使用寿命更长。

2. 空间矢量脉宽调制

空间矢量脉宽调制（space vector pulse width modulation, SVWM）是如今 PWM 调制的优选算法之一，相较于 SPWM 方法有很多优势，如开关损耗低、输出电压不易发生畸变、直流电压利用率高等，正逐步取代 SPWM 方法。

（1）空间矢量。由前面内容可知，三相电压型逆变器主电路在工作时需要保持三个开关器件导通，但同一相臂的开关器件的开关状态刚好相反，即图 6-6（a）中属于上桥臂的 T_1、T_3、T_5 开关与下桥臂的 T_2、T_4、T_6 开关的动作相反。现将三个开关器件的开关状态假设为 S_a、S_b、S_c，当上桥臂开关器件导通时，记为 $S_i = 1(i \in \{a,b,c\})$，当上桥臂开关器件断开时，记为 $S_i = 0$（$i \in \{a,b,c\}$），由此可得出三相逆变器开关组合状态共有 8 种。如图 6-7 所示为两电平逆变器空间矢量图，其中 6 个非零矢量 $V_1 \sim V_6$ 组成了一个正六边形，并将其分为了 Ⅰ～Ⅵ 6 个相同的扇形区，零矢量 V_0 位于六边形的中心。

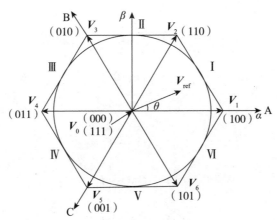

图 6-7　两电平逆变器的空间矢量图

根据图 6-6（a）可以推导出空间矢量与开关状态之间存在的内在关系，现假设三相逆变器的工作处于三相平衡状态。

由于对称三相电压方程相互差 120°，因此可推导出

$$v_{AN}(t) + v_{BN}(t) + v_{CN}(t) = 0 \qquad (6-8)$$

式中：v_{AN}、v_{BN}、v_{CN} 分别为各相负载的瞬时电压；N 为电机中点。

将三相电压变量转换为两相变量，可得

$$\begin{bmatrix} v_{\alpha}(t) \\ v_{\beta}(t) \end{bmatrix} = \frac{2}{3}\begin{bmatrix} 1 & -0.5 & -0.5 \\ 0 & \sqrt{3}/2 & -\sqrt{3}/2 \end{bmatrix}\begin{bmatrix} v_{AN}(t) \\ v_{BN}(t) \\ v_{CN}(t) \end{bmatrix} \qquad (6-9)$$

式中：矩阵系数并不一定是 2/3，也可以是 $\sqrt{2/3}$。当系数为 2/3 时，经等效变换后，两相系统的电压幅值与原三相系统保持一致；当系数为 $\sqrt{2/3}$ 时，经等效变换后，两相系统的功率（电压与电流的乘积）与原三相系统保持一致。

空间矢量通常根据 $\alpha - \beta$ 坐标系中的两相电压定义为

$$V(t) = v_{\alpha}(t) + \mathrm{j}v_{\beta}(t) \qquad (6-10)$$

根据式（6-9）和式（6-10）可得

$$V(t) = \frac{2}{3}\left[v_{AN}\mathrm{e}^{\mathrm{j}0^{\circ}} + v_{BN}\mathrm{e}^{\mathrm{j}120^{\circ}} + v_{CN}\mathrm{e}^{\mathrm{j}240^{\circ}} \right] \qquad (6-11)$$

矢量 V_1 的开关状态组合 (S_a, S_b, S_c) 为 (100)，从而得出该矢量产生的负载相电压为

$$\begin{cases} v_{AN}(t) = \dfrac{2}{3}V_D \\[2mm] v_{BN}(t) = -\dfrac{1}{3}V_D \\[2mm] v_{CN}(t) = -\dfrac{1}{3}V_D \end{cases} \qquad (6-12)$$

式（6-10）和式（6-11）联合计算可得 V_1 对应的空间矢量，即

$$V_1 = \frac{2}{3}V_D\mathrm{e}^{\mathrm{j}0^{\circ}} \qquad (6-13)$$

同理可得其他 6 个非零矢量，根据这 6 个非零矢量，可得

$$V_k = \frac{2}{3} V_{\mathrm{D}} \mathrm{e}^{5(k-1)\cdot 60^\circ} \quad (k = 1, 2, \cdots, 6) \tag{6-14}$$

零矢量 V_0 的开关处于（000）、（111）状态时，能实现的功能是逆变器开关频率最少的，这会在后续进行讨论。零矢量和非零矢量都是静态矢量，不会在空间上发生运动。与此相反，图 6-7 中给定的电压矢量 V_{ref} 在空间以 $\omega = 2\pi f_1$ 的角速度旋转，f_1 为逆变器输出电压的基波频率，V_{ref} 相对于 $\alpha - \beta$ 坐标系中 α 轴的偏移角度为 θ。

电压矢量 V_{ref} 在空间中的位置由逆变器输出电压的幅值与角度位置决定，后两者确定后，前者也就确定了，而且 V_{ref} 在空间中旋转一周意味着逆变器输出电压发生了一个周期变化。所以，V_{ref} 的旋转速度决定了输出电压的频率，改变 V_{ref} 的幅值就能改变输出电压的幅值，根据式（6-14）可知，V_{ref} 的幅值其实就是逆变器输出相电压的峰值 $V_{\mathrm{phase,max}}$。

（2）矢量作用时间的计算。电压矢量 V_{ref} 是由 3 个静态矢量合成的，根据伏秒平衡原理，可以得出矢量 V_{ref} 和开关周期 T_{s} 的乘积与各个空间电压矢量乘以其作用时间的值的和是相等的，即

$$\begin{cases} V_{\mathrm{ref}} T_{\mathrm{s}} = V_1 T_{\mathrm{a}} + V_2 T_{\mathrm{b}} + V_0 T_0 \\ T_{\mathrm{s}} = T_{\mathrm{a}} + T_{\mathrm{b}} + T_0 \end{cases} \tag{6-15}$$

当 T_{s} 足够小时，可以将矢量 V_{ref} 视为恒定的，此时，V_{ref} 近似等于两个相邻非零矢量和零矢量的叠加。比如，第 I 扇形区的 V_{ref} 可以由矢量 V_1、V_2 和 V_0 合成，如图 6-8 所示，即

$$\begin{cases} V_{\mathrm{ref}} = V_{\mathrm{ref}} \mathrm{e}^{\mathrm{j}\theta} \\ V_1 = \frac{2}{3} V_{\mathrm{D}} \\ V_2 = \frac{2}{3} V_{\mathrm{D}} \mathrm{e}^{\mathrm{j}60^\circ} \\ V_0 = 0 \end{cases} \tag{6-16}$$

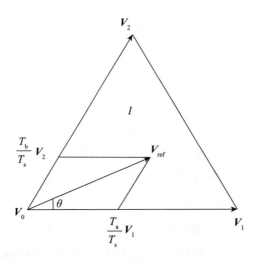

图 6-8 矢量合成示意图

根据式（6-15）和式（6-16）以及矢量实部与虚部相等原则，可得

$$\begin{cases} V_{\text{ref}}(\cos\theta)T_s = \dfrac{2}{3}V_D T_a + \dfrac{1}{3}V_D T_b \\[3mm] V_{\text{ref}}(\sin\theta)T_s = \dfrac{1}{\sqrt{3}}V_D T_b \end{cases} \qquad (6\text{-}17)$$

进而推导出

$$\begin{cases} T_a = \dfrac{\sqrt{3}T_s V_{\text{ref}}}{V_D}\sin(60°-\theta) \\[3mm] T_b = \dfrac{\sqrt{3}T_s V_{\text{ref}}}{V_D}\sin\theta, \qquad (0°\leqslant\theta<60°) \\[3mm] T_0 = T_s - T_a - T_b \end{cases} \qquad (6\text{-}18)$$

同理可得出其他扇形区的参考电压矢量的作用时间。

（3）直流电压的利用率。给定矢量V_{ref}的最大幅值与图 6-7 中六边形的最大内切圆半径有关，该六边形是由 6 个长度为$2V_D/3$的非零矢量组成的，由此可以得出

$$V_{\text{ref},max} = \frac{2}{3}V_D \times \frac{\sqrt{3}}{2} = \frac{V_D}{\sqrt{3}} \qquad (6\text{-}19)$$

进而得出三相逆变器采用 SVWM 方法输出的相电压幅值为

$$V_{\text{phase, max}} = V_D / \sqrt{3} \qquad (6\text{-}20)$$

由于线电压的幅值是相电压的 $\sqrt{3}$ 倍，所以线电压的最大值为

$$V_{\text{line, max}} = V_D \qquad (6\text{-}21)$$

由式（6-21）可知，采用 SVWM 方法在线性区调制时（六边形内切圆），可以实现直流电压 100 % 利用率。

除此之外，当零矢量的作用时间 T_0 为零时，由式（6-18）可知

$$T_0 = T_s - T_a - T_b = T_s\left[1 - \frac{\sqrt{3}V_{\text{ref}}}{V_D}\cos\left(60° - \theta\right)\right] \qquad (6\text{-}22)$$

$$V_{\text{phase, max}} = \frac{2}{3}V_D \approx 0.667V_D \qquad (6\text{-}23)$$

$$V_{\text{line, max}} = \frac{2}{\sqrt{3}}V_D \approx 1.15V_D \qquad (6\text{-}24)$$

6.4　电动汽车变流器的智能控制技术

前几节已经对电动汽车变流器的技术进行了分析，本节主要对电动汽车变流器的智能控制技术进行介绍。

6.4.1　智能控制技术在电动汽车变流器中的应用

在电动汽车的核心技术中，变流器扮演了至关重要的角色，它负责将存储在电池中的直流电转换为能够驱动电机的交流电。随着电动汽车技术的不断进步，智能控制技术在提高变流器效率和性能方面起着决定性的

作用。这些技术能够使变流器更加精确地控制电机的功率输出，优化能源消耗，并提升整车的驾驶性能和舒适度。

智能控制技术的应用主要体现为其能够根据车辆的实时运行状态和外部环境条件，动态调整变流器的工作。例如，在电动汽车加速过程中，智能控制系统可以实时计算所需的最优电力输出，并调整变流器输出，以提供平滑而强劲的加速性能。同样，在下坡或制动时，智能控制技术能够有效地指导变流器的逆转操作，实现能量回收，将机械能转换为电能存回电池中，这不仅提高了能源利用效率，也延长了电池的使用寿命。智能控制系统通常基于复杂的算法和数据模型来执行这些操作，这些算法包括但不限于模糊逻辑控制、神经网络和各种机器学习技术，通过这些先进的算法，变流器能够处理来自车辆各传感器的大量实时数据，如速度、加速度、电池电量和外部温度等，从而做出快速而精确的决策。例如，使用模糊逻辑控制，智能控制系统可以在没有精确数学模型的情况下，处理输入数据的不确定性和模糊性。模糊逻辑控制通过模拟人类的决策过程来优化变流器的性能，使变流器即使在系统动态变化快且复杂的环境中也能保持高效和稳定。通过这种方式，电动汽车能够在各种行驶条件下保持最佳的能效和动力表现。

在变流器的故障诊断和健康管理中，智能控制系统发挥着重要作用，通过持续监控变流器的运行状态和诊断潜在的故障点，可以提前预警，避免车辆故障，确保驾驶安全。这种预测性维护策略大大减少了维护成本和意外停车时间，提高了电动汽车的可靠性和用户满意度。

智能控制技术在电动汽车变流器中的应用极大地提高了电动汽车的整体性能和效率。随着技术的不断进步和优化，未来的电动汽车将变得更加智能化，将更能满足消费者对高效、经济和环保的需求。这些技术的发展不仅推动了电动汽车行业的创新，也为解决全球能源和环境问题提供了有效的技术支持。

6.4.2　电动汽车变流器智能控制技术的未来展望

电动汽车行业的快速发展，特别是电动汽车变流器的智能控制技术的发展，预示着一个技术创新与环境可持续性共同推进的未来。随着智能技术的不断进步，变流器的控制系统将越来越多地运用高级算法和数据分析技术，以实现更高的能效和驾驶性能。

未来的电动汽车变流器智能控制技术将进一步深化其对车辆性能的优化，随着人工智能和机器学习技术的成熟，变流器的控制系统能够通过实时学习和自适应调整，更准确地响应驾驶条件和环境变化。这意味着，无论是在城市拥堵的街道上还是在高速公路上，智能控制系统都能够优化电机的功率输出和能量回收，提供更平稳、更经济的驾驶体验。随着电动汽车、信息与通信技术的融合，变流器的智能控制系统将更加重视与互联网、车联网及其他车辆系统的集成。这种集成将使变流器能够接收和分析来自外部网络的大量数据，如交通流、天气条件及道路状况，从而实时调整电机的运行策略。例如，如果系统预测到前方路段拥堵，变流器可以提前调整能量使用策略，优化能量消耗和提高回收能量的效率。能源管理也是智能控制技术未来发展的一个重要方向，随着电池技术的进步和新型能源如太阳能的应用，变流器将需要更智能的能源管理系统来处理多种能源输入。这种系统能够根据实时能源可用性和行驶需求动态分配能源，优化电动汽车的整体能源利用效率。例如，通过智能控制技术，变流器可以在日照充足时增加来自太阳能电池板的能量使用，在电网负荷较低时利用车载电池存储更多电能。安全性是电动汽车技术中不容忽视的一环，智能控制技术的未来发展会更加注重提高电动汽车的安全性能。通过更精确的控制和更快的响应时间，变流器可以在遇到突发情况时迅速调整电机的输出，帮助车辆保持稳定和安全。同时，智能诊断和预测维护功能将成为标配，能够实时监控变流器和电机的状态，预测潜在的故障，并在问题发生之前采取措施。

环境可持续性是推动电动汽车技术发展的重要驱动力之一，智能控制技术的未来发展会进一步减少电动汽车对环境的影响。通过更高效的能量管理和优化的驾驶模式，电动汽车将减少对电力网络的依赖，并将降低碳排放。此外，智能控制系统能够支持更广泛的环保驾驶策略，例如，提示节能驾驶和自动调节行驶模式以适应环境保护要求。电动汽车变流器的智能控制技术在未来将展现出更高的技术集成度、更优的能效管理、更强的安全性能，以及更低的环境影响。这些技术的发展不仅将推动电动汽车行业的革新，也将为全球能源和环境问题的解决提供有效的技术支撑。随着智能控制技术的不断进步和应用，电动汽车的性能和普及度预计将持续提升，为用户带来更加安全、高效和环保的驾驶体验。

第7章　电动汽车驱动系统及其智能控制技术

7.1　直流电机驱动系统的控制技术

直流电机的控制原理有自身的特点。电机的转动，首先要求控制部分必须根据霍尔传感器感应到的电机转子所在位置，以定子绕组为依据，确定换流器中功率晶体管的开启或关闭顺序，换流器中的上臂功率晶体管 AH、BH、CH 和下臂功率晶体管 AL、BL、CL，使电流按照一定顺序在电机线圈中流过，产生顺向或逆向的旋转磁场，它与转子磁铁相互作用，使电机发生顺时针或逆时针转动。在电机转动过程中，当转子与霍尔传感器感应到的另一组信号相遇时，控制部分将控制下一组功率晶体管有序开启，之后按照这样的流程循环，电机就会始终向着一个方向转动，直到控制部分要求电机停转，转子停止运动，此时功率晶体管将全部关闭或者仅开启下臂功率晶体管。以相反的顺序开启功率晶体管，就能控制电机反向转动。

功率晶体管的开启：AH、BL 一组 →AH、CL 一组 →BH、CL 一组 →BH、AL 一组 →CH、AL 一组 →CH、BL 一组，但绝不能开启为

AH、AL 或 BH、BL 或 CH、CL。由于电子零件的开关响应都需要时间，所以要将零件的响应时间纳入开关功率晶体管的交错时间中整体考虑，否则在上臂或下臂没有完全关闭时，就开启了下臂或上臂，会导致上、下臂短路而烧毁功率晶体管。

在电机转动时，其控制部分会再次按照驱动器预先设定的速度及其变化要求，对比霍尔传感器信号变化的速度或由软件运算，再来决定由下一组（AH、BL 或 AH、CL 或 BH、CL 或……）开关导通，以及导通时间的长短。速度不足则增长，速度过快则减短，这部分工作就由 PWM 来完成。PWM 是决定电机转速快或慢的方式，如何产生这样的 PWM 才是要达到较精准速度控制的核心。

7.1.1 直流电机的调速控制

直流电机的物理模型，如图 7-1 所示。直流电机在运行过程中符合式（7-1）。

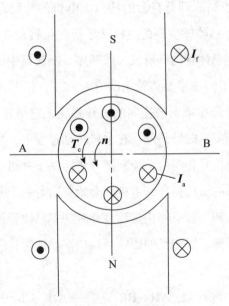

图 7-1　直流电机物理模型

直流电机电磁转矩

$$T_e = K_m \phi I_a \qquad (7-1)$$

式中：T_e 为电机的电磁转矩（N·m）；ϕ 为励磁磁通（Wb）；I_a 为电枢电流（A）；K_m 为由电机结构参数决定的转矩常数。

直流调速系统主要采用的方法是改变电枢电压调速，改变励磁磁通或对电枢电压进行调节，都需要有专门的可控直流电源，以下是常用的两种可控直流电源。

1. 旋转变流机组

将直流发电机与交流电动机组成机组，能获得可以调节的直流电压。用交流电动机带动直流发电机 G 可以实现变流，由 G 输送电能到需要调速的支路发电机 M，对发电机的励磁电流 i_f 的大小进行调节，就能对其输出电压 U 做出便捷的调整，从而对电机转速进行有效的调节，如图 7-2 所示。

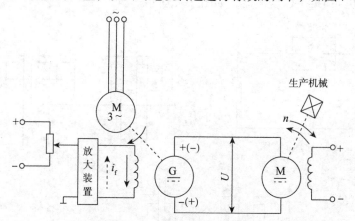

图 7-2　旋转变流机组供电的直流调速系统（G-M 系统）

2. 静止可控整流器

用诸如晶闸管整流装置等静止的可控整流器，能产生可以调控的直流电压，相较于旋转变流机组装置，晶闸管整流装置不仅有更高的可靠性和更优越的经济性，还表现出了十分优越的技术性能，如图 7-3 所示。

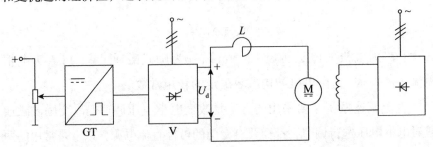

图 7-3　晶闸管－电机调速系统原理框图（V-M 系统）

7.1.2　直流斩波器

直流斩波器也叫直流调压器，利用开关器件来控制电流的通断，断续地向负荷上添加直流电压，通过控制通断的时间对负荷上的直流电压平均值进行干预和调整，将电压固定的直流电源转变成可调节平均值的直流电源，也叫 DC/DC 变换器，如图 7-4 所示。

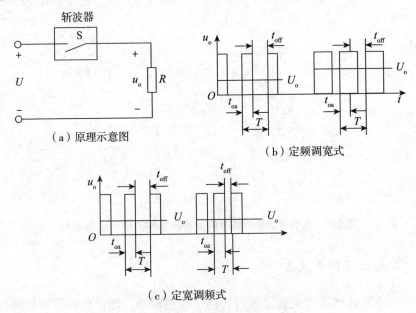

（a）原理示意图

（b）定频调宽式

（c）定宽调频式

图 7-4　直流斩波器原理电路及输出电压波形

7.1.3 直流电机转速、电流双闭环调速系统

如图 7-5 所示，是直流电机转速、电流双闭环调速系统。汽车在行驶过程中加速时，需要蓄电池为其提供电能，它经过 DC/DC 变换器转变成适合的直流电压，以满足直流电机的运行需求；汽车在行驶过程中减速时，先由其中的直流电机完成从机械能到电能的转化，再由 DC/DC 变换器向车内的储能系统，如超级电容器、车载蓄电池等，充电，由此可以说明，DC/DC 变换器是双向功能的变换器。

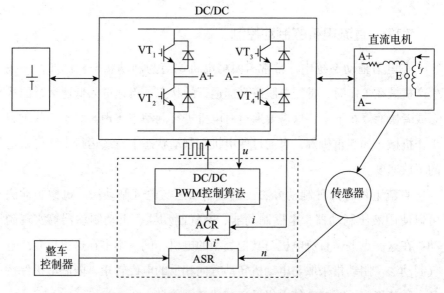

图 7-5 直流电机转速、电流双闭环调速系统

为了满足整车的运行需求，图 7-5 中的直流电机控制系统需要对直流电机的转速与电流实施双闭环控制。图 7-5 中标示的 ASR 是外环的自动速度调节器，可以依据传感器输出的速度值情况和转速指令，发出电机电枢电流指令，最大电枢电流值就是其输出限幅。图 7-5 中标示的 ACR 是内环的自动电流调节器，能对实际电枢电流进行控制，使其调节到电流指令限制的数值上，电枢回路发出的电压指令值就是该调节器的输出数

值，允许达到的最高电枢电压值就是其输出限幅。PWM 单元可以按照电压指令值，产生相应的开关信号。在图 7-5 中，四象限的可逆 DC/DC 变换器控制半导体开关器件执行关断或导通指令。通过对 VT_4、VT_1 的开关状态进行控制，可以通过 DC/DC 变换器将正向电压提供给电机电枢绕组，从而控制电机进入正转电动工况；通过对 VT_2 的开关状态进行控制，也能使电机进入正转发电工况；通过对 VT_3、VT_2 的开关状态进行控制，可以使电机进入反转电动工况；通过对 VT_4 的开关状态进行控制，则可以使电机进入反转发电工况。

7.1.4　直流电机的制动控制

在电力拖动系统中，常常需要将电机调节为制动状态。例如，一些生产机械在工作时，常需要脱离高速运行的状态，迅速进入低速运行的状态或者快速停止下来，这需要通过对电机进行制动来实现。对于一些重型工作机械，如起重机等，可通过使电机在制动状态下持续运行来获得稳定的下放速度。

直流电机有两种制动方法：机械制动法与电气制动法。机械制动法可以使用液压制动器、电磁制动器、空气制动器、手动制动器等实现制动，在这一点上，直流电机与其他类型的电机相同。本书在这里仅介绍电气制动法。制动指采取与电动机转动方向相反的电磁转矩，限制电机保持某一转速稳定运行或者使电机迅速减速甚至停转。

以下是直流电机可用的三种电气制动法。

1. 能耗制动

从电网上断开电枢绕组，将之换接到制动电阻上，这时，电机起发电机的作用，先将转子动能转换为电能，用于电枢电阻与制动电阻，所以能耗制动还被叫作电阻制动。对于不同类型的直流电机，其制动电路使用了不同的接线方法。图 7-6 所展示的就是并励电机的能耗制动电路。并励电机制动时，要求有恒定不变的励磁电流，将电枢绕组的状态从"电动"切换为"制动"，图 7-6 中的 R_B 表示制动电阻。

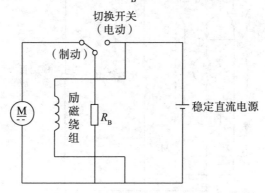

图 7-6　并励电机能耗制动电路

　　图 7-7 为串励电机的能耗制动电路图，串励电机的接线方式有两种。图 7-7（a）中，电机作为产生制动作用的串励发电机使用；图 7-7（b）中，改变串励绕组的连接形式，将其转变成他励式，使制动电阻 R_B 与电枢回路连接起来。复励电机在进行能耗制动时，可以仅通过并励绕组实现，也可以同时发挥并励绕组与串励绕组的作用。

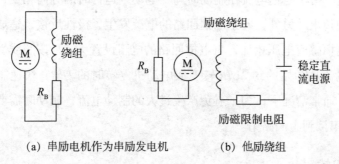

(a) 串励电机作为串励发电机　　　　(b) 他励绕组

图 7-7　串励电机能耗制动电路

2. 反接制动

　　反接制动是一种快速制动方法，该方法可以对电机中正向运行的直流电源进行反极性切换。如图 7-8 所示的是反接制动的控制电路。

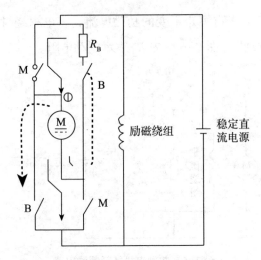

图 7-8　反接制动控制电路

要用到电机的"电动"功能时，需要开启接触器 M，使其处于 ON 状态，电枢电流沿如图 7-8 所示的实线方向流通；实施反接制动时，先要求励磁电流保持恒定，再将接触器 M 调整到 OFF 状态，开启 B，使其进入 ON 状态，电枢电流将在此时改变流通方向，到如图 7-8 所示的虚线方向上。由于电枢电流在制动时与"电动"运行时的方向相反，所以会形成制动转矩。另外，鉴于电枢回路的电源发生了极性反接，造成了电源电压与电枢感应电压相加，将电枢回路的电阻设置为 R，按照线性方式设置制动电流从初始的约 $2U/R$ 转变成电动机停转时的 U/R，快速制动由此可实现。通常情况下，为了避免产生过大的制动电流，制动时需要将制动电阻 R_B 串接到主回路中。

3. 回馈制动

不改变电机的接线，当电机的运行转速比空载时的转速大时，电机的状态会变到发电机工作状态，将机械能转换成电能，输送回电网。同时形成制动转矩，这就是回馈制动，其运行状态有以下两种。

（1）减速时的过渡状态。采取磁场控制的方式时，直流电机为了将其转速降低，可将励磁电流加大，这时电机的感应电动势会持续加大，直至超过电源电压，由此产生的电流将回馈到电源，降低电机的转速。在电机降低转速的过程中，其感应电动势也会逐渐变小，直至低于电源电压。当电枢内部降压值与电枢感应电动势的和与电源电压再次达到平衡时，电机将以新设定的转速稳定地运行。采用反并联静止伦纳德装置（也叫沃德－伦纳德装置）对电机转速进行控制时，上述过渡状态经常出现，如图 7-9 所示。

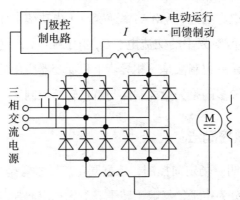

图 7-9　反并联静止伦纳德电路

（2）回馈制动运行。回馈制动通常仅适合在系统提升时应用，用于实现在高速状态下的重物下放。例如，控制卷扬机下降运行时，其转速方向会与电机的旋转方向相反，电机此时会将机械能连续转换成电能，持续供应回电网，由此进入回馈制动运行状态。

直流电机控制系统具有控制简单、易于平滑调速、技术成熟、成本低等优点，但其在运行过程中，换向器需要与电刷换向，这就导致直流电机比交流感应电机的效率低。另外，电刷在使用过程中需要定期维护，这会造成操作上的不便。本身较大的质量与体积、电刷与换向器对直流电机转速的制约，都在一定程度上限制了电机在电动汽车中的应用。

7.2　交流异步电机驱动系统的控制技术

　　20 世纪 90 年代以后，人们在研制与开发交流电机驱动系统方面取得了新的突破。当电动汽车在行驶中制动或减速时，电机处于发电制动状态，将机械能转化成电能并供应到汽车的储能系统中。在电动汽车上，蓄电池供应的直流电，通过 PWM 功率逆变器（由功率半导体器件构成）转变成可以调节幅值与频率的交流电。*U/f* 恒定控制法、直接转矩控制法、矢量控制法、转差率控制法是三相异步电机逆变器应用的几种主要控制方法，其中使用得较多的是矢量控制法与直接转矩控制法。

7.2.1　矢量控制法

　　矢量控制也叫磁场定向控制，依据同步旋转参考坐标系定向的方式，可将该控制法划分为定子、气隙、转子三类磁场定向控制方式。其中的转子磁场定向控制能自然解耦控制，所以广泛应用于实际系统中。其余两种定向控制方式会产生耦合效应，必须通过解耦的补偿电流进行补偿。

　　1971 年，适量控制理论由德国西门子公司的布拉什克（Blaschke）等人提出来。[①] 该理论能实现磁通与转矩的解耦，能通过分别控制的方式达到预期性能。适量控制的运行思路是先将交流电机的三相定子坐标转换成两相定子坐标，然后将其转换为同步旋转坐标，当其产生的旋转磁场相同时，同步旋转坐标系中就会形成直流电，交流电机的解耦由此实现。

　　矢量控制的坐标变换公式为

---

① 冯垛生，曾岳南. 无速度传感器矢量控制原理与实践 [M]. 北京：机械工业出版社，1997：3.

$$\begin{pmatrix} i_{d} \\ i_{q} \end{pmatrix} = \sqrt{\frac{2}{3}} \begin{bmatrix} \cos\theta_r & \cos(\theta_r - 2\pi/3) & \cos(\theta_r + 2\pi/3) \\ -\sin\theta_r & -\sin(\dot{\theta}_r - 2\pi/3) & -\sin(\theta_r + 2\pi/3) \end{bmatrix} \qquad （7-2）$$

逆变换公式为

$$\begin{pmatrix} i_{u} \\ i_{v} \\ i_{w} \end{pmatrix} = \sqrt{\frac{2}{3}} \begin{bmatrix} \cos\theta_r & -\sin\theta_r \\ \cos(\theta_r - 2\pi/3) & -\sin(\theta_r - 2\pi/3) \\ \cos(\theta_r + 2\pi/3) & -\sin(\theta_r + 2\pi/3) \end{bmatrix} \qquad （7-3）$$

实现矢量控制的基本原理是：通过对异步电机定子电流矢量进行控制与测量，在磁场定向原理的基础上，可对异步电机的转矩电流、励磁电流分别进行控制，以此实现对异步电机转矩的控制。该原理为通过分解异步电机的定子电流矢量，分别控制转矩电流（形成转矩的电流分量）与励磁电流（形成磁场的电流分量），同时对两个分量之间的相位与幅值进行控制，即对其电子电流矢量进行有效控制，所以这种控制方法叫作矢量控制法。

矢量控制法可分为有速度传感器的、无速度传感器的和基于转差率控制的等。矢量控制法作为一种能对异步电机进行有效控制的方法，与直流电机一样可以得到高速转矩的响应。AC 伺服技术是商业应用中较为常见的一种技术，主要应用于电动汽车研发推广的早期。AC 伺服技术不同于前面提过的无位置或速度传感器，它具有易受转子阻抗、控制坐标变换的电路较为复杂、受参数变化影响、必须使用传感器等缺点。近年来，逐渐出现和应用了一批可以使参数恒定的新科技，如高水平控制理论的应用、专用的数字信号处理器（digital signal processor, DSP）、无传感器化自动转向法等都推动了矢量控制的发展。常见的异步电机矢量控制图如图 7-10 所示。

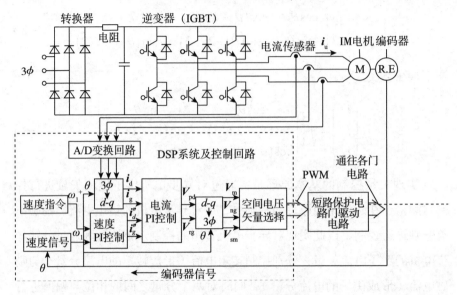

图 7-10　异步电机矢量控制图

异步电机的转矩与电流的关系为

$$T_e = \frac{3pL_m^2}{2L_r}\left|I_s\right|^2 \frac{sT_r}{1+\left(sT_r\right)^2} \qquad (7-4)$$

式中：L_m 为定子、转子互感；p 为电机极对数；L_r 为转子电感（折算到定子侧）；T_r 为转子回路时间常数$(T_r = L_r / R_r)$；R_r 为转子电阻（折算到定子侧）；I_s 为电子电流矢量的幅值；s 为转差率。

从式（7-4）中可以看出，T_e 与 I_s 为非线性关系，T_e 与 s 也为非线性关系。这就是交流电机调速控制难度大的原因所在。

为了保持电枢与励磁的独立性，直流电机中电枢电流与励磁磁通各自独立变化大小，电机的转速会与两者数值的乘积形成一定的比例关系。例如，在有恒定的励磁电流时，只对电枢电流进行控制就可以形成能高速控制的转矩。反过来看，由于异步电机中的转矩分电流与电枢电流及相关的励磁电流相同，它们可以在三相交流情况下同时从定子侧提供，这一点使其对转矩的控制变得复杂。而在直流电机中，励磁控制的电枢通常较小，量通常较大。同时对这些进行控制时，励磁与电枢无法得到正确控制，必须采取非干涉控制。

从与基波一同回转的回转坐标系的角度上看，三相异步电机中的励磁是静止的，所以会被视作直流电流。

异步电机的特性方程式为

$$\begin{pmatrix} \boldsymbol{v}_1 \\ \boldsymbol{0} \end{pmatrix} = \begin{pmatrix} R_1 + (p + \mathrm{j}\omega)L_1 & (p + \mathrm{j}\omega)M \\ M & R_2 + (p + \mathrm{j}s)L_2 \end{pmatrix} \tag{7-5}$$

式中：$\boldsymbol{v}_1$ 为初级电压的矢量；ω 为电源角频率；s 为转差率；L_1、L_2 为初级、次级自感；M 为互感；$p = d/d_1$；R_1、R_2 分别为初级、次级电阻。

转子的磁通矢量 $\boldsymbol{\phi}_2 = M\boldsymbol{i}_2 + L_2\boldsymbol{i}_2 = L_2\boldsymbol{i}_0'$，这里励磁电流 $\boldsymbol{i}_0$ 被定义为基本矢量。从上式可以得到 $\boldsymbol{i}_0 = \boldsymbol{i}_0'$，则

$$\frac{M}{L_2}\boldsymbol{i}_2 = \left(1 + \frac{L_2}{R_2}p\right)\boldsymbol{i}_0' + \mathrm{j}\frac{L_2}{R_2}s\boldsymbol{i}_0' = \frac{M}{L_2}\left(\boldsymbol{i}_{1\mathrm{d}} + \mathrm{j}\boldsymbol{i}_{1\mathrm{q}}\right) \tag{7-6}$$

式中：$\boldsymbol{i}_1$、$\boldsymbol{i}_2$ 为初级电流、次级电流的矢量。

由转矩中 $\boldsymbol{i}_0$、$\boldsymbol{\phi}_2$ 正交，可得

$$\boldsymbol{T}_{\mathrm{e}} = \left| \boldsymbol{i}_2 \times \boldsymbol{\phi}_2 \right| = \frac{M}{L_2}\boldsymbol{i}_{1\beta}\left(L_2\boldsymbol{i}_0'\right) = \frac{M_2}{L_2}\boldsymbol{i}_0\boldsymbol{i}_{1\beta} \tag{7-7}$$

当 $\boldsymbol{i}_0'$ 为定值时，$p\boldsymbol{i}_0' = 0$，从初级换算 $\boldsymbol{i}_0 = \dfrac{M}{L_2}\boldsymbol{i}_0'$，可得

$$\boldsymbol{i}_0 = \boldsymbol{i}_{1\alpha}, \mathrm{j}\boldsymbol{i}_{1\beta} = \boldsymbol{i}_1 - \boldsymbol{i}_{1\alpha} = \boldsymbol{i}_{\mathrm{T}}\left(\boldsymbol{i}_{1\beta} - \boldsymbol{i}_{\mathrm{T}}\right) \tag{7-8}$$

式中：$\boldsymbol{i}_0$ 为决定励磁电流的励磁分电流；$\boldsymbol{i}_{\mathrm{T}}$ 为决定转矩并可进行高速控制的量，即转矩分电流。

因为

$$R_2 i_{1\beta} = sL_2 i_0 \tag{7-9}$$

所以

$$s = \frac{R_2}{L_2} \cdot \frac{i_{1\beta}}{i_0} \tag{7-10}$$

由于输出电流从三相至两相的变化，$i_1 = i_{1\alpha} + ji_{1\beta}$可以记作

$$i_1 = \exp(j\theta)\left(i_{1\alpha} + ji_{1\beta}\right) \tag{7-11}$$

无速度传感器的矢量控制方式是以磁场定向控制理论为基础发展起来的。其基本控制思路如下：以输入的电机铭牌参数为依据，根据转矩计算公式，对基本控制量的转矩电流与励磁电流或磁通分别进行检测，同时通过对电机定子绕组上的电压频率进行控制，使转矩电流与励磁电流或磁通的检测值与指令值达成一致，再将转矩输出，以此实现矢量控制。对通用变频器进行矢量控制，不仅能使其与直流电机在调速范围上相互匹配，还可以对异步电机形成的转矩进行控制。由于矢量控制方式需要以被控异步电机的准确参数为依据，有的通用变频器需要先将异步电机的参数准确地输入才能使用，有的通用变频器则需要用到编码器与速度传感器才能达到对电机较为理想的控制效果。目前已经研发和使用的各类新型矢量控制通用变频器，大多具备了异步电机自适应、自动检测和辨识参数等功能，可以在驱动异步电机开始运转之前，通过自动辨识电机的各项参数和自动调节控制算法，达到有效控制普通异步电机的目的。

以转差率控制为基础的矢量控制方式，在控制 U/f 恒定的基础上，通过检测的方式先了解异步电机的实际转速 n，由此得出对应的控制频率，然后依据预期转矩，对定子电流矢量及两个分量间的相位进行分别控制，最后控制通用变频器的输出频率。在控制过程中，将转矩电流的动态波动消除掉，以此推动通用变频器有效提升动态性能，是该控制方式的最大特点。绝大部分早期的矢量控制通用变频器所使用的都是这种矢量控制方式。

能使异步电机转矩控制性能有效提高的技术，除了转矩矢量控制与无传感器矢量控制外，还有很多新技术，如控制机械系统匹配的适应性的技术、调整控制异步电机参数的技术等。为了使电机以较为理想的转速在

低速区转动、降低异步电机的转速发生偏差的概率，应采取专用数字式自动电压调整控制技术，在大规模集成电路的基础上推动其实用化。

7.2.2 直接转矩控制法

直接转矩控制法是一种围绕其中心——转矩，对转矩、磁链进行综合控制的方法。这种方法不同于矢量控制法，它不需要通过解耦，可以直接进行转矩控制，该方法也因此不存在旋转坐标变换这一流程，仅需要通过对电机定子的电流与电压进行简单的监测，再借助瞬时空间矢量理论对电机的转矩与磁链进行计算，以计算结果与给定值的差值为依据，直接控制转矩与磁链。如图 7-11 所示的就是一种直接转矩控制异步电机的系统框图。

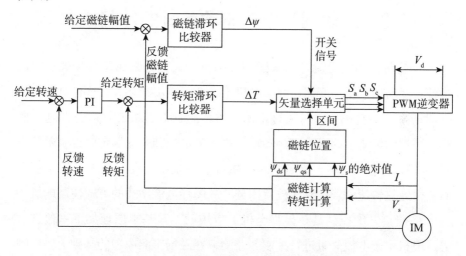

图 7-11　直接转矩控制异步电机系统框图

这种控制方法比需要进行坐标变换和计算、需要通过 PWM 脉宽调制信号发生器、为了解耦对异步电机的数学模型进行简化的矢量控制法，有更简单的控制结构、有更迅速且不会超调的系统转矩响应、能够控制信号对明确的物理概念进行处理，是一种动、静态性能都比较优越的交流调速控制方法。

另外，目前有较高效率的弱磁控制法的应用也十分广泛。弱磁控制法与并励直流电机的情况较相似，在电机高速运作时，没有电流通过，其感应电动势不断增加，因此没有转矩产生。当转速增加到一定程度、励磁变弱时，有形成转矩分电流的趋势。在充分考虑这一情况的基础上，可以通过获取转速函数来了解控制弱磁的方法，并加以实现：当磁通的密度达到饱和状态时，有恒定不变的励磁；超出饱和状态时，弱磁会因为磁通与速度成反比而形成。弱磁控制与直流电机有一个共同点，那就是它们都不能高速控制，对它们的控制必须在保留一定余量的前提下进行。在低转矩负荷时，异步电机对励磁电流的需求不一定很大，但铁损会随着端电压的增加而增多。因此，在低转矩时应对选用的弱磁类型进行充分考虑。

7.3 永磁同步电机驱动系统的控制技术

目前所使用的可调速的永磁同步电机，大部分都属于自控式，即通过位置反馈信息使逆变器始终与电机系统处于同步状态。在这种自控式电机驱动系统的基础上，可通过霍尔位置传感器对磁极的具体位置进行监测。在控制策略上，可将直接转矩控制、矢量控制（磁场定向控制）等先进的控制策略，应用于永磁同步电机控制系统中。在采取矢量控制策略时，可通过转速闭环、磁极位置闭环、三闭环电流闭环的方式控制电机。

最初，矢量控制是在异步电机上应用的，其基本原理如下：通过对异步电机定子电流矢量进行控制与监测，在磁场定向原理的基础上，控制异步电机的转矩电流与励磁电流，以此实现对该电机转矩的有效控制。

使用矢量控制法，可通过建模的方式，将交流伺服电机打造成与电枢绕组、励磁绕组与转子同步旋转的直流电机，从而在控制永磁同步交流伺服电机的过程中通过应用直流调速系统理论，得到高性能的控制效果。从矢量控制原理上看，永磁同步电机与异步电机基本相同，都需要以磁场定向为依据制定控制策略。

不同型号的永磁同步电机有不同的参数与结构，即便其转子永磁体始终提供恒定的磁场，也需要用不同的方法进行控制。目前，永磁同步电机控制矢量的方式主要包括恒磁链控制、最大转矩/电流控制、$i_d=0$ 控制、最大输出功率控制、弱磁控制等。其中，弱磁控制的方式是目前最简单的控制方式，能使电机的调速性能得到有效的改善。

7.3.1　最大转矩/电流控制

对电机的恒转矩控制，通常需要采取控制最大电流比/转矩的方式来实现。在恒转矩控制时，电枢绕组反电动势会随着电机转速的提高而增加，在达到逆变器允许的最大输出电压 U_{slim} 时，恒转矩控制的最高转速就是电机的转速。

7.3.2　$i_d=0$ 控制

从本质上看，$i_d=0$ 控制是针对面贴式永磁同步电机的最大电流比/转矩控制方式。由于永磁同步电机的 $i_d=0$ 控制有几乎一致的电感，其 d 轴上的电流为 0 A。基于此，在实施 $i_d=0$ 控制策略时，该电机中的定子电流中仅包含交流分量，而且定子磁动势空间矢量与转子永磁体产生的磁场空间矢量正交，定子电流只有转矩分量。如果，在整个运行过程中，保证永磁同步电机 $i_d=0$，那么，能影响转矩的就只有电子电流 q 轴分量。由此，在产生的转矩相同时，对定子电流的要求最小，这样有利于铜耗的大幅降低，可以使电机系统的效率大大提高。采用 $i_d=0$ 的转子磁链定向矢量控制的特点如下。

（1）转子磁链 ψ_f 与定子电流 q 轴转矩分量 i_q 解耦，互相独立。

（2）定子电流 d 轴的励磁分量为 0 A，永磁同步电机的数学模型进一步化简。

（3）负荷的增加会导致定子电流变化，从而降低同步电机的功率因数。

7.3.3 弱磁控制

通过上述对 $i_d=0$ 控制策略的分析可知，该控制方式主要通过控制转矩来达到控制效果。因此，可通过弱磁控制，使电机的调速性能在其他工作区间内也有所改善。

他励直流电机具有的励磁控制是永磁同步电机发展出弱磁控制思维的源头。在他励直流电机运行过程中，端电压的升高带动了电机转速的提高，在端电压达到极限值后，只能通过降低电机励磁电流的方式，衰减磁场强度，使电压与电动势达到平衡。永磁同步电机系统的端电压会随着其转速的提高而增加，与他励直流电机原理一样，永磁同步电机的端电压也在相应程度上受到了逆变器的允许输出电压值的制约。用最大电流比／转矩对电机进行控制时，逆变器的允许输出电压值也会对电机的最高转速产生制约。弱磁控制的方式，可将可调速的区间进一步扩大。由于励磁磁动势是永磁同步电机中的永磁体形成的，具有无法调节的特点，因此需要对定子电流进行调节，通过增加定子的直轴去磁电流分量，使电机的电压能在其高速运行时保持平衡，同时还能有效地提高速度。

7.4 开关磁阻电机驱动系统的控制技术

开关磁阻电机的可控参数包括开通角、定子绕组电压、关断角，通过对这些可控参数进行合理改变，以达到运行要求，就是开关磁阻电机的控制思路。以不同的改变可控参数的方式为依据，开关磁阻电机控制可分为角度位置控制、电流斩波控制、电压斩波控制三种模式。角度位置控制简称 APC，是在保持电压不变的基础上，通过调整另外两项可控参数控制电机转速的方法，这种方法适合在较高速区中应用。但由于每个由转矩与转速确定的运行点都对应着多种开通角和关断角的组合方式，不同组合具有不同的性能表现，在实际操作时比较复杂，通常难以达到令人满意的效果。电流斩波控制简称 CCC，一般用在低速区。该方法的使用是为了限制电流，不能超过电机及其功率开关元件允许的最大值，这种方式能在实际操作中调节电压的有效利用值，与 APC 相同的是，CCC 也能根据负载与转速的要求对开关角进行调节。电压斩波控制简称 VCC，是在开关角固定的情况下，通过对绕组电压进行调节、控制电机转速的一种方式，这种方式又分为无斩波调压、相开关斩波调压、直流侧 PWM 斩波调压三种类型。其中，无斩波调压通过对整流电压进行调节以对电机的转速要求做出响应，在整个速度范围内，仅实行单脉冲的运行模式。在电压斩波控制（VCC）的框架下，相开关斩波调压技术以其通过改变电机各相供电电压的相角来细致调控转速和扭矩的能力脱颖而出。这一方法能使得电机在广泛的操作点下灵活调节速度，以适应各种负载条件，而且对于那些需要宽范围速度调节及高动态响应的应用来说，它提供了一个高度适用的解决方案。直流侧 PWM 斩波调压技术通过在电机的直流供电侧引入高频脉冲，调整脉冲宽度来控制流经电机的平均电压。这种方式不仅确保了高精度和高效率的转速控制，还通过减少电机在运行过程中的热损失，尤其在低速和高扭矩的运行条件下，展现出其对能效的显著提升。电压斩波控制技术的这三种不同形式，根据转速控制范围、响应速度、效率和成本等多种因素的需求，为各自针对特定的应用场景提供了多样化的选择。

开关磁阻电机的运行是发电与电动有机结合的过程，这一控制过程包含能源的回馈。开关磁阻电机的主要特点如下：

采用相同的硬件设备，分时控制不同能量流动过程；

整合了发电和电动的过程；

回馈了能量。

综上所述，在开关磁阻电机控制系统中，相绕组的端电压、相电流幅值、开通角以及关断角都是可控参数，组合或单独控制这些参数的办法有很多，如 APC、CCC、VCC 等。

7.4.1 APC

APC 要求在保持电压不变的情况下，通过控制开通角与关断角，改变电流波形及绕组电感波形与电流波形的相对位置。在 APC 中，开通角一般处于低电感区，可通过改变开通角使电流波形的有效值、峰值、宽度发生改变，从而在较大程度上影响输出转矩。改变关断角通常不会对电流峰值造成影响，但会对电流的波形宽度与电感曲线的相对位置产生影响，从而改变电流的有效值。由此说明，关断角也会影响电机的转矩，只是其与开通角对电机转矩的影响程度不同，后者的影响程度通常较大。

在实际的实现过程中，主要采取的是改变开通角、固定关断角的方式来进行控制，应重视固定关断角的选取，以确保相绕组电流会在绕组电感开始下降时快速衰减至零。鉴于由转矩与转速确定的每一个运行点都对应了很多种开通角与关断角的组合，应在充分考虑各项运行指标，如效率、电流有效值、转矩脉动、电磁功率等的基础上，找出控制的最优角度。在本系统的控制中，应遵循以下原则：在电机电动运行时，电流波形的主要部分应保持在电感波形的上升段；在电机制动运行时，电流波形的主要部分应保持在电感波形的下降段。

APC 具有多项优点，如，允许多相同时通电，以有效提升电机输出转矩，同时保持较小的转矩脉动；转矩调节范围大；能实现转矩最优控制或效率最优控制。但这种控制方法主要用于高速运行状态下，不适合在低速运行时应用。

7.4.2 CCC

CCC 通常要求电机保持恒定的开通角与关断角，依靠限制斩波电流的大小达到对电流峰值的调节与控制，从而对电机的转速与转矩进行有效调控。这种控制方法有以下两种实现途径。

1. 对电流上下幅值进行限制的控制

在一个控制周期内，将电流的最大值与最小值预先设定好，比较设定的上、下限值与相电流，当最大电流设定值小于相电流时，应控制相功率的开关元件关断；当相电流降低至最小电流设定值时，重新导通相功率开关元件。多次重复这一过程，其斩波的波形如图 7-12 所示。使用这样的方式进行控制，会因为电感变化率在一个周期内的不同，造成占波频率的不均匀。当某一区间电感变化率大时，该区间的电流会呈现较快的上升速度，同时形成较高的斩波频率，并产生较大的开关损耗，但转矩脉动会比较小。

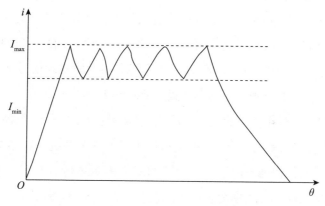

图 7-12　设定电流上下幅值的电流斩波波形

2. 恒定的电流上限与关断时间

不同于上一种方法的是，当相电流的值比电流斩波上限值大时，需要在一段固定的时间关断功率开关元件，之后再导通。电流的下限不是功率开关元件重新导通的触发条件，定时结束后，功率开关元件将自行重新导通。在每个控制周期中，设定有恒定的关断时间，而电感变化率、绕组电感量、转速等都会影响电流的下降值，因此，电流并没有固定的下限。过长的关断时间会形成较大的相电流脉动，易造成"过斩"现象；过短的关断时间，则会造成较高的斩波频率，功率开关元件会产生更大的开关损耗。在实际操作中，应根据不同的电机运行状况，对关断时间进行合理控制。

电流斩波控制适合在制动运行与低速状态下使用，能对电流峰值的增长进行有效限制和调节，有较为平稳的转矩。通常情况下，采用 CCC 的电机，转矩脉动明显小于应用其他控制方法的转矩脉动。

7.4.3 VCC

VCC 不同于前两种控制方式，它不对开通角与关断角进行实时调整，而是在某相绕组导通阶段，将 PWM 信号加入主开关的控制信号中，通过对占空比 D 进行适当调控，实现对绕组端电压大小的有效调节，从而使相电流值发生相应的变化。具体操作方法如下：在开通角与关断角固定的情况下，通过 PWM 信号对主开关器件相控信号进行调制，再对 PWM 信号的占空比进行调节，从而调节主开关管上加设的驱动信号波形的占空比，使相绕组上的平均电压发生变化，改变输出转矩。

利用 VCC 对相绕组的平均电压值进行的调控，是通过 PWM 实现的，限制过大和间接调节的绕组电路，适用于转速调节系统。在这个过程中，抗负荷扰动会很快地发生动态响应。VCC 具有成本低、易于实现的优点，也具有功率元件开关频率高、产生的损耗大，导通角始终固定而无法对相电流进行精准控制等缺点。

7.4.4 双向控制系统

在实际的开关磁阻电机双向控制系统中，后两种控制方法是常用的。如图 7-13 所示，是具体的发电 / 电动状态控制策略。

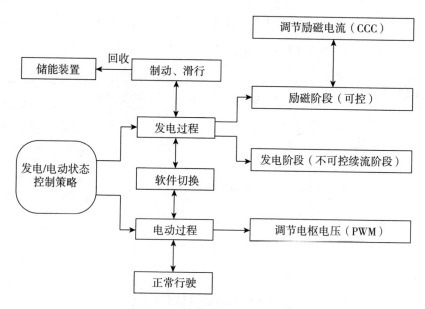

图 7-13　发电 / 电动状态控制策略

　　开关磁阻电机的工作模式包括发电与电动两种运动过程，这两种运动过程分别支持电动汽车的不同状态：发电过程主要应对电动汽车的滑行和制动状态，实现能量回收；而电动过程则支持电动汽车的正常行驶状态。向储能装置中回收电动汽车滑行、制动时的能量，就是能量的再生回馈；可通过软件控制实现发电与电动两个状态的来回切换。在整个发电回馈过程中，本体结构特殊的开关磁阻电机的定子绕组同时承担着电枢绕组与励磁绕组两个角色，因此，必须利用周期性分时控制的方法对续流（发电）与励磁过程进行控制。开关磁阻电机的续流过程不可控，励磁过程可控，因此可以用 CCC 对励磁阶段励磁电流的大小进行控制，以此控制整个发电过程。用 VCC 可以控制电动过程，可通过对电枢平均电压的调节来调控转速与转矩。

　　开关磁阻电机双向控制系统以实现开关磁阻电机的双向运行为主要目标，以开关磁阻电机的能量反馈与其在发电 / 电动状态下的最优控制为侧重点。在实际应用中，不仅要求处于电动状态下的开关磁阻电机展现出良好的调速性能，更要使其在处于发电状态下时能保证能量的回馈。如图 7-14 所示为开关磁阻电机的总体方案。

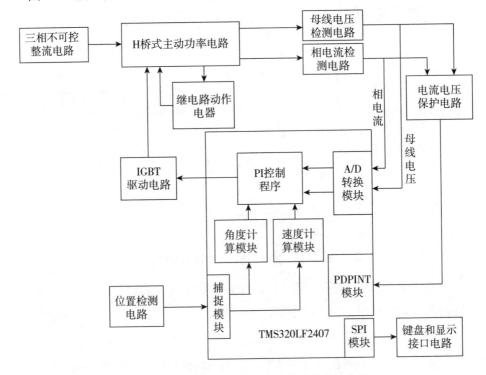

图 7-14 开关磁阻电机双向控制系统总体方案

双向控制系统主要包括以下组成部分：主功率电路、开关磁阻电机主体、IGBT 驱动电路、主控制芯片和位置检测电路、电流电压检测电路等外围检测电路。双向控制系统实现具体功能的过程如下。三相不可控整流桥将 380 V 的三相动力电整流为 537 V 的直流电，然后通过 H 桥式主功率电路将电能反馈给开关磁阻电机，与此同时，通过相电流与相电压检测电路检测电机的相电流与母线电压情况，再向 DSP 的 A/D 转换模块反馈检测信号，进行 A/D 采样。随后，相电压、相电流的检测信号传到电流电压保护电路，经处理得出过电压、过电流的信号，再向 DSP 的 PDPINT 模块反馈，以此对整个系统实施故障保护。除此之外，位置检测电路将经过处理的光电盘的两路输出信号，传递到 DSP 的捕捉模块，在速度计算模块与角度计算模块的处理下形成对应的速度与角度控制信号；随后，经 A/D 转换后的电流电压信号、速度信号、角度信号传递到 DSP 内部，经过其中比例积分（PI）控制模块的综合计算，使 DSP 输出五路占空比可变的 PWM 波形至 IGBT 驱动电路，以此对主功率开关电路实施通断控制。四个显示模块的驱动由 DSP 的 SPI（serial peripheral interface）模块负责。在整体双向控制系统中，各个模块相互协作、相互联系，共同完成控制系统的功能。

7.5　电动汽车驱动系统及其智能控制技术

　　本章的前几节已经对电动汽车驱动系统的技术进行了研究，这节主要对电动汽车驱动系统的智能控制技术进行探究与总结。在电动汽车中，电机和相应的智能控制技术构成了驱动系统的基础，这直接影响电动汽车的性能和效率。不同的电机（包括直流电机、交流异步电机、永磁同步电机及开关磁阻电机）各有其独特的操作特性和优势，它们的控制技术也因此而有所不同。

　　直流电机因简单直接的控制方式和成本效益，在电动汽车的初期阶段得到了广泛的应用。其控制主要通过脉冲宽度调制技术实现，这种技术通过调整电源脉冲的宽度，可以非常精确地控制电机的运行速度和输出扭矩。现代的直流电机控制系统增加了复杂的反馈机制，这些机制通过集成的速度和扭矩传感器收集来自电机本身及其驱动轮的实时数据。系统根据这些数据调整电机的输出，从而优化车辆的性能和能源效率。为了进一步提升系统的适应性和响应速度，特别是在面对复杂和多变的环境条件时，现代控制系统开始采用如模糊逻辑控制和神经网络这样的高级控制技术。这些技术使得电机控制系统不仅反应灵敏，还能够更好地适应外部环境的变化，提升了整体驾驶体验。

交流异步电机因出色的耐用性和高效率特性，已经成为电动汽车行业中的重要选择。这种电机主要依赖于矢量控制技术，这种控制技术可以精确管理电机内部的磁场。通过矢量控制，可以精确调整供电电流的相位，从而优化电机的速度和扭矩输出，实现对电机性能的精确操控。交流异步电机的智能控制系统包含实时的系统监测与诊断功能，这不仅提高了电机运行的可靠性，还显著降低了维护成本和频率，这种实时监控能够及时检测电机及其控制系统中可能出现的任何异常或效率下降问题，确保电机在最佳状态下运行，延长使用寿命并保持最高的能效水平。

永磁同步电机以卓越的效率和高功率密度特性，成为高性能电动汽车的首选驱动单元。这种电机主要依赖于矢量控制技术，它的控制策略允许通过精确调节电流来充分利用内置永磁体产生的恒定磁场。这不仅涉及对电机电流的精细调控，更包括对电机磁场的细致管理，以确保电机在各种操作条件下都能达到最优的能效和性能。控制系统必须能够实时响应电机的动态变化，如速度和负载的调整，同时需要调节和优化磁场的分布和强度，以适应不断变化的驾驶需求。通过这样的智能控制，永磁同步电机不但能在平稳运行中保持高效率，而且能在加速和高负载条件下保持优异的性能，满足高性能电动汽车对动力和效率的严苛要求。

开关磁阻电机因结构简单和制造成本低廉的特性，在成本敏感型的应用场景中受到了广泛关注。这种电机设计简便，也不使用昂贵的永磁材料，因此成为一个经济有效的解决方案。控制这类电机主要通过调节磁阻，精确控制扭矩的输出，以满足特定的性能需求。开关磁阻电机利用高频开关技术，通过动态改变磁路的配置来调整电机的运行性能。在这一控制过程中，控制系统必须执行高速且极其精准的开关操作，以确保电机输出的连续性和稳定性。智能控制系统在这里起到至关重要的作用，它不仅需要实时处理来自电机的反馈信息，还需要快速做出调整以适应不断变化的负载条件。系统中的算法会综合考虑电机的当前状态、所需的输出目标及可能的环境影响，从而制定出最佳的磁阻调整策略。这种高级控制策略确保了开关磁阻电机在各种操作条件下都能提供优化的性能，同时大大提高了系统的能效和可靠性。通过这种方法，开关磁阻电机不仅能满足基本的驱动要求，还能在能效和成本效益之间找到良好的平衡点，使其在电动汽车等领域的应用更具吸引力。

这些不同的电机及其相应的智能控制技术揭示了电动汽车驱动系统的广泛多样性和深层复杂性。从直流电机的基础控制技术到更高级的永磁同步电机和开关磁阻电机的复杂控制技术，每种系统都展现了技术在适应不同性能需求和成本考量下的独特方案。这种多样性不仅体现在电机的技术选择上，也反映在控制策略的差异性和创新上，从而使得电动汽车的设计和功能能够更加多样化和灵活。这些电机和控制技术的多样性预示着电动汽车技术未来的发展方向会更加多元化。随着技术的进步和市场需求的变化，人们可以预见未来的电动汽车会采用更为高效、经济或适应特定应用场景的驱动解决方案。这种技术的演进不仅有望进一步提升电动汽车的性能，降低能源消耗和操作成本，还将增强电动汽车在各种运行环境下的适应能力和可靠性。因此，电动汽车行业的技术创新和发展，尤其是在电机和控制系统的设计上，将继续为消费者提供更高效、更灵活的驾驶解决方案。这不仅将推动电动汽车技术的持续进步，也将为应对全球能源和环境挑战提供实质性的支持。将来，这些技术的成熟与普及可能会彻底改变人们对汽车性能和效率的预期。

第8章　电动汽车仿真技术

8.1　电动汽车仿真技术概述

计算机仿真技术在当今社会各领域中的研究发展、生产应用方面发挥着重要作用，其主要作用是通过分析一些制作费时且昂贵的原型的物理性能，进行仿真的实验模拟，再由工程设计人员对模仿对象的设计做出全面评估，以较低的成本及时发现设计中不易通过实验与测量发现的问题，从而对设计进行调整与完善。使用计算机仿真技术能大量节省开发研究和实验的费用，用于改善后续步骤中出现的问题，对电动汽车行业的发展起到了很大的支持作用。

电动汽车是一个集电力驱动、能量管理、车身、能源等很多子系统于一体的复杂系统，其技术与化学工程、机械与汽车工程、电力电子工程等多个交叉学科密切相关，其对相关关键技术的要求如下。

（1）低滚动阻力、轻型、低空气阻力、结实的底盘，先进的车身技术。

（2）高效率、高功率密度，能够满足行驶性能需求的电机驱动技术。

（3）成本低廉、循环寿命长、比功率高、比能量高的能量产生与储存技术。

（4）智能化的能量管理系统。

（5）高可靠性与高效率的充电技术与燃料补充技术。

电动汽车技术具有发展速度快和多学科交叉的特点，要求设计过程具有经济、快速、灵活的特点，计算机仿真技术不仅能实现这种设计过程，还能有效提高电动汽车的系统优化水平。

电动汽车的设计主要包括车身与整车设计、能源系统设计、电力驱动系统设计以及辅助系统设计四部分。车身与整车设计以对车身结构、车架、保险杠、悬架的设计为主要内容；能源系统设计以对蓄电池与充电器的设计为主要内容；电力驱动系统设计以对电机控制器、功率转换器、电动机、传动装置、车轮等的设计为主要内容；辅助系统设计以对制动、转向、辅助电源、温度控制系统、能量管理系统等为主要设计内容。这四部分及其各个子系统之间有紧密的联系，如图 8-1 所示的是电动汽车中不同系统之间的相互作用，这些相互作用十分重要，对车辆的性能、制造成本等各项重要指标有关键性影响。

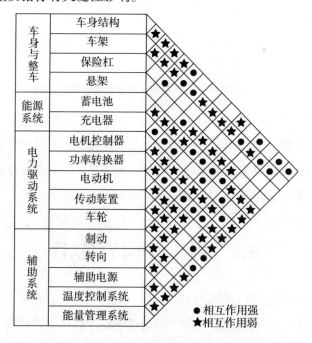

图 8-1　电动汽车各系统的相互作用示意图

多学科交叉性特点使电动汽车与计算机仿真技术的结合成了一个技术混合的过程。在电动汽车的整个系统内，各个子系统通过混合技术彼此密切相连，形成机械连接、电力连接、热流连接、电子连接，可利用模拟信号和数字信号进一步表示电力电子连接。图 8-2 展示了典型的混合信号和混合技术共同表示的电动汽车系统。

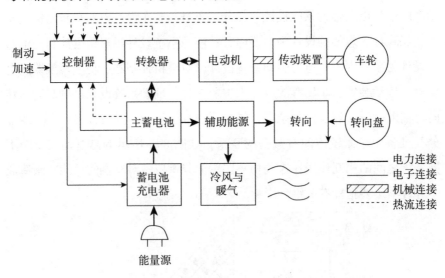

图 8-2 电动汽车系统中混合信号和混合技术的描述

电动汽车各个系统之间相互影响、相互作用，还通过信号混合与技术混合相互连接，这使电动汽车的优化与设计无法在对其进行解体的基础上实现。因此，可在系统层面上对信号混合与技术混合进行整体仿真，以此实现各子系统标准相互平衡的同时，确定电动汽车系统的集成。

8.2 电动汽车仿真软件

MATLAB 是目前工程师与研究人员广泛采用的编程环境，它由高级工具箱与一系列内部函数组成，用户可通过它在计算机上进行有效的仿真模拟实验。MATLAB 的 M 文件的编写没有使用二进制，为用户观察仿真程序的内部结构并对程序的具体执行过程，创造了便捷的条件。Windows 版本的 MATLAB 有图形控制功能，交互式界面友好，便于用户完成仿真活动。

　　EVSIML（electric vehicle simulator）是一种以 Windows 版本的 MATLAB 为基础创建的数学工具，可用于电动汽车系统水平的仿真、设计、优化，也可用来求解整车系统中各子系统之间一系列相互作用的方程。为了方便用户在该软件上进行数据的输入与处理，该系统采用了交互式图形界面。电动汽车设计者在使用 EVSIML 时，不需要对单调乏味的软件进行编制，不需要输入冗长的数据，更不需要对大量输出数据进行处理，就能轻松地完成数据的输入、输出、处理和系统仿真。该软件还可以使用图形对仿真结果进行显示和比较，并通过反复、多次的模拟，对不同系统的性能标准做出最优化处理。该仿真软件还开通了在线帮助功能，为用户的使用提供更便捷的服务。

　　在 EVSIML 基础上开发的智能电动汽车虚拟现实系统，需要具备以下要素。

　　（1）综合软硬件环境。

　　（2）集成现有模型。

　　（3）采用自下而上、严密的组织管理方法。

　　（4）计算网络导向独立平台。

　　（5）高级可视化。

　　（6）电动机的设计和分析。

　　（7）控制器的设计和分析。

　　（8）能量管理系统的设计和分析。

8.2.1　仿真软件的特点

　　EVSIML 是用 M 文件编写的模块化的程序结构。如图 8-3 所示的是 EVSIML 的仿真流程图。主菜单包含多个子程序，分别用不同的图形按钮来表示，用户按下按钮，就可以利用默认值开始仿真活动。通过对输入数据进行修改、对输出数据进行处理和测评，就可以将特定的优化步骤完成。该软件有不同等级的结构，用户可以通过主菜单进入输入菜单，在输入菜单中对各项输入参数进行便捷的修改。

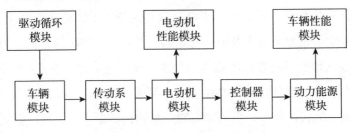

图 8-3　EVSIML 仿真流程图

1. 参数输入

（1）车型。电动汽车目前有公共汽车、轿车以及货车三种主流车型，不同类型的电动汽车在自重、空气阻力系数、车轮半径、有效载荷、迎风面积、传动比等方面有不同的默认值。

（2）驱动循环。驱动循环是由用户自定义的或标准的一种电动汽车驱动循环，用户自定义的驱动循环可以按照不同的驾驶习惯与不同国家的驾驶规则做出相应的设定。SAE J227a-C、FUDS、ECE Ur-ban、FHDS 以及日本的 10.15 模式，都是标准的驱动循环。

（3）预期性能。预期性能是指从零加到最大车速需要的最少加速时间和可达到的最大车速，电动汽车的这些性能指标与传统的燃油车相似。

（4）电动机类型。电动机类型是指电动汽车使用的驱动电动机的类型，包括永磁无刷电动机、直流电动机、开关磁阻电动机、交流感应电动机等。电动机的类型不同，其功率密度、转矩－转速特性、功率图等在该软件上对应的默认值不同。

（5）电池类型。电池类型是指能为电动汽车的运行存储和供应能源的电池的类型，涉及所有电动汽车可以应用的蓄电池，包括镍锌电池、钠硫电池、锂聚合物电池、铅酸电池、镍氢电池、镍镉电池、钠／氯化镍电池、锂离子电池、铝空气电池、锌空气电池等。电池的类型不同，其效率图、比能量、充放电特性以及比功率等在该软件中对应的默认值也不同。

除了使用应用软件中的默认值进行模拟外，用户还可以输入特定的数据来改变电动汽车在传动比、车轮半径、有效载荷、自重、空气阻力系数、迎风面积等方面的参数值，可以拖动软件中对应位置的滚动条使特定参数值发生对应变化，还可以将想要的参数值直接输入编辑框内。

2. 参数评价

用户可通过主菜单进入该软件的输入菜单，在输入菜单上进行各种参数的便捷修改。输出菜单与输入菜单的操作方式相似，它们都采用了交互式的服务方式，易于用户使用与掌握界面的操作方法。在实际使用中，用户可对以下参数进行相应的评价。

（1）道路负荷：代表用户在使用软件仿真的过程中为电动汽车选择的驱动循环与道路负载特性。

（2）车轮负荷：代表车轮的转矩、转速、功率特性及所选传动系的效率图。

（3）电动机负荷：代表电动机的功率特性与转速、转矩等参数，能将所选电动机的效率图显示出来。

（4）电池负荷：代表电池的能量消耗与电流等参数，能展示用户选择的电池的效率图。

（5）实际性能：代表电动汽车的加速性能与实际能达到的最大速度。

（6）爬坡能力：指电动汽车凭借 20 km/h 的速度可以爬上的最大坡度。

（7）技术说明：是电动汽车对各项重要输出参数做出的概述。

（8）传动比：通过对传动比做出优化，将所有的工作点都控制在允许的转矩-转速特性范围内，整个系统在最大效率时达到最大值的续驶里程。

（9）系统电压：对系统电压组进行优化，当所有性能达到预期时，选择恰当的电池质量与整车质量比，以此获得最大值的续驶里程。

（10）混合动力的混合比：对两种能源的质量和体积比进行优化，将对高比功率与高比能量的要求分离；同时对电动汽车的加速性能与续驶里程做出优化。

8.2.2　仿真软件的模块

EVSIML 是模块化的程序结构，除了图形界面与数据的输入、输出，它还包括八个模块：车辆模块、驱动循环模块、动力能源模块、电动机模块、传动系模块、控制器模块、电动机性能模块、车辆性能模块。图 8-3 展示的是软件仿真过程的流程图，用户通过对自定义的或给定标准的驱动循环进行仿真模拟，得出相应的电动机负荷、传动系负荷、动力能源负荷、控制器负荷、道路负荷等参数。可以说，仿真是实际过程的一个逆过程。

1. 车辆模块

基本车辆参数与驱动循环组成了车辆模块的入口，爬坡阻力、滚动阻力、空气阻力等各项阻力参数，都可以通过计算基本参数得出，电动汽车总的道路负荷可由此得出。

2. 驱动循环模块

驱动循环模块可以实现电动汽车在不同时间的速度变化，速度是整个仿真过程的基准与入口。该模块将所有用户自定义的和标准的驱动循环模式转换成离散数据，保存在一个表中，供使用者随时查询，可以通过插值法得到离散数据的中间值。

3. 动力能源模块

动力能源模块包括了所有电动汽车可用的动力能源，包括蓄电池、燃料电池、飞轮电池、电容器。其中，蓄电池可以直接使用软件中已有的数学模型，由电池的充放电特性图与预定义的效率图决定蓄电池的可用容量；燃料电池可以采用一个包含恒定效率、比功率、比能量的简单模型，需要注意的是，电动汽车在制动和下坡过程中产生的制动能量无法被燃料电池回收；飞轮电池与电容器可以选择软件中的包含恒定效率、比功率、比能量等各项参数的一个简单模型。

4. 电动机模块

电动机模块的入口显示预期的电动机转速、功率、力矩等几个参数，需要预先定义电动汽车各种驱动电动机的转矩 - 转速特性曲线、过载能力和效率图。使用该模块需要先计算电动机功率与额定转速，然后将其输入电动机性能模块中，在电动机的功率与额定转速确定后，就能推算出电动机的功率与电流并输入软件中。需要强调的是，该模块有两个模式：能量再生模式与电动模式，这与车辆是制动还是驱动模式有关。

5. 传动系模块

整个机械传动装置都属于转动系模块，包括差速装置、末级传动装置、中间传动装置。该软件以离散数据表的形式记录、表现和储存预定义的转矩 - 转速平面上与道路负荷的传动系效率图，通过插值法可以得到离散数据的中间值，由此可以得出电动机产生的功率与必要的驱动力矩。

6. 控制器模块

控制器模块的入口显示电动机运行的功率与需要的输入电流，该模块可用于计算动力能源应该为电动汽车电动机供应的直流电流及其功率。直流电动机的直流斩波器与交流电动机的逆变器，都可以在该模块中实现双向运行，即形成正电流功率的电动模式与负电流功率的再生制动。

7. 电动机性能模块

电动机性能模块的入口显示电动机模块的输出功率与电动机的额定转

速，可通过这些数据计算电动汽车的最大车速与相应的加速时间，所得数据通常比菜单设定的最大车速与期望加速时间更加理想，否则，应增加电动机的功率与额定转速，直至电动汽车的性能达到预期。

8.车辆性能模块

车辆性能模块是对整车性能的归纳和计算，涉及电动汽车的最大车速续驶里程、能量消耗、加速性、爬坡能力等。

8.3 电动汽车整车仿真实例

电动汽车仿真软件的用途非常广泛。例如，可以通过该软件对市区某一特定范围内的电动中巴车的交通运行进行实例研究，如图8-4所示，有5条中巴车的运行线路，其中包含坡道与平路，表8-1给出的是各路线对应的行程、行驶时间、等待时间、工作时间，表8-2所列的是该电动中巴车的性能参数。道路等级与道路交通状况对电动中巴车的驱动循环有决定性影响，可以用日本的10.15模式驱动循环来表示等级为零或者与零近似的市区循环道路，通过这两种修改后的模式对一些重要道路的等级进行描绘。

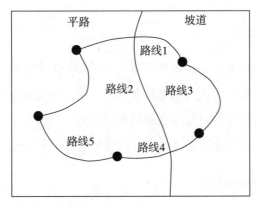

图 8-4 路线分布情况

表 8-1　路线时间表

路　线	行　程 /km	行驶时间 /min	等待时间 /min	工作时间 /h
1	8.1	24	8.5	645～2 400
2	11.2	40	13.0	630～2 100
3	3.1	30	8.0	640～2 330
4	2.5	24	8.0	635～2 335
5	8.6	30	9.0	0～2 400

表 8-2　电动中巴车的性能参数

座位数 / 个	16
总长 /mm	600～6 200
总宽 /mm	2 070
总高 /mm	2 580
电动机额定转速 /(r · min^{-1})	3 000
电动机额定功率 /kW	35
电动机额定电压 /V	288
车辆自重 /kg	3 200～3 400
有效载荷容量 /kg	810～1 010
最大车速 /(km · h^{-1})	80
加速时间（0～48 km/h）/s	7
爬坡度 /%	10

如图 8-5 ～图 8-7 所示，是 A、B、C 三种驱动循环模式。当道路坡度为 -6.7 % ～ 5 % 时，采用驱动循环模式 A；当道路坡度小于 -6.7 % 或者为 5 % ～ 10 % 时，采用模式 B；当道路坡度大于 10 % 时，采用模式 C。

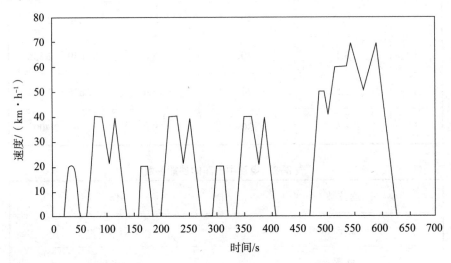

图 8-5　驱动循环模式 A

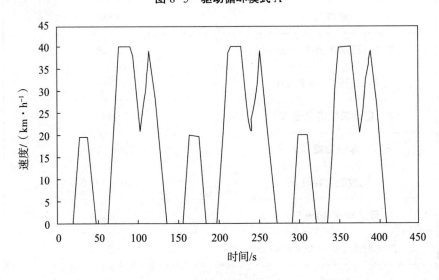

图 8-6　驱动循环模式 B

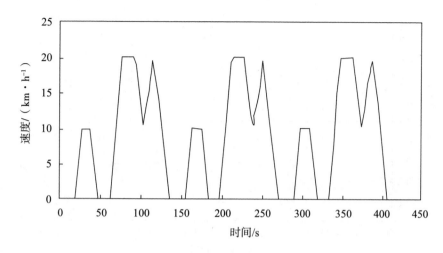

图 8-7　驱动循环模式 C

可根据乘客人数在每天不同时段的变化进行建模。如图 8-8 与图 8-9 所示的两个模型可以反映乘客的人数变化,分别表示从起点站到终点站以及行程相反的两个过程。在车辆的正常运行时段,每辆车中承载 8 位乘客,车辆的载客容量比为 0.5。设定载客容量比不变,从起点到终点方向的峰值时间为上午 7 点到上午 11 点,结束时载客容量正常;反方向的峰值时间则为下午 5 点到下午 9 点,呈类似阶梯模式。

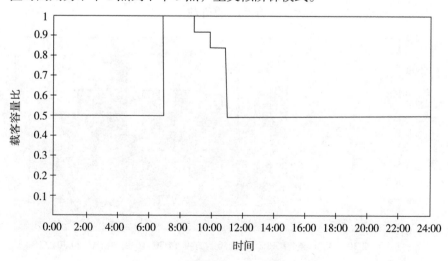

图 8-8　车辆前行方向的乘客需求量

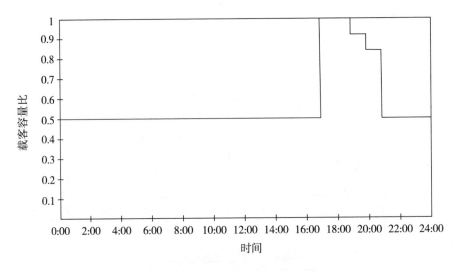

图 8-9 车辆返回时的乘客需求量

利用电动汽车仿真软件，可以较为方便地确定电动汽车的各项性能参数，如电池的各项额定参数值、电动机的各项额定参数值，并且，可以推断交通运输系统对总体的能量需求。如图 8-10 所示，是对应的能量需求模式，每天需求的总能量为 6.6 MW·h。需要注意的是，从动力系统中获得的瞬时能量不能用这种需求模式表示，实际上它仅能用于反映蓄电池的总充电能量，适用于测量动力系统的负载。

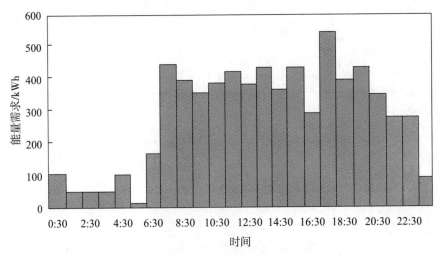

图 8-10 能量需求模式

参 考 文 献

[1] 殷国栋，金贤健．分布式驱动电动汽车底盘稳定性控制 [M]．武汉：华中科技大学出版社，2021．

[2] 王志福，张承宁．电动汽车电驱动理论与设计 [M]．2 版．北京：机械工业出版社，2017．

[3] 郭淑英，李益丰．电动汽车驱动电机系统 [M]．北京：科学出版社，2023．

[4] 肖聪．纯电动汽车驱动系统调试概论 [J]．汽车电器，2021（11）：27-31．

[5] 丁锐，秦训鹏，董书洲．电动汽车驱动电机再制造生命周期评价 [J]．环境污染与防治，2021，43（11）：1410-1415，1420．

[6] 高超．电动汽车驱动系统失效情况分析 [J]．时代汽车，2021（21）：112-113．

[7] 卢若振，田燕，龚春忠．纯电动汽车驱动扭矩的安全监控策略优化 [J]．汽车实用技术，2021（20）：19-22．

[8] 宋炳潭，孙宾宾，葛文庆，等．双电机电动汽车驱动防滑转控制策略研究 [J]．现代制造工程，2021（10）：11-16，39．

[9] 张浩，高小清，周副权，等．某纯电动汽车驱动轴异响分析与优化 [J]．应用声学，2022，41（3）：344-350．

[10] 尹彦秋，张俊深．纯电动汽车驱动系统的技术现状与发展趋势 [J]．内燃机与配件，2021（17）：215-217．

[11] 刘春晖．浅谈电动汽车驱动系统的结构及分类 [J]．汽车实用技术，2021（16）：11-13．

[12] 沈超，张艺哲，杨建中，等.电动汽车驱动电机冷却流道性能的数值模拟研究 [J].郑州大学学报（工学版），2021（6）：68–73.

[13] 强文.低温环境中电动汽车驱动发电机适应性测试方法 [J].微型电脑应用，2021（7）：202–205.

[14] 王进升，郑诗程，余畅舟，等.电动汽车驱动电机控制系统电路设计 [J].佳木斯大学学报（自然科学版），2021，39（3）：133–136，149.

[15] 余晨毅，蒋博文.混合动力电动汽车驱动系统优化控制策略研究 [J].时代汽车，2021（9）：105–106.

[16] 丁晓林，王震坡，张雷.四轮轮毂电机驱动电动汽车驱动系统参数多目标优化匹配 [J].机械工程学报，2021，57（8）：195–204.

[17] 张春召.北汽 EV160 纯电动汽车驱动系统异响故障诊断与排除 [J].汽车电器，2021（2）：67–69.

[18] 闫云敬，杨永贵，覃振杰.电动汽车驱动电机控制系统故障维修 [J].汽车实用技术，2021（2）：161–163.

[19] 王学军，张坤，刘玉振.电动汽车驱动电机系统故障分析 [J].汽车实用技术，2020（23）：183–185.

[20] 苏博.电动汽车驱动核心配件技术创新 [J].中国橡胶，2020，36（12）：19–21.

[21] 严婷婷，侯卫国，李明峻，等.电动汽车驱动电机可靠性模型的建立 [J].电子产品可靠性与环境试验，2020，38（5）：55–57.

[22] 郭雷，石晶，黄浩，等.分布式驱动电动汽车驱动力矩分配策略研究 [J].汽车实用技术，2020（19）：7–9.

[23] 姬晓，李刚，郭增江.四轮独立驱动电动汽车驱动控制策略研究 [J].汽车实用技术，2020（18）：1–3.

[24] 马敬.纯电动汽车驱动电机系统标定方法研究 [J].汽车电器，2020（9）：22–23.

[25] 尹卓，李东海，杨柳，等.基于 ANSYS 的电动汽车驱动系统 EMC 仿真技术研究 [J].中国汽车，2020（9）：53–57.

[26] 童大权 . 混合动力电动汽车驱动电机控制器硬件在环仿真研究 [J]. 汽车实用技术，2020（17）：69-72.

[27] 夏荣鑫 . 基于不同母线电压的电动汽车驱动系统性能分析 [J]. 电子产品世界，2020，27（8）：35-36，81.

[28] 乔俊叁 . 电动汽车驱动系统常见故障及其排除方法 [J]. 时代农机，2020（6）：17-18.

[29] 张其东 . 电动汽车驱动电机控制设计 [J]. 机电工程技术，2020，49（6）：127-128.

[30] 马敬，张盛锋 . 某纯电动汽车驱动电机系统过流故障分析及解决方案 [J]. 汽车电器，2020（6）：21-23，28.

[31] 林歆悠，伍家鋆，魏申申 . 双电机耦合驱动电动汽车驱动模式划分与优化 [J]. 汽车工程，2020，42（4）：424-430.

[32] 王旭龙，徐煜，李艺超 . 电动汽车驱动电机系统综合故障检测实训平台开发 [J]. 自动化应用，2020（4）：148-150.

[33] 邱子桢，陈勇，康洋，等 . 电动汽车驱动永磁同步电机声品质预测研究 [J]. 噪声与振动控制，2020，40（2）：146-151.

[34] 王康，陈庆樟，王正义 . 基于循环工况的电动汽车驱动电机参数优化 [J]. 机械设计与制造，2020（4）：167-170，176.

[35] 马林泉，周成，黄苏融，等 . 电动汽车驱动电机用绝缘材料现状与发展趋势 [J]. 电器工业，2020（4）：52-57.

[36] 田振芳 . 浅析纯电动汽车驱动电机控制系统的控制过程 [J]. 内燃机与配件，2020（6）：84-85.

[37] 马敬，黄伟，杨凡，等 . 某纯电动汽车驱动系统 24 阶振动噪声的分析与优化 [J]. 汽车电器，2020（3）：16-19.

[38] 武瑞华，周占全，邸云龙，等 . 基于电动汽车驱动桥设计及疲劳寿命分析 [J]. 内燃机与配件，2020（4）：38-39.

[39] 张志强，翟克宁，李强，等 . 基于特征工况点的电动汽车驱动系统优化 [J]. 大众科技，2019，21（12）：32-34.

[40] 李晓高，张宁，陈南 . 驱动系统对四轮轮毂电机独立驱动电动汽车摆振的影响 [J]. 噪声与振动控制，2019，39（6）：76-82.

[41] 刘强 . 浅析纯电动汽车驱动电机及控制系统 [J]. 南方农机，2019（23）：105.

[42] 姚学松，陶文勇 . 某款电动汽车驱动用永磁同步电机噪声分析 [J]. 电子产品世界，2019，26（12）：74-77.

[43] 周占全 . 电动汽车驱动电机与控制方法 [J]. 冶金管理，2019（21）：67，69.

[44] 张晶 . 电动汽车驱动系统故障分析 [J]. 湖北农机化，2019（21）：83.

[45] 廖新锋 . 北汽新能源纯电动汽车驱动电机控制系统故障维修 [J]. 汽车维修，2019（4）：8-10.

[46] 赵涛，李强，邢紫筱，等 . 基于 ADVISOR 的纯电动汽车驱动转矩双模糊控制策略 [J]. 浙江科技学院学报，2019，31（5）：419-425.

[47] 温传新，王培欣，花为 . 电动汽车驱动系统的研究现状与发展趋势 [J]. 微电机，2019，52（10）：103-109.

[48] 陈亚莉 . 电动汽车驱动电机发展现状分析 [J]. 汽车与驾驶维修（维修版），2019（9）：64-65.

[49] 冉滔，胡荣瀚，张钰泳 . 电动汽车驱动系统的闭环控制与性能研究 [J]. 汽车实用技术，2019（15）：13-14，17.

[50] 刘海云 . 分布式电动汽车驱动控制器设计与研究 [J]. 武汉职业技术学院学报，2019，18（4）：86-89，120.

[51] 刘建春，王吉全 . 纯电动汽车驱动系统工作效率优化分析 [J]. 汽车工程师，2019（7）：45-47，59.